Journal of Japanese L

日本法研究

第 9 卷

2023

牟宪魁　主编

当代世界出版社
THE CONTEMPORARY WORLD PRESS

编辑委员会

编委会主任

牟宪魁

编辑委员

（以姓氏笔画为序）

于宪会　李成玲　牟宪魁　肖盼晴

本期主编

牟宪魁

本期执行编辑

（以姓氏笔画为序）

申绯阳　金　霄

编辑协力

《早稻田法学》编辑委员会

后援机构

早稻田大学法学会

目　录

C O N T E N T S

CONTENTS

专题研究

ARTICLES

作为过程的裁量基准

——在一种新的研究范式下的观察

闫周奇[*]

一、问题意识：裁量基准与过程论研究范式的衔接

在传统行政法理论中，"自由"一直是裁量概念相关讨论的重点。以存在法的拘束为前提，置于法框架之内的裁量权行使基本上是"自由"的。随着现代行政治理功能的转变，行政裁量理论转向侧重于对其"义务"面的讨论。即行政机关有对每一行政事件做出符合法律宗旨的诚实决定并做出说明的义务，比如个别情况考虑义务等[1]。伴随着讨论重点的转换，行政裁量的治理模式也从传统的"以立法为取向并严格服从于法律规则"的"规范主义控权模式"扩张到了"功能主义的建构模式"[2]。而裁量基准，作为应裁量治理而生的一项重要制度，与后者有着密不可分的联系。我国裁量基准的代表性研究者周佑勇教授认为，裁量基准"作为一种行政自制规范，更多体现的是一种'自我调控'式的功能主义建构模式"，因此，从

* 闫周奇，早稻田大学法学博士。东南大学博士后研究人员，早稻田大学比较法研究所招聘研究员。

〔1〕 筑紫圭一「行政裁量論の展望」原島良成、筑紫圭一著『行政裁量論』（放送大学教育振興会，2011年）180頁。

〔2〕 周佑勇：《行政裁量治理研究：一种功能主义的立场》，法律出版社2008年版，第33—41页。

功能主义的立场出发，要使裁量基准的行政自制功能得到有效发挥并获得使其正当化的理论基础，"不仅要以立法功能为前提并以司法功能做保障，而且其内在制度设计不能完全排除'他制'要素的嵌入；不仅各种内设机制之间应当互相联动、协调一致，也应当适当注入民主的公开与参与，成为一种开放对话的建构过程"[3]。对这一理解，立法也给出了正面的回应，最新修订并通过的《行政处罚法》第 34 条的设置，就为行政处罚类裁量基准的设定以及公开提供了一般性法律依据。笔者认为，这种功能主义视角的思考模式，其内涵与行政过程论的研究范式有着内在的一致性。

(一) 日本的行政过程论

行政过程论作为一种行政法学方法论，滥觞于日本。日本学者远藤博也立足于一种对行政法现象进行动态的能动的考察方法，认为行政过程论并非是基于单一的价值观来提供解答体系，也并非主张必须从行政过程的角度来发现问题这种法理，其意义在于，近代行政法模型是由国家实施社会管理机能，而在现代行政中，这种模型被打破，社会管理机能在某种程度上依赖于相关社会集团的自律调整，行政法从扮演调整利害关系的角色转变为提供此种调整的场所[4]。这种新型的研究视角在日本引起了广泛地讨论。通过对过程论的主要学说进行梳理，笔者将其简要分为两大类论说模式：第一类是行政过程总论模式。即将行政过程论作为代替公私法二元论行政法理论体系的一种法学研究上的理论框架，以此论述达成行政目的之手段的各种行为形式，发挥其吸收现代型行政法现象的工具作用[5]。其中，盐野宏的理论又被称之为"法律关系的动态的行政过程论"。盐野在批判以前的行为形式论的基础上指出：将行政法解释学聚焦于以行政主体与私人间特殊权利义务关系形成的法为中心的行政过程论，以及与之不可分的司法过程论和行政手段论是妥当的[6]。第二类是行政过程应用论模式。即以究明裁量统制规范为目的，对达成行政目的的多样行政手法之功能共通性进行体系

---

〔3〕 周佑勇：《行政裁量基准研究》，中国人民大学出版社 2015 年版，第 84 页。

〔4〕 遠藤博也「行政過程論の意義」北大法学論集 27 卷 (1977 年) 616 頁。

〔5〕 代表性教科书有塩野宏的『行政法 I 行政法総論』、原田尚彦的『行政法要論』，此外，还有大桥洋一的『行政法 現代行政過程論』。

〔6〕 塩野宏「行政作用法論」公法研究 34 号 (1972 年) 209 頁。

化，对各种行政手法的组合以及选择的判断形成过程之合理性进行规范性检视[7]。其中，山村恒年的过程论被称为"法律状态形成的动态的行政过程论"。他认为，行政过程是一种立足于法的动态的判断形成（意思决定）过程，基于扩大实质法治的立场，除了带来法律关系变动的行政作用所组成的过程之外，它的上位过程，即行政基本方针、行政大纲策定等法律关系尚未形成的过程也应被纳入行政过程中，并进行规范性统制。简言之，行政过程是由各种判断形成（意思决定）的堆叠而组成的法律状态、事实状态的形成过程[8]。

（二）我国的行政过程论

在我国，理论界对行政过程内涵的理解以及研究方式也各有不同。笔者将其大体分成三种模式：第一种是试图打破传统行政行为研究的局限，用"过程性"这一新的理论模式，动态地研究行政行为。"行政行为不是静止的事物，而是一个不断发展的动态过程。它包括两方面的含义：首先，任何一个特定的行政行为都是包含若干发展阶段的动态过程；其次，为履行某项行政管理职权而实施的一系列行政行为，形成一个前后承接的动态过程"[9]。第二种是以动态的整体的过程性视野来考察某一特定行政法现象的研究范式。过程论作为一种方法论，其"意旨在于打破传统行政法学对行政活动静态的局部性考量的研究范式，将实现行政目的的行政活动视为一个前后承接的动态过程，以求得对行政现象做出更为科学、更具系统性的解释"[10]。第三种是试图从行政过程的角度构建一种新的行政法学体系的研究范式。其中，有学者对行政过程从广义和狭义两个角度进行了阐释，认为"狭义的行政过程专指行政主体在行政

---

〔7〕 山村恒年『行政法と合理的行政過程論——行政裁量論の代替規範論』（慈学社，2006 年）14 頁。小高剛「現代行政の手法」公法研究 49 号（1987 年）119 - 138 頁。

〔8〕 同前注山村 24 頁；由喜門真治・比山節男・寺田友子「書評　行政法と合理的行政過程論——行政裁量論の代替規範論」産大法学 41 巻 1 号（2007 年）194—213 頁。

〔9〕 朱维究、胡卫列：《行政行为过程性论纲》，载《中国法学》1988 年第 4 期，第 68 页。

〔10〕 周佑勇：《作为过程的行政调查：在一种新的研究范式下的考察》，载《法商研究》2006 年第 1 期，第 130 页。

权力的配置、实施（运作）与受监督的过程中，与行政相对人所发生的相关关系在时空上的各种表现形式和状态……广义的行政过程是指行政主体（或公权力主体）在行政权力的配置、实施与受监督中与其他主体之间所产生的相互作用、相互影响在时间和空间上的各种变现形式和状态"[11]。而有学者则认为，行政过程是"在法律规范约束之下，行政主体依据法律赋予的行政职权实施的一系列的行政活动集合而成的法律状态或者事实状态，它既包括具体行政行为，又包括形成具体行政行为的行政大纲、基本方针等；既包括行政执行过程，又包括行政立法过程和行政司法过程"[12]。可见，不同学者在广义行政过程所蕴含范围的理解上有所区别，前者更多地受到盐野宏为代表的行政过程论学说的影响，而后者在盐野宏论说的基础之上则吸收了一些山村恒年行政过程论的内容。

（三）以过程论对裁量基准的观察及有待研究问题

从以上分析我们可以抽象出行政过程论这一思考模式的特质：其一，各过程论所讨论的基础是共通的，即传统的行政法框架结构及考察方法无法确切把握分析现实的行政法现象[13]；其二，各过程论说都是采用一种能动的动态的思考模式，即采用一种整体的变动性的视野，注重行政现象的变化状态以及各种行政手法之间的前后联系和相互影响；其三，各过程论都是基于一种"统合的合理性思考"[14]，即以某种价值取向为基准，以统合合理性的视野，注重确保行政过程中的各要素乃至整个行政过程的合法性以及合理性。据此，再回到本文开头所提的"功能主义建构模式"，其对传统的"规范主义控权模式"缺乏能动性、忽视实质法治以及欠缺对各种行政现象的综合考虑的反思，以及强调功能主义视角下行政自制的"自我建构""原则之治""融合'他制'"等特征，可以充分看出其与过程论研究范式三个特质的内在一致性。因此，基于过程论

---

[11]　湛中乐：《现代行政过程论——法治理念、原则与制度》，北京大学出版社 2005 年版，第 30 页。

[12]　江国华：《中国行政法（总论）》，武汉大学出版社 2012 年版，第 135 页。

[13]　塩野宏『行政過程とその統制　行政法研究第三卷』（有斐閣，1989 年）4 頁。

[14]　前揭山村恒年『行政法と合理的行政過程論——行政裁量論の代替規範論』32 頁。

的立场，对于在功能主义所倡导的整个裁量权控制系统中处于核心位置的作为一种"行政自制规范"的裁量基准，则有必要理清两个问题：一是从行政过程总论的角度，作为一种特定行政法现象的裁量基准，在行政过程中的定位问题；二是从行政过程应用论的角度，作为一种基于法律原则的判断形成规范，如何对裁量基准进行规范性统制以确保其合理性的问题。本文拟对此做些初步探讨。

二、作为过程的裁量基准之定位

从裁量基准的性质上看，作为一种带有裁量性质的"行政自制规范"，是"行政机关根据授权法的立法宗旨，通过对法定授权范围内的裁量权的情节细化和效果格化，并以规则的形式设定的一种具体化的判断选择标准"[15]。如前所述，现实的行政治理并非表现为单一的行政行为形式，行政主体往往采取多种行政手段，通过这些手段的结合或连锁来达成行政目的。传统的行政法学由于缺乏讨论过程的理论，专注于对行政最终法律效果的研究，对产生法律效果的过程则并不十分关注。具体到裁量基准，作为一种行政内部行为，由于其无法产生直接的法律效果，因此往往被传统行政法学研究所忽视。行政过程论的登场为此提供了一个很好的平台。从过程论的角度看，行政过程乃是行政之基于法的动态判断形成过程，各过程论所讨论的重点虽有所不同，但其意义都是立足于一种能动的动态的考察方式。这种考察方法并非强调一定要把某种行为放入整体行政过程中从而发现新的问题，而是提供一种整体性的视野，关注达成行政目的之过程中各要素以及各行为形式之间的能动关系。因此，笔者在此讨论作为过程的裁量基准的定位，并非试图对其性质进行重新考察，而是要从一种新的视角，明确其在行政过程中的位置，分析其与相关要素之间的关系，从而为后续讨论裁量基准设定过程的合理性以及司法审查路径提供新的思路。

（一）宏观过程与微观过程中的裁量基准

第一，从宏观行政过程的理解出发，将裁量基准放入宏观行政过程之中，我们可以大致设想这样一个过程：法律规范的立案—裁

---

〔15〕 周佑勇：《作为行政自制规范的裁量基准及其效力界定》，载《当代法学》2014年第1期，第31页。

量基准的设定—具体行政决定的作出—事后的救济措施（行政复议等）。其中，具体行政决定的作出又包括适用裁量基准作出决定和逸脱裁量基准[16]作出决定这两种情形。裁量基准作为一种行政内部规范，尽管是否依照其执行并无法律上的强制力，但既然被称为基准，一旦制定，如果不能机械执行的话，就失去了基准本来的意义，而如果基准是合理的话，这种机械式的适用应该是无可厚非的[17]。显而易见的是，不论行政决定最终如何，作为"沟通法律与个案的桥梁"，将法律规范进行具体化作业的裁量基准，在这种宏观的行政过程之中起着承上启下的作用，可以说是其中最关键的一环。

第二，从微观行政过程的理解出发，对于上述宏观过程的各个要素，我们可以接下来想定相应的微观过程。作为一种特殊的行政规范，裁量基准在成为法律规范目的实现过程一环的同时又有其独特性。我国《行政处罚法》第 34 条规定："行政机关可以依法制定行政处罚裁量基准，规范行使行政处罚裁量权。行政处罚裁量基准应当向社会公布。"从这一规定可以看出，在行政处罚领域，行政机关在是否设定以及如何设定裁量基准上拥有"自由"裁量权。有学者认为，"从根本上说，裁量基准只是对行政裁量权的固化，其背后的权力内容是行政裁量权，并且是行政机关合法享有的国家权力。对于这一权力，行政机关本身就有选择自由"[18]。以《山东省规范行政处罚裁量权办法》[19] 为例，该办法第十条对行政处罚裁量基准的制定程序作了详细规定："（一）梳理行政处罚裁量权依据；（二）整理、分析行政处罚典型案例，为细化、量化行政处罚裁量权提供依据；（三）细化、量化行政处罚裁量权，拟定行政处罚裁量基准；（四）经行政处罚实施机关负责人集体讨论决定，并按照规范性文件制定程序审查登记后，向社会公布实施。"其他对

---

[16] 熊樟林：《论裁量基准中的逸脱条款》，载《法商研究》2019 年第 3 期。周佑勇、钱卿：《裁量基准在中国的本土实践——浙江金华行政处罚裁量基准调查研究》，载《东南大学学报（哲学社会科学版）》2010 年第 4 期。

[17] 阿部泰隆『行政法解釈学I』（有斐閣，2008 年）393 頁参照。

[18] 周佑勇：《行政处罚裁量基准的法治化及其限度》，载《法律科学（西北政法大学学报）》2021 年第 5 期，第 54 页。

[19] 山东省人民政府令 2013 年第 269 号。

裁量基准设定程序作出抽象规定的有《河北省人民政府关于建立行政裁量权基准制度的指导意见》[20]《湖南省规范行政裁量权办法》[21]《浙江省行政处罚裁量基准办法》[22]《重庆市规范行政处罚裁量权办法》[23] 等。参照这些内容，我们可以设想出一个大概的设定过程：法律规范分析—基准设定计划—事实调查、情报收集—草案拟定—征集意见—内容审查、集体审议决定—备案登记、公布实施。从行政过程论所主张的一种统合的合理性观点来看，虽然裁量基准对行政相对人以及法院不产生直接的约束力，但可以确定的是，作为一种统合的行政治理指针，裁量基准内容的合理与否与行政机关判断形成结果的合理与否密切相关，因此在设定过程中保障其内容的合理性就显得尤为重要。

（二）裁量基准与解释基准之界分问题

基于过程论的角度，还有必要理清同为服务于授权法目的、试图对法律条文中的不确定法律概念或范围进行具体化作业的解释基准与裁量基准之间的关系。

对于二者的关系，有以下几种理解。有的观点认为，裁量基准与解释基准难以区分，"解释基准大致属于裁量基准的一种"[24]，但是这种观点并未就此给出详细的解释；有学者进行了论证，认为虽然同为行政规范，具有解释性质的解释基准与具有裁量性质的裁量基准之间是可以区分的，二者在规范制定目的、规制方式，乃至适用的审查标准上都有所不同，尤其是裁量基准所包含的"效果格化"过程，是解释基准所不具备的（这种观点同时也不否认裁量基准中会包含某些具有解释性质的内容）[25]。也有观点认为，裁量基准与解释基准虽然在理论中能够被区分，但在行政实务中这两个概

［20］　河北省人民政府令 2010 年第 152 号。

［21］　湖南省人民政府令 2009 年第 244 号。

［22］　浙江省人民政府令 2015 年第 335 号。

［23］　重庆市人民政府令 2010 年第 238 号。

［24］　王贵松：《行政裁量基准的设定与适用》，载《华东政法大学学报》2016 年第 3 期，第 67 页。

［25］　周佑勇：《行政裁量基准研究》，中国人民大学出版社 2015 年版，第 40—42 页。持类似观点的还有熊樟林：《裁量基准的概念限缩与扩容》，载《东南大学学报（哲学社会科学版）》2019 年第 3 期，第 84 页。

念则常常陷入混淆的境地[26]。

在比较法上，日本的通说是对裁量基准和解释基准做出划分[27]。所谓解释基准，是指为统一法令的解释，作为上级行政机关指挥监督权的一环，通常由上级机关以"通达"这种形式向下级行政机关所发出的基准，下级机关原则上受该基准的约束[28]。与此相对，行政机关在具体作出处分之际，除了机械执行法令的情形之外，通常行政机关都享有一定的判断余地（裁量），一方面从行政的角度为了防止恣意判断或者判断不统一情形的产生，另一方面从国民的角度可提高行政的可预测性，行政机关由此所制定的内部基准就是裁量基准[29]。可见，两者的主要区别在于作为根据的法令是否给予行政机关判断余地（裁量权）。与通说上的处理不同，日本行政程序法[30]的相关条文并没有使用裁量基准或解释基准的表述，而是代替使用了审查基准和处分基准的术语。

从基准的定义上看，该法第2条第8款第2项规定："审查基准是指，根据相关法令的规定，为判断是否给予基于申请的许可、认可等所必要的基准"；第3项规定："处分基准是指，根据相关法令的规定，为判断是否作出不利益处分或何种不利益处分所必要的基准"。根据这种分类，我国行政处罚、行政强制等与给予行政相对人不利益处分相关的裁量基准可归类为处分基准；而行政许可、

---

[26] 王天华：《裁量标准基本理论问题刍议》，载《浙江学刊》2006年第6期，第125—126页。

[27] 宇賀克也『行政法概説Ⅰ』（有斐閣，2017年）292頁以下参照。塩野宏『行政法Ⅰ行政法総論』（有斐閣，2015年）114頁以下参照。

[28] 前揭宇賀克也『行政法概説Ⅰ』292頁。

[29] 前揭宇賀克也『行政法概説Ⅰ』293頁。

[30] 1993年第88号法律（根据2017年第4号法律修订，于2018年4月1日施行）。关于日本行政程序法的内容，国内学界已有不少翻译介绍。如王贵松：《日本行政程序法》，载章剑生主编：《公法研究》第16卷（2016年·秋）；朱芒：《日本〈行政程序法〉中的裁量基准制度——作为程序正当性保障装置的内在构成》，载《华东政法学院学报》2006年第1期。由于此后日本行政程序法经历了几次修订（其中只在2006年修订中对基准条款内容的设置作了调整，修订后的新法将第5条和第12条中涉及审查基准和处分基准概念解释的内容放置在了第2条中），为避免混淆，笔者在此引用2018年最新修订的内容，并作翻译。

行政给付等与审查相关的裁量基准可归类为审查基准[31]。与处分基准在作出何种处分上存在裁量（效果裁量）不同，行政机关作出是否许可以及是否给付等决定的关键在于该基准对授权法令中法律要件中不确定法律概念的具体化。不过，这种法律要件的具体化作业到底是解释基准还是裁量基准有时是难以定论的。这源于不确定法律概念中判断余地说与要件裁量说的博弈。根据德国学说，将事实包摄于不确定法律概念时行政机关虽然没有裁量权，但也承认其具有一定的判断余地，而根据日本学说，有学者认为这个判断余地就是要件裁量[32]。而在理论上将裁量基准和解释基准做出区分的代表性学者盐野宏也认为，"从行政程序法的角度看，该法所规定的审查基准（法五条）和处分基准（法十二条）在对应处分相关的个别法规定的主旨时，有时表现为解释基准，而有时则表现为裁量基准（给付规则）"[33]。由此可见，二者的区分并非易事。

此外，区分式观点的另一论据在于，法令被解释适用的方式是否是客观统一的[34]：解释基准是以客观统一的方式解释法律规范，而裁量基准则并非如此。假设这种观点成立的话，行政机关所制定的解释基准首先必须是客观正确的，并且由于其客观正确性，在具体案件中就应该一律适用[35]。从行政过程的角度看，假设法令被解释适用的方式是客观统一的，而其他裁量权行使的方式不是客观统一的，那么就会产生两个问题，一是所谓正确的法令解释适用方式是什么？二是除非事先有明确判例，不然在行政过程的阶段对于行政机关制定的某种基准是否是属于法令的解释适用是无法确定的[36]。据此，笔者认为在行政过程中对解释基准和裁量基准进行

〔31〕　有学者认为行政许可、行政给付、行政强制、行政征收等领域的裁量基准可归类为"非行政处罚类裁量基准"，并且此类裁量基准"打破了传统情节细化和效果格化的二元格局，仅以细化要件裁量为制度中心"。参见熊樟林：《行政裁量基准运作原理重述》，北京大学出版社2020年版，第34、63页。

〔32〕　山本隆司「日本における裁量論の変容」判例時報1993号（2006年）11—22頁。

〔33〕　前揭塩野宏『行政法Ⅰ行政法総論』122、297頁。

〔34〕　美濃部達吉『日本行政法（上卷）』（有斐閣，1963年）168頁。

〔35〕　芝池義一『「行政手続法」の検討』公法研究56号（1994年）165頁参考。

〔36〕　深澤龍一郎『裁量統制の法理と展開——イギリス裁量統制論』（信山社，2013）137頁注181参考。

区分是困难且没有必要的，鉴于两种基准在审查范围上的区别，可在司法审查过程中进行区分。

综上，立足于行政过程的视野，在宏观上，裁量基准是法律规范目的实现过程中最关键的一环；在微观上，裁量基准设定过程本身乃是一种过程中的过程。对于在理论上与裁量基准进行区分的解释基准，鉴于两种基准在行政实务中的交叉，在行政过程中则没有必要对二者进行区分。笔者认为，基于行政过程论所提出的统合的合理性观点，除了包含效果判断的处分类裁量基准之外，对于只具备要件判断的审查类裁量基准，也应将其纳入行政机关的判断形成过程之中并进行合理性规范。接下来，我们从微观行政过程的立场出发，从确保裁量基准设定过程合理性的角度，对作为过程的裁量基准之设定过程进行简要观察。

三、作为过程的裁量基准之设定过程

行政过程归根到底是行政目的的执行过程，是以宪法为顶点的目的与手段之间的连锁[37]。从行政过程应用论的角度出发，为实现宏观的行政目的，有必要对达成行政目的的各种行政手法之判断选择过程的合理性进行规范性检视[38]。如前所述，裁量基准的设定作为实现宏观行政目的过程中的关键一环，其设定过程本身也展现出一个微观的行政过程。因此，作为一种基于授权法宗旨的裁量判断形成标准，立足于扩大实质法治的立场，要使裁量基准作为行政自制规范的功能在宏观行政过程中得到有效发挥，则离不开对微观基准设定过程合理性的探讨。当然，这里所说的基准设定过程，必须区别于基准设定程序。如果把基准设定过程看作是由多个连续的行政意思决定而形成的行为构成，那么基准的设定程序则可指存在单个行政意思决定中的程序，也可称为单一节点的行政决定过程[39]。在前一节，笔者尝试将裁量基准的设定过程分解为法律规范分析—基准设定计划—事实调查、情报收集—草案拟定—征集意

---

[37] 前揭山村恒年『行政法と合理的行政過程論——行政裁量論の代替規範論』14 頁。

[38] 小高剛「現代行政の手法」公法研究 49 号（1987 年）119 - 138 頁。

[39] 前揭山村恒年『行政法と合理的行政過程論——行政裁量論の代替規範論』49 頁参照。

见—内容审查、集体审议决定—备案登记、公布实施。对此，从确保基准设定过程合理性的立场来观察，在裁量基准最终确定之前有两个关键要素：其一，作为整个过程逻辑起点的基准设定义务，该义务的存在与否决定了后续过程的展开；其二，从程序上担保过程合理性的行政参与机制的制度设计。以下从过程论的角度对这两个要素进行初步讨论。

（一）裁量基准的设定义务

最新修订的《行政处罚法》第34条明确规定行政机关"可以依法制定行政处罚裁量基准"。对这一表述，有学者认为可将其理解为一种"法定的努力义务"[40]，它包含两个方面的含义："其一，这一义务并非强制性义务，行政机关并非必须要制定裁量基准；其二，这一义务并非任意性义务，行政机关不能任意处理"[41]。这一理解源于对日本行政程序法第12条第1款关于处分基准规定的分析。基于此种解释，接下来不得不讨论的是：在行政处罚领域之外，比如行政许可、行政强制、行政征收等领域的裁量基准的设定义务应作何规定呢？

从地方立法实践出发，关于裁量基准的设定，一般皆是系统性地规定为行政机关"应当"制定裁量基准，可见对不同领域裁量基准的设定义务要求并没有区别。例如，《四川省规范行政执法裁量权规定》[42] 第6条规定："行政机关应当对存在裁量空间的行政执法权进行清理，分类分项细化、量化裁量标准。"《湖南省规范行政裁量权办法》第12条规定："县级以上人民政府应当组织本行政区域内享有行政裁量权的行政机关，对法律、法规、规章和规范性文件中可以量化和细化的行政裁量权的内容进行梳理，并制定行政裁量权基准。"《山西省行政执法条例》第21条规定："县级以上人民政府应当……并根据当地经济社会发展实际，对行政执法裁量权予以细化、量化，制定行政执法裁量基准，并向社会公布。"

从比较法的视角观察，日本《行政程序法》第5条第1款规

---

[40] 余凌云：《游走在规范与僵化之间——对金华行政裁量基准实践的思考》，载《清华法学》2008年第3期，第61页。

[41] 周佑勇：《行政处罚裁量基准的法治化及其限度》，载《法律科学（西北政法大学学报）》2021年第5期，第58页。

[42] 四川省人民政府令2014年第278号。

定："行政厅设定审查基准。"[43] 结合对该法第2条审查基准定义的理解[44]，这一规定所包含的基准设定义务有如下四层含义：第一，该义务是一种原则义务，即行政机关首先在原则上应当设定审查基准[45]；第二，该义务允许行政机关在某种例外情况下不设定审查基准，比如在仅根据相关法令的规定就能作出具体判断而不存在解释余地时，不需要再额外设定基准[46]；第三，该义务并非承认所有例外[47]，比如在没有先例、无人申请等导致基准设定困难的场合，在出现审查必要时行政机关仍应当设定基准[48]；第四，该义务包含基准的补充制定义务，即根据申请的状况，在既有基准规定不充分的情况下，行政机关应当专门制定并公开别的审查基准[49]。据此，除了客观上不必设定基准的情形之外，行政机关都有设定审查基准的义务，且该义务并非一般的原则义务，而应看作一种法定的原则义务。

相应地，对比第5条规定的行政机关设定审查基准的法定原则义务，第12条规定的"行政厅必须努力设定并公开处分基准"则是一种努力义务。这里的努力义务，包含三重考量：第一，行政机关决定是否作出处分以及作出何种处分时，必须根据具体事案的不同状况进行相应考虑，预先作出统一规定反而有可能导致不合理的

---

〔43〕　第5条第1款规定的原文为："行政庁は、審査基準を定めるものとする。"对于其中"ものとする"这种表现应该如何理解，考虑到同条第2款、第3款都采用了"なければならない"（必须）这种表述方式，再结合第三次行革审（临时行政改革推进审议会）要纲案第四所采用的"定めなければならないものとする"（必须制定）的表述方式，应将其理解为一种原则上的义务（也有日本学者将其理解成一种训示性规定），参见宇賀克也『行政手続三法の解説』（学陽書房，2016年）第2次改訂版88、89頁；塩野宏・高木光『条解行政手続法』（弘文堂，2000年）137頁。由于不论采用何种解释，其都不是一种绝对强制性的义务，因此笔者将其翻译为"设定审查基准"。

〔44〕　根据该法第2条对审查基准的定义，相关法令本身所包含的关于许可、认可的基准并不属于该法第2条所规定的审查基准。総務省行政管理局編『逐条解説 行政手続法』（ぎょうせい，2015年）改訂版51頁参照。

〔45〕　芝池義一『行政法総論講義』（有斐閣，2010年）第4版补訂版292頁参照。

〔46〕　行政管理研究センター編『逐条解説 行政手続法』（ぎょうせい，2016年）134頁参照。

〔47〕　前揭塩野宏・高木光『条解行政手続法』164頁。

〔48〕　前揭総務省行政管理局『逐条解説 行政手続法』96頁参照。

〔49〕　塩野宏『法治主義の諸相』（有斐閣，2001年）266頁以下参照。

裁量[50]；第二，裁量并非意味着肆意的判断，为保障过程的合理性，基准的设定也是不可或缺的，因此除了缺乏行政执法实践这种难以凭空设定基准的情况之外，一般应设定基准；第三，基于前一种考量，在基准设定的时间点上，可以在有作出处分必要时再进行设定[51]。可见，在努力的程度上，努力义务要比前述"法定的努力义务"略低，即可以在有必要时再设定基准。

由上可知，日本在立法上对审查和处分领域的基准设定义务基于不同考虑作出了不同程度的要求。那么，我们是否可以比附这种规定呢？

根据过程论，裁量基准的设定乃是确保整个行政过程合理性的重要手段。而日本行政程序法之所以对基准的设定义务作出区别规定，其中一个原因也是考虑到日本的行政执法现状。与实务中存在大量的对许可、认可的审查需求不同，在其行政执法实践中却少有需要发动不利益处分的情形，这种实践经验的缺乏导致行政机关难以在事前设定处分基准[52]。与日本情形不同，我国幅员辽阔，行政执法展现出复杂性、大量性、重复性等特征，在基准设定实践上，也呈现出"多种类、多领域、多层次的发展态势"[53]。据此，笔者认为，从行政过程论所倡导的一种动态能动的思考方式出发，虽可参考日本的模式，对不同领域裁量基准之设定义务作分别要求，但不可照搬，而应结合我国行政实务进行相应调整。具体而言：首先，在行政许可领域，对于存在大量对许可的审查需求这点上与日本是类似的，因此对该领域设定裁量基准的义务可作较高要求，规定为法定的原则义务，即除了客观上不需要设定裁量基准的情形之外，行政机关都应该设定行政许可裁量基准，在文本上，可采用"原则上应当依法制定行政许可裁量基准"这种表述方式；其次，在行政强制领域，由于行政机关同样需要作出大量关于不利益

〔50〕 行政管理研究センター編『逐条解説 行政手続法』（ぎょうせい，2016 年）162 頁参照。

〔51〕 塩野宏・高木光『条解行政手続法』218 頁。

〔52〕 宇賀克也『行政手続三法の解説』（学陽書房，2022 年）第 3 次改訂版 111 頁参照。

〔53〕 周佑勇：《建立健全行政裁量权基准制度论纲——以制定"行政裁量权基准制度程序暂行条例"为中心》，载《法学论坛》2015 年第 6 期，第 6 页。

处分的判断，则对该领域的基准设定义务可比照我国行政处罚领域的要求，将其规定为前述的"法定的努力义务"，在文本上稍作变更，采用"应当依法努力制定行政强制裁量基准"这种表述方式；最后，在行政征收领域，虽然同为给予相对人不利益处分的行政决定，但行政征收并不具备处罚、强制等行政执法的大量性和复杂性等特征，因而对该领域的基准设定义务可作稍微宽泛的要求，将其规定为努力义务，即可在有制定基准之必要时再作设定。在文本上，笔者认为可采用"依法努力制定行政征收裁量基准"这种表述方式。从原则上应当，到应当努力，再到努力，在义务的强度上是依次递减的。当然，除以上情形之外，还存在其他许多需要设定裁量基准的领域，简言之，从过程论的角度，基于一种动态能动的考察方式，应结合我国行政实务中的不同需求，根据不同行政领域的不同行政执法现状，对各领域裁量基准之设定义务作出与之相适应的要求。

（二）行政参与的制度设计

行政参与指的是，"受行政权力运行结果影响的利害关系人有权参与行政权力的运行过程，表达自己的意见，并对行政权力运行结果的形成发挥有效作用"[54]。这一概念诠释了行政过程中行政参与的功能。从功能主义视角出发，裁量基准作为一种自制型的控权模式，离不开"他制"要素之配合。同样，从过程论的视角出发，立足于一种动态的能动的思考方式来观察裁量基准的设定过程，则行政参与就是从程序上担保这一过程公正性和合理性的重要手段。结合笔者前面对基准设定过程的设想，可将这一过程简化为三个阶段：第一，从法律规范分析到基准设定计划的计划阶段；第二，从事实调查到征集意见的草案形成阶段；第三，从内容审查到公布实施的基准确立阶段。很明显，不管是基于裁量基准的自制特性，还是从现实的基准设定指导文本上来看，在基准设定的计划阶段以及基准的确立阶段都没有行政参与作用的空间。行政参与一般集中在事实调查、情报收集—草案拟定—征集意见这个基准草案形成阶段。

---

[54] 周佑勇：《行政法的正当程序原则》，载《中国社会科学》2004年第4期，第122页。

　　实际上，对于基准设定中的行政参与，根据其所承担功能的不同，有学者主张将其中的一般公众参与和专家参与进行区分，"公众参与和专家技术是两种相辅相成的程序技术，它们互为补充，相互促进[55]"，"在确定行政过程价值和目标选择情境中，扩大公众参与以促进正当性，而在技术手段领域，强化专家理性以增强规则制定的理性化[56]"。对于一般公众参与的模式选择，有学者提倡一种多元化、区分式的参与模式，"基于对裁量基准行政自制属性、公众参与成本等方面的考虑，仍然应该将是否启动公众参与程序的决定权交由行政机关自己定夺，在这一前提下，行政机关应该以裁量基准的'质量要求'和'可接受性要求'为主要参考因素，在比较公众和行政机关预期目标是否一致的基础上，根据实际情形在'改良的自主管理决策''分散式的公众协商''整体式的公众协商''公共决策或共同决定'四种模式中选择使用"[57]。这些建议为行政参与的制度安排指明了方向。问题是，在具体参与程序上应该作何安排呢？

　　观察我国裁量基准的地方立法实践，对于基准设定过程中的公众参与程序，几乎都是比照规范性文件的管理规定。譬如，《湖南省规范行政裁量权办法》《辽宁省规范行政裁量权办法》等皆笼统规定："制定行政裁量权基准适用规范性文件管理规定。"比较详细的有《浙江省行政处罚裁量基准办法》第8条："行政处罚裁量基准的制定、公布、备案等具体程序和要求，依照《浙江省行政规范性文件管理办法》的有关规定执行。"根据该程序，裁量基准的草案"应当公开征求意见……期限一般不少于7个工作日……对公开征集的意见应当研究处理。对相对集中的意见不予采纳的，应当以适当方式反馈并说明理由。"[58] 可见，尽管有地方立法针对参与程序规定了征求意见的期限以及对所提意见之反馈，此类程序设计仍

　　[55]　熊樟林：《裁量基准制定中的公众参与——一种比较法上的反思与检讨》，载《法制与社会发展》2013年第3期，第30页。

　　[56]　王锡进、章永乐：《专家、大众与知识的运用——行政规则制定过程的一个分析框架》，载《中国社会科学》2003年第3期，第125页

　　[57]　周佑勇：《裁量基准公众参与模式之选取》，载《法学研究》2014年第1期，第55页。

　　[58]　浙江省人民政府令2019年第372号。

然过于抽象，在程序的整体统一性和可操作性上稍有欠缺。

从比较法的经验上看，日本《行政程序法》对裁量基准设定过程中的行政参与作了两种比较详细的程序安排。对于公开的裁量基准（审查基准和处分基准），除了第 39 条第 4 款[59]规定的情形之外，适用该法第六章（第 38—45 条）的意见公募程序，应当公开征求公众意见；对于非公开的裁量基准，根据该法第 3 条第 2 款第 6 项的"适用除外"条款，则不需要征询公众意见。其中，对于公开的裁量基准设定过程中的意见公募程序，可划分为四个阶段：第一，原案以及相关资料的公示、意见提出请求阶段（第 39 条）；第二，意见公募程序周知及情报提供阶段（第 41 条）；第三，对于所提意见的考虑阶段（第 42 条）；第四，结果公示阶段（第 43 条）。对于行政机关在每一阶段的义务，又提出了不同的要求。第一阶段，作了细致的要求：在实体要件上，行政机关所公示草案的内容必须是"明确具体"的，以便一般国民进行理解进而提出确切的意见或者情报[60]；在形式要件上，必须明示该"命令等"（基于法律的命令或规则、审查基准以及处分基准）的标题和所依据的法令条款，同时规定意见受理机关和意见提出期间，为给予公众充分的时间，同时考虑到行政机关的活动效率，除非有不得已的理由并明示该理由，该期间最短必须 30 日以上。第二阶段，对于意见公募程序的周知及关联情报提供的义务，为一项努力义务，行政机关可综合考量裁量基准的性质、内容、是否存在专家和利害关系人等要素，决定是否有周知的必要[61]。第三阶段，行政机关必须"充分考虑"所提出的意见。当然，这里的充分考虑义务并非是采纳义务，也并非是一种多数表决的制度，这意味着就算相当多数公众提出相同意见，行政机关也不当然受该意见的拘束[62]。第四阶段，行政机关在公开该基准时，原则上必须同时公示针对所提意见的考

---

[59]　第 39 条第 4 款列举了因公益上制定紧急命令的必要、对法律术语进行替换等难以实施或者不必要实施第一款规定的意见公募程序的八种情形。

[60]　白岩俊「行政手続法の一部改正する法律」ジュリ1298 号（2005 年）63 頁参照。

[61]　前揭塩野宏・高木光『条解行政手続法』530 頁。

[62]　紙野健二「行政立法手続の整備と透明性の展開」名古屋大学法政論集 213 号（2006 年）493 頁参照。

虑结果及理由[63]（包括采纳的理由和不采纳的理由）。这一要求为推动整个意见公募程序的透明化起到了重要作用。

可见，在日本，立法上首先并未将行政参与作为一种强制性义务强加给行政机关，而是排除特殊情形，根据基准的公开与否来决定是否实施征求公众意见之程序。之所以将基准的公开与否作为实施标准，是因为根据该程序，在最初的原案公示阶段以及最终的意见公示阶段，基准的内容可以被一般公众所知悉，假如不公开之基准也采取意见公募程序，那么在某种程度上基准相当于被公开了。值得深思的是，从形式上看，对审查基准和处分基准的行政参与制度安排是一致的。但是结合裁量基准的整个设定过程来观察，两者在征求公众意见的义务要求上其实是不同的。对于审查基准，根据日本《行政程序法》第 5 条第 3 款的规定，除非有行政上的特殊障碍，审查基准一旦制定是必须公开的；对于处分基准，根据该法第 12 条第 1 款规定，其公开义务为努力义务。因此，除有行政上的特殊障碍无法公开基准的情形之外，审查基准在制定后原则上必须实施意见公募程序；而处分基准由于只有努力公开之义务，对于行政机关选择未公开的处分基准，则不需要实施意见公募程序。可见，在义务强度上，前者明显更高。其次，这种意见公募程序并非是一种严格的参与程序。裁量基准的决策权限并未交给公众，也并非由行政机关与公众共同行使。对于公众所提意见，行政机关只有考虑义务，是否采纳该意见的决定权掌握在行政机关手中。同时，在这种考虑义务之下，行政机关也并非是完全自由的，考虑结果以及理由的公开义务在某种程度上迫使行政机关对于所提意见进行实质上的充分考量。值得注意的是，由于立法上并未将专家与一般公众所提意见进行区分，这使得在意见公募过程中，属于专家所提的合理性意见更容易被采纳。根据草案公示—程序周知—意见提出—意见考虑—结果公示这个过程，公众只有在草案形成之后才能发表意见，且这种意见募集也并非一个沟通讨论的过程。可见，公众与行政机关之间的交流以及情报交换是非常有限的。

---

[63] 根据日本《行政程序法》第 43 条的规定，假如无人提出意见，也必须公开说明无人提出意见之事项；此外，假如公开所提意见会损害第三人利益或有其他正当理由时，行政机关可以选择公开部分意见或者不公开意见。

当然，笔者并非主张照搬日本的程序设计模式。真正值得我们思考的是，从过程论的角度来观察上述程序安排，其在程序设计上非常注重一体性，通过将裁量基准设定过程中的参与制度与基准的公开义务相结合，根据不同基准在公开义务上的不同需求来决定是否实施公众参与，这与过程论所主张的统合的合理性思考模式是一致的。同时，裁量基准作为一种内部自制型的行政规范，这种并不严格的参与过程也符合裁量基准设定中对公众参与的需求。这给我们的行政参与程序设计带来两点启发。

第一，从宏观上，要注重裁量基准设定过程整体的合理性。不能割裂地看待裁量基准设定中的行政参与，应该注重一体性，将参与程序放置在整体基准设定过程中进行考量，与不同领域裁量基准之性质特征以及其对设定义务公开义务的不同需求相配合。比如，对于许可领域的裁量基准，为提高行政效率，方便申请者查阅许可申请材料，对该领域的基准设定义务以及公开义务应作较高要求，相应地，对其中的参与程序也应作稍微严格的安排。对此，笔者认为，可采取一种阶段性参与制度，在事实调查及情报收集阶段，可引入利害关系人参与，以提供后续要件细化过程所需之事实情报；在草案拟定阶段，可引入专家参与，以确保基准内容之合理性；在征集意见阶段，可引入一般公众参与，以确保基准之可接受性。而在行政强制领域中，裁量基准的公开反而有可能助长相对人逃避强制措施转移财产，因此在公开义务上不宜作太高要求。与之相应，对于公开基准的参与程序也不应作严格安排，不可引入利害关系人参与；同时，在征集意见阶段，也应作更为保守的考虑。

第二，从微观上，要注重行政参与过程本身的能动性。在参与程序设计上，既要考量到裁量基准这一特殊行政规范的自制特性，将裁量基准的决策权交由行政机关把控，不让公众参与变成公众决定；同时又要充分发挥行政参与的效能不能让参与过程流于形式。要平衡这二者的关系，就要注重整个参与程序的前后衔接，形成一个相互配合相互制约的能动性参与过程。比如，可引入意见考虑义务，以明确行政机关对裁量基准内容的决策权。同时，适当引入结果公示义务，尤其是对专家在参与过程中所提意见的公示，其作为一种担保条款，可促进行政机关充分且慎重地履行考虑义务，从外部程序上保障整个基准内容的合理性。

四、作为过程的裁量基准的司法审查

如前所述，从行政过程论主张的统合合理性立场来看，作为行政裁量治理方针的裁量基准，其内容的合理与否与行政机关判断形成结果的合理与否密切相关。据此，在对个别具体的裁量决定进行司法审查时，是否将行政机关判断过程中的裁量基准作为审查的依据显得尤为重要。在理论界，对于作为行政自制规范的裁量基准是否具有裁判规范性，抑或是对于裁量基准是否有作为"审查依据"的法源地位，多数学者是持肯定态度的。有学者提出，法院应该"承认裁量基准的法律依据地位"，只要裁量基准在上位法规定的范围之内且符合法律基本原则，则经过合法性审查的裁量基准可成为法院对于"明显不当"的判断依据[64]。也有学者认为，"裁量基准作为法源不具有绝对的刚性和唯一性，它是一根具有重要参考价值的基础性轴线，行政行为合法性判断应立足于这跟基线并结合其他的考量因素。"[65] 有学者通过对司法判例进行分析，指出裁量基准"作为审查依据已是现实所需"[66]，并进一步论证得出"裁量基准其实同时具备了法源地位与个别情况考量义务的双重属性"，法院在进行合法性审查之后，"裁量基准便获得了一种'应当适用'的约束力，如果没有个别情况或者个别情况构成的理由不足，对裁量基准的逸脱适用便不具备合法性。"[67]

（一）立法及司法实践的定式

在立法上，根据我国行政诉讼法规定，法院可附带审查作为规范性文件的裁量基准，经过审查认定该裁量基准不合法的，不将其作为认定具体裁量决定合法的判断依据。司法解释进一步补充：如果裁量基准经审查是合法的，应当将其作为认定具体裁量决定合法

---

[64] 郑春燕：《论"行政裁量理由明显不当"标准——走出行政裁量主观性审查的困境》，载《国家行政学院学报》2007 年第 4 期，第 81 页。

[65] 朱新力、唐明良：《尊重与戒惧之间——行政裁量基准在司法审查中的地位》，载《北大法律评论》2009 年第 10 卷第 2 辑，第 348 页。

[66] 周佑勇：《裁量基准司法审查研究》，载《中国法学》2012 年第 6 期，第 172 页。

[67] 周佑勇：《裁量基准个别情况考量的司法审查》，载《安徽大学学报（哲学社会科学版）》2019 年第 5 期，第 108、109 页。

的依据〔68〕。结合以上论述，似乎可得出以下裁量基准的二阶审查定式：第一阶段，裁量基准的合法性审查；第二阶段，合法的裁量基准的适合性审查——审查具体裁量决定是否适用了该合法裁量基准，并同时判断是否存在逸脱裁量基准的特殊情形。值得深思的是，合法的裁量基准一定能成为裁判规范吗？换句话说，是否有必要对裁量基准进行合理性审查？

在司法实践中，尤其在行政处罚司法审查领域，原告对被告所作的处罚决定表示不服并认为被告所适用的裁量基准不适当的案例屡见不鲜。对此，法院所采取的审查方法几乎都是对基准进行合法性审查，并根据基准的合法性推导出裁量决定的适当性。以近年的两则案件为例，在"王某某诉北京市公安局交通管理局东城交通支队天坛大队行政处罚案"〔69〕中，原告不服被告以"驾驶机动车有下列情形之一的，处 200 元罚款：（一）逆向行驶的；（二）违反规定在专用车道内行驶的……"裁量基准为依据所作的处罚决定，认为在自己并无主观故意且违法情节轻微的情形下，这种简单适用裁量基准，一律处 200 元罚款的裁量行为属明显不当。对此，法院虽未明确对裁量基准进行合法性审查，但是默示了基准的合法性，在援引上位法时一并援引了该基准，并据以说明了系争裁量决定的适当性。而在"亚东石化（扬州）有限公司诉扬州市仪征生态环境局等行政处罚案"〔70〕中，原告认为被告适用的裁量基准中对裁量区间的格次划分只考虑了"注册资本"这一单一要素，并未综合考虑环境危害程度、行为人主观过错等各种要素，违反了过罚相当原则。对此，一审二审法院只简单进行了合法性审查，认为该基准并未违反上位法所规定的处罚幅度，从而认定被告依据该基准所作出的处罚决定裁量适当。

从形式上看，未超过上位法授权范围的裁量基准似乎并不存在合法性疑虑。问题是，这种形式上合法的裁量基准，当其实质内容

---

〔68〕　最高人民法院 2018 年颁布《关于适用〈中华人民共和国行政诉讼法〉的解释》（法释【2018】1 号）149 条规定："人民法院经审查认为行政行为所依据的规范性文件合法的，应当作为认定行政行为合法的依据。"

〔69〕　北京市东城区人民法院（2020）京 0101 行初第 394 号行政判决书。

〔70〕　江苏省扬州市邗江区人民法院（2018）苏 1003 行初第 274 号行政判决书、扬州市中级人民法院（2019）苏 10 行终第 335 号行政判决书。

不合理时，能够作为补强证据说明系争裁量决定的合理性吗？简言之，合法一定能推导出合理吗？答案显然是否定的。譬如案例中所列举的完全束缚个案裁量、只考量单一要素的裁量基准，将其作为说明具体行政行为适当的依据明显缺乏说服力。据此，也有审判人员提出："在具体个案中，法院对裁量基准进行司法审查时，还要进一步审查裁量基准内容的合理性"[71]。遗憾的是该观点并未就此进行详细论述。

（二）基于过程论的立场

以过程论观察，行政机关在作出具体行政行为的过程中，如果适用了不合理的裁量基准，则相当于在行政过程中考虑了不应当考虑的要素。根据明显不当的司法审查标准，"行政机关没有考虑应当考虑的因素，或者相反，考虑了不应当考虑的因素，都有可能导致行政处理结果明显不当"[72]。可见，法院如果将裁量基准作为裁判规范来说明系争行政决定的适当性，至少应该先说明所适用的基准是适当的。那么，我们应该如何对裁量基准进行合理性审查？对此，在裁量基准的司法审查上有着丰富经验的日本似乎可提供一些参考。

在日本《行政程序法》导入审查基准和处分基准的概念之前，根据著名的麦克林事件最高裁判决："行政厅对于被赋予裁量的事项制定裁量权行使的准则，这种准则本来只为确保行政厅处分之妥当性，假如处分违背该准则，原则上只会产生当与不当的问题，并非当然导致违法。"[73]根据该判决中越山调查官的进一步解说，只有当这种对基准的违背超过了法所容许的一定限度才可认为该裁量权的行使是违法的，而判例所说的显著缺乏妥当性或者明显缺乏合理性指的就是超过一定限度的情形[74]。可见，最高法院虽未对基准进行合理性审查，但是也暗示基准并非当然具有裁判规范的地位。此后，行政程序法导入审查基准与处分基准的概念，伊方1992

〔71〕　熊鹰、李桂红：《行政裁量基准司法审查的理论渊源与模式建构》，载《行政法学研究》2015 年第 2 期，第 99 页。

〔72〕　何海波：《论行政行为"明显不当"》，载《法学研究》2016 年第 3 期，第 80 页。

〔73〕　最大判昭和 53 年 10 月 4 日民集 32 卷 7 号 1223 页。

〔74〕　越山安久「判解」法曹時報 34 卷 1 号（1982 年）243 页。

年原发事件最高法院判决则第一次明示了对裁量基准的合理性进行
司法审查。该判决表示："原子炉设置许可处分取消诉讼中法院的
审理、判断，应该对依据原子力委员会或原子炉安全专门审查会的
专门技术型调查审议以及判断的被告行政厅的判断中是否有不合理
的点进行审查。依照现在的科学技术水准，如果在调查审议中所使
用的具体审查基准有不合理的点，或者以上委员会审查会适用该具
体审查基准的调查审议以及判断过程中有难以忽视的错误、过失，
被告行政厅依此作出判断的，则可认为该判断有不合理的点，且基
于该判断的处分应该被解释为违法。"〔75〕 根据该内容，可得出以下
裁量基准的二阶审查定式。

第一阶段，审查裁量基准的合理性，此处并非审查裁量基准实
质内容是否合理，而是排除裁量基准中不合理的点，这也体现了法
院对行政机关裁量权的尊重。

第二阶段，审查依据该裁量基准作出具体行政决定的判断过
程，假设所适用的裁量基准并没有不合理的情形，那么法院接着要
审查作出最终决定的过程，与第一阶段的审查相似，此处并非正向
判断该过程是否合理适当，而是反向检视适用基准的过程中是否有
错误和过失。可见，合理的基准必须被合理的适用，否则会被视为
有难以忽视的过错而导致行政决定违法。这也意味着，没有正当理
由不适用合理的基准或者有不适用基准的特殊情形而僵硬划一的适
用基准都会导致最终决定的违法，"只要基准的合理性被肯定，适
用该基准的行政行为就可能被认定为合法，在这个程度上基准似乎
获得了法源的地位"〔76〕。

（三）合理性审查的强度

根据以上判决的启示，回到上述问题，笔者认为，合法的裁量
基准并非当然具有裁判规范的地位，只有通过合理性审查被确认合
理的基准才能作为法院的审查依据，且这种裁量基准的合理性审查
可分成审查基准本身的合理性与审查基准适用的合理性两个阶段。

首先，在裁量基准本身的合理性审查阶段，法院并不需要对基
准进行全面审查，也不需要判断何为合理的基准，结合前述对裁量

---

〔75〕 最判平成 4 年 10 月 29 日民集 46 卷 7 号 1174 页。

〔76〕 稲葉馨ほか『行政法』（有斐閣，2018 年）第 4 版 63 页。

基准设定过程的讨论，法院只需审查裁量基准的设定过程以及具体内容设置中是否有不合理的因素，当出现完全束缚个案裁量、只考虑单一要素等不合理情形时，虽然基准本身并未违法，但是该基准（或者基准的个别条款）此时就不能作为裁判规范用以说明系争裁量决定的合法性。

其次，在裁量基准适用的合理性审查阶段，又可进一步分为四种情形：其一，行政机关适用了不合理的基准，这并非一定导致行政决定的违法，此时法院需要判断基准不合理的程度，只有当这种不合理达到了"明显不当"的程度，据此作出的行政决定才是明显不当的，应被认定为违法；其二，行政机关没有适用不合理的基准，此时该基准也无法成为判断行政决定是否合法的依据；其三，行政机关适用了合理的基准，则该基准可作为裁判规范，法院可通过判断有无不应适用该基准的特殊情形，用以说明系争行政决定的合法与非法；其四，行政机关没有适用合理的基准，此时基准也可成为裁判规范，法院判断行政机关有无合理的不适用该基准的正当理由，假如存在此种理由，那么逸脱基准作出决定的行为就是合法的。反之，若不存在不适用该基准的合理理由，则行政机关逸脱基准进行处分的行为属于考虑了不应当考虑的要素，此时，该基准作为审查依据可用以说明系争裁量决定的违法性。

简言之，对于裁量基准的合理性审查，从基准对行政机关是否具有约束力来看，"如果适用合理的裁量基准能够获得合理的结果，那么该裁量基准就是必须适用的基准。"[77] 而从基准是否能作为裁判规范来看，裁量基准经过审查被判定为合理之后（不具有不合理的因素），该裁量基准就获得了作为裁判规范的功能，可用以判断系争裁量决定的合法性[78]。

五、结语

综上所述，随着新修订的《行政处罚法》将裁量基准纳入法治

---

[77] 常冈孝好「行政裁量の手続の審査の実体（中）」判例時報 2136 号（2012年）153 頁。

[78] 常冈孝好「裁量基準の実体的拘束度」高木光ほか著『行政法学の未来に向けて』（有斐閣，2012 年）698 頁。

的视野，为更好地把握这一制度所蕴含的价值，笔者立足于过程论这一新的思考模式，从比较法的立场，明确了裁量基准在行政过程中的定位，探讨了裁量基准的设定义务以及从程序上担保其合理性的行政参与机制的制度设计，并简要讨论了其作为裁判规范的"法源"地位。首先，在宏观行政目的实现过程中居于中心地位的裁量基准，其本身也展现出一个微观的设定过程。其次，对于裁量基准的设定，要立足于一种动态能动的思考方式，根据不同领域对裁量基准设定的不同需求规定不同程度的设定义务。再次，对于行政参与制度，可将其进一步细分为更微观的行政参与过程，在具体程序设计上：其一，立足于过程论所提倡的统合合理性视野，必须考量裁量基准设定过程整体的合理性，可采用一种阶段性参与的制度，根据裁量基准在不同领域中对设定义务以及公开义务的不同要求，规定不同强度的参与程序；其二，要重视行政参与程序本身的协调性，适当引入意见考虑义务与结果公示义务，从而形成一个能动有效的行政参与过程。最后，对于在行政过程中担保行政决定合理性的裁量基准，通过司法过程中的合理性审查，可成为法院判断具体裁量决定合法性的裁判规范。

日本法上通谋虚伪结婚行为的效力与结婚意思

周孜孜[*]

一、问题提起

近年来，为了谋求户籍、拆迁利益、购房资格、购房避税、汽车牌照等特定利益而不是为了婚姻生活的所谓"假结婚"的事例不在少数。《民法典》婚姻家庭编对明知对方没有真实结婚意思的结婚行为没有进行特别规定。因该种行为符合通谋虚伪表示的构成要件，所以学界称这种结婚行为为通谋虚伪结婚行为[1]，但对其效力存在着各种各样的争议。在学说中，围绕"假结婚"的效力，存在有效说、可撤销说、无效说等。而司法实务上通常是承

---

* 周孜孜，早稻田大学法学研究科博士生（民法专业）。

[1] 贺剑指出，假结婚、假离婚未必一律是或者不是通谋虚伪表示，其效力应视情形而异。但这与学界现有认识不同。本文为简化分析，不对此问题作深入探讨，将假结婚一律视为通谋虚伪表示。参见贺剑：《意思自治在假结婚、假离婚中能走多远？——一个公私法交叉研究》，载《华东政法大学学报》2022年第5期，第20—35页。此外，因"假结婚"和"假离婚"同为通谋虚伪表示的行为，所以常有学者将二者放在一起探讨其效力问题。但本文认为，区分创设性身份行为与解消性身份行为可使得讨论更精细化，所以在此仅针对"假结婚"问题进行探讨。

认此种婚姻有效然后判决离婚[2]。但是，这种处理方法因逻辑问题等受到学界的强烈批判[3]。对于通谋虚伪结婚行为的处理，无论在实务上还是理论上都没有形成统一有力的看法。因此，本文就中国法上的问题进行整理，并就日本法上"假结婚"行为的处理进行考察，以此为参考，对中国法上关于通谋虚伪结婚行为的应对进行探讨。

具体而言，包括：①本文对中国法上可能适用于通谋虚伪结婚行为的法律以及有关如何适用的学说上的讨论进行整理，以明确通谋虚伪结婚行为是否有适用总则的可能性。②对于国内争论焦点之通谋虚伪结婚行为的效力进行探讨，以探究通谋虚伪结婚行为是否有适用总则得出无效结论的必要性。③通过介绍与比较日本法关于通谋虚伪结婚行为的规定，探讨对通谋虚伪结婚行为的效力进行定论之后还应该特别注意的意思认定问题。

---

〔2〕 司法实务大多通过认定双方"感情确已破裂"而适用《婚姻法》第32条（现《民法典》第1079条）来判决双方离婚，也就是说可以认为其承认通谋虚伪结婚行为有效。至于被隐藏的行为，则一般也是认为其违背公序良俗而据《民法典》第153条认定为无效。如"吴某某与袁某某离婚纠纷"［上海市奉贤区人民法院（2015）奉民一（民）初字第3259号民事判决书］中，对于为解决被告在外地的儿子来上海上学的问题而办理的假结婚的行为，法院虽然认为双方并不存在缔结婚姻的意思表示，毫无感情基础，但是并没有判决婚姻无效。而是适用《婚姻法》第32条第2款的关于感情确已破裂的规定判决离婚。二审［上海市第一中级人民法院（2016）沪01民终4356号民事判决书］维持原判。在"王某与段某离婚纠纷案"［河北省石家庄市中级人民法院（2017）冀01民终10694号民事判决书］中，双方于2015年6月协议离婚后，为解决子女的上学问题，被告以自己的名义购买了房屋，原告也有出资购房款的大部分。不久后的2015年9月双方进行了复婚登记。原告称第二次结婚是假结婚，目的是以对方的名义办理贷款。一审法院虽然认为复婚后双方没有建立夫妻感情，但也并没有判决婚姻无效。而是认定原、被告夫妻感情破裂而依据《婚姻法》第32条准予离婚。二审维持原判。

〔3〕 在双方没有感情基础的情况下，基于"感情确已破裂"判决离婚未免牵强。司法实务中这种做法的处理带来的不利影响还包括，当事人举证责任的增加、不利于其他继承人的利益、因离婚周期变长而带来的风险等。参见韩富鹏：《论通谋虚伪结婚的法律效力》，载《西部法学评论》2020年第5期，第38—39页。

二、中国法的状况

（一）通谋虚伪结婚行为适用《民法典》总则编的可能性

1. 《民法典》婚姻家庭编中结婚要件与婚姻效力的规定（《民法典》第 1046—1049 条、第 1051—1053 条）

首先，民法对于缔结婚姻规定了实质要件与形式要件[4]。欠缺结婚要件的婚姻不具有法律效力[5]。而在结婚的要件中涉及意思表示的是双方自愿（第 1046 条）这个要件，这个自愿有三个方面的含义。一是指双方自愿而不是一方愿意；二是指缔结婚姻的当事人本人自愿而不是指包括父母在内的第三人愿意；三是指当事人自主决定而不是一方或双方被迫同意[6]。所以，在现行法上，对于双方对结婚的意思表示的要求，仅限于双方自愿，而并不要求这种结婚的意思是真实的。虽然这种规定受到了学者的批评[7]，但在现行法上，通谋虚伪结婚行为符合结婚要件，可认为其是有效的。其次，《民法典》婚姻家庭编第 1051—1053 条规定了无效和可撤销这两种效力瑕疵的婚姻。据第 1051 条规定，婚姻无效的情形有三种：重婚；有禁止结婚的亲属关系；未到法定婚龄。据第 1052 条和第 1053 条规定，可撤销的婚姻有两种，即胁迫和结婚前未如实告知对方患有重大疾病的。但通谋虚伪结婚行为并不在上述规定的婚姻无效和可撤销的情形之中。从这个方面来看，通谋虚伪结婚行为也是有效的。

2. 《民法典》总则编第 146 条：虚假表示的效力

但是，这种行为人与相对人都知道自己所表示的意思并非真

---

[4] 民法上结婚的实质要件有四个，分别是①双方自愿（第 1046 条）；②双方达到法定的结婚年龄（第 1047 条）；③双方符合一夫一妻的要求；④双方不具有法律禁止结婚的亲属关系（第 1048 条）。形式要件是结婚登记（第 1049 条）。

[5] 王利明主编：《民法（下册）》，中国人民大学出版社 2020 年版，第 405 页（孙若军执笔）。

[6] 王利明主编：《民法（下册）》，中国人民大学出版社 2020 年版，第 406 页（孙若军执笔）。

[7] 金眉指出，在立法和理论中，通常用"双方自愿"来表达男女双方就结婚所达成的意思表示一致，但这样容易产生歧义，用双方具有结婚的合意更能表达法律的本意，这就要求双方关于结婚的意思表示必须真实。参见金眉：《论通谋虚伪结婚的法律效力》，载《政法论坛》2015 年第 33 卷第 3 期，第 188 页。

意，通谋作出与真意不一致的意思表示在法律上被认定为虚假意思表示。理论上可以适用《民法典》第146条有关虚假表示与隐藏行为的效力的规定。虚假意思表示的特征在于，行为人与相对人都知道自己所表示的意思并不是双方的真实意思表示，双方均不希望此行为能够真正发生法律上的效力。而双方真心欲达成的民事法律行为则被隐藏，意思表示的外形与真意不一致。据《民法典》第146条的规定，虚假意思表示实施的民事法律行为无效。如果适用《民法典》总则编第146条之规定，双方通谋虚伪的结婚行为无效[8]。

3. 现行法下通谋虚伪结婚行为效力的关键：能否适用《民法典》总则编

虽然历史上曾有"弄虚作假、骗取结婚登记的"婚姻无效[9]的规定，但以上可知，在现行法的框架下，通谋虚伪结婚行为是否有效，关键在于其能否适用总则编关于虚假表示的规定。而这个问题涉及两个方面，第一个方面是法律上，《民法典》未规定相应条款是否有其考量。第二个方面是理论上，身份行为能否适用《民法典》总则编的规定。关于第一个方面，若《民法典》未规定"假结婚"相应条款是有其依据，说明其对能否适用总则已经作出了回应，需要避免重复考虑。但若《民法典》未规定相应条款并无特殊理由，那么就应该考虑第二个方面，即理论上身份行为作为与财产行为相对的一种法律行为是否可以适用总则编之规定。

(1)《民法典》婚姻效力瑕疵的封闭性与否。

有学者认为《民法典》与《最高人民法院关于适用〈中华人民共和国民法典〉婚姻家庭编的解释（一）》（以下简称《婚姻家庭编解释一》）第17条将请求确认婚姻无效的事由限定为《民法典》第1051条的立场一致，即《民法典》中的婚姻效力瑕疵具有

---

[8] 意欲发生的隐藏行为，比如特定地域户口的取得，购房资格的取得，避税等行为是否有效，需要根据其他有关法律来处理。

[9] 1994年《婚姻登记管理条例》第25条曾规定"弄虚作假、骗取结婚登记的"婚姻无效。但以《婚姻登记管理条例》规定婚姻效力的做法，有以程序法代实体法之嫌，也许正是基于此因，2003年颁行的《婚姻登记条例》取消了上述规定，但又没有相关的制度填补，结果是使得虚伪结婚处于法律的真空。参见金眉：《论通谋虚伪结婚的法律效力》，载《政法论坛》2015年第33卷第3期，第188页。

封闭性。[10] 但本文认为《民法典》上的婚姻效力瑕疵主要是对实体瑕疵的回应，而《婚姻家庭编解释一》的限定主要是对程序瑕疵的回应。两者出发点未必相同。从《婚姻家庭编解释一》第17条的主旨、历史沿革与背景来看，该条文主要是针对结婚登记程序存在瑕疵的处理[11]，并非主要针对通谋虚假结婚行为等实质上有瑕疵的结婚行为的规定。该条规定是为了解决在审判实践中常有的当事人以结婚登记上的瑕疵为由请求确认婚姻无效而缺乏明确处理依据的问题。如当事人常以未亲自到场办理结婚登记、借用或冒用他人身份证明进行结婚登记、婚姻登记机关越权管辖、当事人提交的婚姻登记材料有瑕疵等结婚登记上的瑕疵为由请求确认婚姻无效。如果将符合结婚实质要件但结婚登记程序上有瑕疵的婚姻确认为无效婚姻，不仅随意扩大了无效婚姻的适用范围，同时也有悖于无效婚姻制度设立的初衷。并且，法院对结婚登记的判断可能会涉及直接审查行政机关作出的婚姻登记行为的合法性的问题，在法律关系上难以理顺。[12] 所以，与其说该规定的目的是把结婚无效的情形限定在民法第1051条规定的三种情形，倒不如说该规定主要是为了排除因程序上的瑕疵而请求确认婚姻无效的情形。并且，倘若该条主要涉及程序的规定会影响到实体的权利义务，那么应该谨慎斟酌该规定的适用甚至考虑其妥当性。毕竟，婚姻的程序要件也是为适合婚姻关系的特殊性而设定，在很大程度上是为了保障实体要件的实现[13]。

（2）身份行为能否适用总则之规定。

既然《民法典》婚姻效力瑕疵与其司法解释侧重点未必一致，

---

[10] 参见龙俊：《〈民法典〉中婚姻效力瑕疵的封闭性》，载《社会科学辑刊》2022年第4期，第1—11页。贺剑也认为，通谋虚伪的结婚行为原本可能类推适用通谋虚伪表示无效的一般规则的可能性被《婚姻家庭编解释一》第17条第1款所排除。参见贺剑：《意思自治在假结婚、假离婚中能走多远？——一个公私法交叉研究》载《华东政法大学学报》2022年第5期，第23页。

[11] 最高人民法院民事审判一庭：《最高人民法院民法典婚姻家庭编司法解释（一）理解与适用》，人民法院出版社2021年版，第162页。

[12] 最高人民法院民事审判一庭：《最高人民法院民法典婚姻家庭编司法解释（一）理解与适用》，人民法院出版社2021年版，第168页。

[13] 最高人民法院民事审判一庭：《最高人民法院民法典婚姻家庭编司法解释（一）理解与适用》，人民法院出版社2021年版，第163页。

也就是说，通谋虚伪结婚行为在法律上仍有被认定为无效的可能性，那么在理论上是否可以适用《民法典》第 146 条第 1 款关于虚假表示的规定呢？

众所周知，身份行为因为与财产行为相比具有特殊性，所以其能否适用《民法典》总则编一直以来备受争议。持可适用观点的学者认为，"提取公因式"抽象出来的《民法典》总则编所规定的是各种法律关系的共同事项，所以可以适用于民法各编，包括身份法[14]。具体到通谋虚伪结婚行为，我国台湾地区的学说与判例也认为民法关于通谋虚伪表示无效的规定适用身份行为。[15] 而不可适用说中最有力的理由在于日本学者中川善之助教授的"事实先在性"理论[16]。即先有身份事实，变动身份关系而为的身份行为往往具有宣示性，不像财产行为那样具有创设性的效果。

本文在通谋虚伪结婚行为是否可适用总则方面赞成可适用说[17]。首先，《民法典》总则编统筹民法整体，而结婚行为作为民法的一部分，自然要受到总则的规制。其次，不论其他身份行为如何，至少通谋虚伪结婚行为显然没有不可适用说所主张的先在的身份事实。这种行为只是为了达成某种特定的目的，获取特定的利益而为的行为，相比宣示性，不如说更具有创设性。再次，"假结婚"现象屡见不鲜也说明了当今身份关系与财产关系的捆绑化，而现行法律如上所述并没有特别考虑到这种捆绑化，所以适用总则的一般规定不失为一种可行的解决方案。最后，如后所述，主张"事实先在性"的中川善之助教授也认为"假结婚"行为无效。这与适用日本民法典总则编通谋虚伪行为的规定得出的效力是一致的。主要

---

〔14〕 参见冉克平:《论婚姻缔结中的意思表示瑕疵及其效力》，载《武汉大学学报哲学社会科学版》2016 年第 69 卷第 5 期，第 119 页。

〔15〕 参见林诚二:《民法总则》（下），法律出版社 2008 年版，第 368 页。

〔16〕 参见田韶华:《民法典编纂中身份行为的体系化建构》，载《法学》2018 年第 5 期，第 87 页。

〔17〕 身份行为需要有自己的体系化，具体制度设计在此不赘述，但就其方向而言，本文赞同田韶华的观点，即身份行为可以基于民事法律行为制度构建总体理论框架，主要包括身份行为的成立与生效、身份行为的效力体系以及瑕疵类型体系等。但身份行为可以在意思表示构成、身份行为能力判断标准、瑕疵身份行为的界定基准及其法律后果方面有其独特的理论构成。参见田韶华:《民法典编纂中身份行为的体系化建构》，载《法学》2018 年第 5 期，第 85 页。

原因在于，不同于中国法，日本法上结婚的合意被认为是结婚的要件，并且民法亲族编中规定了没有结婚合意的婚姻无效。所以在对结婚行为进行有效无效的判断之前需要对结婚的合意进行判断，而中川善之助教授在有关结婚合意判断的学说上主张实质意思说，据此观点，"假结婚"行为一般因为没有实质的结婚意思而无效。这一点会在后文进行详细介绍。基于以上，本文认为，通谋虚伪结婚行为可以适用总则之规定。

（二）通谋虚伪结婚行为适用《民法典》总则编的必要性

那么，通谋虚伪结婚行为是否有适用《民法典》总则编得出无效结论的必要性呢？

在现行法下，婚姻的效力有有效、无效、可撤销三种状态。如果适用总则之规定，那么通谋虚伪结婚行为即为无效。这个结论是否妥当呢？以下通过整理学说上对于通谋虚伪结婚行为效力的讨论来进行分析。

1. 有效说

支持有效说的学者认为，即使没有结婚的目的，但是办理了婚姻登记，通谋虚伪婚姻即为有效。其理由主要有以下几点：①尊重婚姻自由。中国将婚姻自由作为婚姻法最基础的原则之一。只有涉及他人利益和社会公益时需要进行介入。虽然通谋虚伪结婚中有可能会涉及这些利益，但这些损害后果是发生在行政法等其他法域而非婚姻法。因此这个问题不是婚姻法要调整的对象。②肯定通谋虚伪结婚行为的效力会使当事人在结婚前充分衡量法律风险，这样就可以抑制通谋虚伪结婚行为的发生，维护稳定的婚姻秩序。一旦一方当事人违反约定拒绝协议离婚，另一方当事人能采取提起离婚诉讼的方式将自己从这段虚假的婚姻中解脱出来，这样就可以达到抑制此类行为发生的目的。③承认通谋虚伪婚姻有效可以保护婚生子女和第三人的利益。即使不规定假结婚无效，司法实践中分割身份行为和财产行为的做法，以及善意取得，表见代理等权利外观制度也可以保护交易安全。[18]

2. 可撤销说

可撤销说认为当事人缔结的虚假婚姻为可撤销婚姻。该说认为结婚、离婚等身份行为，应以社会习俗为基础考虑其是否生效。就目前一般人民的法律情感而言，似乎难以接受通谋虚伪结婚有效的结论。因此可规定其为可撤销婚姻[19]。

可撤销说下面的一个分支是原则可撤销说。原则可撤销说认为应该规定通谋虚伪结婚原则上可撤销，特殊情况下有效。原则上可撤销的理由在于：①通谋虚伪行为一般只涉及私益而非公益，因此应该贯彻意思自治原则，有效无效由当事人决定。而特殊情况下有效的理由在于②应当保护子女，所以在有子女的情况下有效，或者对未成年子女处置适用离婚的有关规定。③意思表示瑕疵可以得到弥补，比如夫妻双方存在共同生活或者共同生活特定时间后，可撤销婚姻转变为有效婚姻[20]。

3. 无效说

无效说主张虚伪婚姻无效。但根据其主张适用的法条不同该说又可以进一步区分为适用总则无效说与特别规定无效说。

（1）适用总则无效说。该说认为，虽然《民法典》婚姻家庭

---

[18] 参见杨遂全：《亲属与继承法论》，四川大学出版社 2005 年版，第 58—59 页；叶柳：《论通谋虚伪结婚的法律效力》，载《武汉交通职业学院学报》2017 年第 4 期，第 1—6 页；贺剑：《意思自治在假结婚、假离婚中能走多远？——一个公私法交叉研究》，载《华东政法大学学报》2022 年第 5 期，第 20—35 页。

[19] 王洪：《婚姻家庭法》，法律出版社 2003 年版，第 75—76 页。

[20] 如金眉认为对于通谋虚伪结婚行为，不能简单地援用总则的一般规则一律将其归为无效。而是应该特别规定为原则上可撤销，特殊情况下有效。特殊情况为已经存在夫妻共同生活或者双方生育有子女的情形。参见金眉：《论通谋虚伪结婚的法律效力》，载《政法论坛》2015 年第 33 卷第 3 期，第 190 页；冉克平认为通谋虚伪结婚通常仅与当事人之间的私益有关而与公益无关，从意思自治原则出发，通谋虚伪结婚的效力应该取决于当事人。所以应该原则上规定为可撤销。但是为了维护夫妻共同生活原则与保护未成年子女，应该规定（1）可撤销的自被撤销之日起不具有法律效力，但未成年子女应适用离婚的有关规定。（2）在建立夫妻共同生活的特定时间之后（如 1 年），意思表示瑕疵即得到弥补，则可撤销婚姻转变为有效的婚姻。参见冉克平：《论婚姻缔结中的意思表示瑕疵及其效力》，载《武汉大学学报（哲学社会科学版）》2016 年第 69 卷第 5 期，第 127 页。原则可撤销说的支持者还有李丹屏等。参见李丹屏：《论通谋虚伪结婚的法律效力》，载《安徽警官职业学院学报》2018 年第 1 期，第 16—20 页。

编没有对通谋虚伪结婚行为的效力作出规定，但是可以直接适用民法总则中关于通谋虚伪表示的规定。比如，陈聪富认为，通谋虚假意思表示不仅适用于债权行为、物权行为，同样也适用于身份行为（如假结婚和假离婚）[21]。

（2）特别规定无效说。特别规定无效说认为应在婚姻家庭编规定婚姻的无效情形。比如在《民法》第 1051 条中，增加通谋虚伪"假结婚"导致婚姻无效的规定。该说认为当事人缔结婚姻时不能缺少结婚的意思，而结婚意思需为永久共同生活的目的，无此目的的婚姻就是虚假婚姻。需在无效婚姻制度中规定虚假结婚无效[22]。另有学者认为，通谋虚伪结婚行为无效的理由在于通谋虚伪结婚作为涉及公共利益的民事法律行为[23]应当无效。其认为通谋虚伪结婚行为是为了获得某种与婚姻家庭共同生活根本无关的利益（如为获得特定省市的户口，为了获得更多的拆迁补偿款，为了得到购房优惠等）。此种婚姻不符合婚姻制度的本质，且违背公共利益。相对于婚姻的可撤销制度仅关系到当事人的私益，婚姻的无效制度还涉及公共利益。所以通谋虚假结婚作为涉及公共利益的民事法律行为应当无效。但是该学说也认可无效到有效的转变。其条件为双方实际上共同生活并建立起家庭关系[24]

4. 适用总则无效说的妥当性

（1）通谋虚伪结婚行为作为明显有瑕疵的意思表示却能形成有效的婚姻在逻辑上有明显的问题。不论以上有效说的理由，但从胁迫、欺诈等不自由的意思表示足以构成婚姻行为的瑕疵来看，举轻以明重，完全不真实的通谋虚伪表示更应该成为婚姻行为的瑕疵[25]。并且，相对于被规定为可撤销的有胁迫、欺诈等情形的意思表示行为，通谋虚伪的表示行为在主观上恶意更大，应该给予更

---

[21] 陈聪富：《民法总则》（第 2 版），元照出版公司 2016 年版，第 258 页。

[22] 余湛、冯伟：《论无效婚姻制度中的原因》，载杨立新、刘德权主编：《亲属法新问题与新展望》，人民法院出版社 2009 年版，第 38—40 页。

[23] 对于通谋虚伪婚姻是否涉及公益学者观点不同，如上文冉克平认为一般不涉及，而此处则认为涉及。

[24] 李昊、王文娜：《婚姻缔结行为的效力瑕疵——兼评民法典婚姻家庭编草案的相关规定》，载《法学研究》2019 年第 4 期，第 112—113 页。

[25] 贺剑：《意思自治在假结婚、假离婚中能走多远？——一个公法私法交叉研究》，载《华东政法大学学报》2022 年第 5 期，第 23 页。

强烈的效力否定。

（2）对于有效说和可撤销说主张的意思自治。本文认为婚姻自由是相对的，不是绝对的。婚姻自由必须以承担和履行一定的社会义务与责任为前提。并且婚姻自由原则的目的在于通过贯彻执行婚姻自由原则，缔结和维护以爱情为基础的美满和睦的婚姻与家庭关系[26]。而通过通谋虚伪行为而缔结的婚姻显然是为了特定的利益，不能对其产生有履行家庭的义务与责任的合理期待。因此这种婚姻的自由应该受到约束。

（3）使其有效从法政策上来看并不能起到风险防范的作用。持有效说的学者所认为的"假结婚"给当事人带来的风险包括财产权和人身权两大部分。在财产权上："结婚"后，一方为获得更多"好处费"，不按照附加协议约定的条件离婚；一方在离婚时请求分割在"婚姻"关系存续期间购买的房产；一方未经过对方同意，处分"共有物"，第三人善意取得所有权；一方在"结婚"后，恶意以夫妻名义向第三人借款等。在人身权上："结婚"后，一方以希望共同生活为由，不按照约定离婚，并要求对方履行同居义务[27]。而承认通谋虚伪结婚有效会带来什么后果呢。若当事人可以一直接受假结婚的状态，在某种意义上也可以说其结婚意思得到了补正，或者即使没有达到具有真实结婚意思的程度，但也可以认为双方当事人一直处于一种友好共处的状态，那么他所承受的上述"风险"对其来说已经不具有"风险"的性质。而若当事人因某些原因不愿维持假结婚的状态，也可以利用协议离婚或者诉讼离婚完成风险的化解。如若双方顺利协议离婚，则当事人既通过结婚行为完成了隐藏行为又化解了结婚可能带来的风险，"一举两得"，婚姻制度沦为当事人达成某些目的工具。而若双方未能达成一致，则势必有一方会提起诉讼请求离婚，在司法实务中，法院通常以"感情关系确已破裂"判决离婚。就财产的处分来看，当事人在准备"假结婚"的同时往往会签订婚内财产协议，法院不一定会按照法定财产制进行分割。如在上海市奉贤区人民法院（2015）奉民一（民）初字

---

〔26〕 余延满：《亲属法原论》，法律出版社 2007 年版，第 53 页。

〔27〕 周素素：《论"假结婚"与"假离婚"行为的效力与控制》，载《东南大学学报（哲学社会科学版）》2018 年第 20 卷增刊，第 90 页。

第 3259 号民事判决书中，当事人双方约定婚前、婚后财产及收入归各自所有，债务由各自承担，各自放弃对对方的继承权等，法院并没有采信被告提出的婚后夫妻经济合并的事实。以上可知，当事人仍然可以通过离婚来规避或者说弱化这些风险。至于人身方面的"风险"，若承认婚姻有效，则一方强迫另一方发生的性行为为婚内性行为，很难轻易被认定为强奸罪[28]，弱势一方的权益难以得到保护，不论当事人通过隐藏行为得到的利益如何，要当事人承担这样的人身方面的"风险"，未免过于苛刻。基于以上过于苛刻的人身风险与几乎不是"风险"的财产风险来看，通谋虚伪结婚行为不应为有效。若通谋虚伪结婚行为无效，则据《婚姻家庭编解释一》第 22 条规定，被确认无效或者被撤销的婚姻，当事人同居期间所得的财产，除有证据证明为当事人一方所有的以外，按共同共有处理。对当事人而言相较于离婚的财产处理反而风险更大。而将通谋虚伪结婚的效力规定为可撤销也不能起到应有的作用。因为撤销婚姻会导致婚姻自始无效，进而导致其不法目的不可实现，因此大部分当事人不会主动提出撤销婚姻的请求。这也意味着可撤销制度形同虚设。只有把通谋虚伪婚姻定性为无效婚姻，才能保护婚姻，也能实现户口政策、购房政策等特定政策的目的。[29]

（4）针对子女的保护问题，《民法典》第 1054 条对无效或被撤销婚姻当事人所生的子女并未明确是婚生还是非婚生。但如果认为，前述子女在法律上是非婚生子女，明显违背通常认知。[30] 所以，即使适用总则认定为无效，也有保护子女婚生地位的可能性。虽然在无效婚姻中的子女具有婚生子女的地位在逻辑上还有待理顺，但是为保护子女的婚生地位，这样的特别处理也未尝不可。

至于本文认为相较于特别规定无效说，适用总则无效说更为妥当，主要是基于第三人保护问题和身份行为体系化上的考虑。虽然

---

〔28〕 周素素：《论"假结婚"与"假离婚"行为的效力与控制》，载《东南大学学报（哲学社会科学版）》2018 年第 20 卷增刊，第 90 页。

〔29〕 李昊、王文娜：《婚姻缔结行为的效力瑕疵——兼评民法典婚姻家庭编草案的相关规定》，载《法学研究》2019 年第 4 期，第 112—113 页。

〔30〕 贺剑：《意思自治在假结婚、假离婚中能走多远？——一个公私法交叉研究》，载《华东政法大学学报》2022 年第 5 期，第 24 页。参见孙若军：《对重婚无效的处理立法需要完善的几个问题》，载《金陵法律评论》2006 年第 1 期，第 88 页。

《民法典》第 146 条未规定通谋虚伪行为对善意第三人的效力问题。但是司法实践中主要以民法理论认定通谋虚伪行为无效不得对抗善意第三人[31]。另外，从司法实践的角度来看适用总则来暂时处理假结婚问题也较为可行。若将假结婚行为规定为无效，今后假结婚相关的裁判例应该会有所增加，根据裁判例的积累，在之后身份行为体系化的建构中再进行特殊规定的考虑也未为不可。

三、日本法的状况
（一）通谋虚伪结婚行为的法律效力

日本法上关于通谋虚伪行为的效力规定在《民法》第 94 条。即通谋虚伪的意思表示无效，但其无效不能对抗善意第三人。而关于通谋虚伪结婚，即没有结婚合意的结婚行为的效力适用《民法》第 742 条第 1 款的规定认定为无效[32]。也就是说，对于不是为了夫妻共同生活而是为了达成其他目的的权宜之计的假婚姻，适用《民法》第 742 条第 1 款的规定认定为无效[33]。虽然通谋虚伪结婚行为不适用总则，但其效力认定与总则对通谋虚伪行为的效力认定是一致的。只是在能否对抗善意第三人上与《民法》第 94 条不同。婚姻行为因为其身份关系的画一性，其无效可以对抗善意第三人[34]。

---

〔31〕 田韶华：《论通谋虚伪行为规则的司法适用》，载《北方法学》2019 年第 13 卷总第 76 期，第 38 页。

〔32〕《民法》第 742 条规定的无效仅限于当事者之间没有结婚意思时和没有结婚登记时。（但一般认为后者是婚姻不成立）。虽然结婚登记有被明文规定为结婚的要件（民 739 条）而结婚意思没有，但结婚意思也被认为是结婚的要件之一。

〔33〕 中川认为，婚姻的缔结行为是一种法律行为，并且身份法整体在性质上采取了意思主义的立场，可以说无意思的婚姻理所当然是无效的。在田韶华《民法典编纂中身份行为的体系化建构》一文中，其指出，对于身份行为是否属于法律行为，否定说最为有力的理由是中川善之助教授提出的"事实先在性"理论。参见田韶华：《民法典编纂中身份行为的体系化建构》，载《法学》2018 年第 5 期，第 87 页。对此，笔者的理解是，持否定说的学者以中川教授的"事实先在性"理论为论据，而中川教授本人似乎并没有否认身份行为是法律行为，为避免歧义，在此附上中川教授的原文：婚姻の缔结行为が一つの法律行为であり、且つ身分法が全体として性質上意思主義の立場をとる以上、意思なき婚姻が無効であるのは極めて当然のことといえよう。中川善之助『新訂親族法』（青林書院，1965 年）193 頁参照。

〔34〕 松川正毅・窪田充見編集代表『第 2 版親族：民法第 725 条—第 881 条』（日本評論社，2019 年）43 頁（前田陽一執筆）。

（二）结婚意思在通谋虚伪结婚行为效力判断中的重要性

既然已经作出了特别规定，可以预想没有真实结婚意思的结婚行为是无效的，但实际上也有并非如此微妙的情况。这里涉及的一个重要问题是真实的结婚意思如何判断。实务中争议之处往往在于，真实的结婚意思是什么。如单纯为了在留资格等而结婚的意思固然可以直接认定为没有真实结婚意思。但是想让配偶作为自己的继承人而结婚的意思等意欲发生一部分法律上婚姻效果的结婚意思是否可以认定为真实的结婚意思呢。若此种结婚意思也可认定为结婚的意思，那么这种结婚在法律上也可被认定为有效。而若此种结婚意思不能认定为真实的结婚意思，就应该适用《民法》第742条第1款认定为无效。基于以上可知，通谋虚伪结婚行为的效力是与结婚意思的认定息息相关的。正如棚村所说："问题是，国家的法政策在何种范围内允许从社会上看不具备作为夫妻的生活关系和实体的婚姻登记的利用，需要考虑作为限定该允许范围工具的结婚意思的存在与否。"[35]

（三）日本法上的结婚意思

虽然法律上没有明确规定结婚的意思是什么，但是根据《民法》第742条第1款规定，"因认错人或其他事由，当事人之间无结婚意思的"婚姻无效。那么此处的结婚意思应该如何来理解呢。很明显，认错人是当事人之间无结婚意思的一种情形，但是除此之外，此条文本身究竟预设了怎样的情形并不明确[36]。而对于此处的结婚意思，明治时期作为法典起草机构的法典调查会和民法起草者梅谦次郎博士似乎都认为此处的意思应该是成为法律上的夫妻的意思，但自从中川善之助以"身份的效果意思与身份的事实不可分割的关联"来主张实质意思说之后，以设定社会习俗上的身份关系的意思为婚姻意思和收养意思等的想法开始普及[37]。因此，下文首先就判例上对有着不同结婚意思的行为的处理进行整理，以明确

〔35〕 梶村太市ほか『家族法実務講義』（有斐閣，2013年）65頁（棚村政行執筆）。

〔36〕 窪田充見ほか『民法演習ノートⅢ　家族法21問』（弘文堂，2013年）5頁（窪田充見執筆）。

〔37〕 松川正毅・窪田充見編集代表『第2版親族：民法第725条—第881条』（日本評論社，2019年）43頁（前田陽一執筆）。

与认错人相当的会导致婚姻无效的情形，从中抽象出此处结婚意思的判断标准。其次就学说上对结婚意思的判断标准进行介绍，以明确前述目前实务中主流的判断标准的不足，进一步探讨对于结婚意思应有的判断标准。

1. 判例

（1）以取得婚生子地位为目的的结婚意思[38]。

【事实概要】在保健所工作的保健师 Y 女住在上司 A 家，与 A 的儿子即大学生 X 互生好感。但是，由于 X 的父母的反对两人没能结婚。X 大学毕业工作后，XY 开始同居，后 Y 怀孕生下了 B 女。但是，之后 X 想和 C 女结婚，其与 Y 商量的结果是，X 暂时与 Y 登记结婚，认领 B（由此 B 可以获得法律上婚生子的地位），之后再办理离婚手续。因此 X 一方面和 Y 进行了结婚登记，另一方面与 C 举行了婚礼，进入了事实上的夫妻生活。但是之后由于 Y 不配合办理离婚手续，所以 X 以 XY 之间没有结婚的意思，主张与 Y 的婚姻无效。

【裁判理由】"所谓'当事人之间没有结婚的意思'，应当理解为当事人之间没有想要设定真正在社会观念上被认定为夫妻关系的效果意思的情况，因此，就婚姻登记本身而言，当事人之间的意思是一致的，也就是说，即使当事人之间有设定所论法律上的夫妻身份关系的意思，那也只不过是为了达到其他目的的捷径而已。因此，如前所述，在没有真正想要设定夫妻关系的效果意思的情况下，婚姻不产生其效力。"

（2）获得遗属年金领取资格的结婚意思[39]。

【事实概要】Y（被控诉人）在 1963 年认识了 A，两人从 1967 年开始交往并有了性关系。但 A 在那之后又与 B 发生了性关系，并购买了一套公寓让 B 居住。A 从 1975 年开始患病，在这期间 Y 尽力照顾和护理 A。A 知道自己时日无多，于是立下遗嘱把公寓遗赠给 B。但同时考虑在过去的 10 年里，Y 一直在照顾自己，所以想让

---

[38] 最判昭和 44 年 10 月 31 日民集 23 卷 10 号 1894 页。处于婚姻关系中的夫妻的子女被视为婚生子女，除了其法律地位相关的保护之外，在继承份额等方面也曾与非婚生子女不同。但是，根据最大决平成 25 年 9 月 4 日民集 67 卷 6 号 1320 页，将非婚生子女的继承份额规定为婚生子女继承份额的 1/2 的规定因违宪而被废止。

[39] 名古屋高判昭和 55 年 6 月 30 日家月 33 卷 2 号 165 页。

Y 作为自己的妻子领取自己死后的遗属年金。因此，A 与 Y 进行了结婚登记。5 天后 A 死亡。

【裁判理由】"在此时迎娶过去 10 年一直照顾自己的被控诉人为妻，想让被控诉人获得自己死亡后的遗属年金的领取资格，向被控诉人传达了其意思并得到其同意，双方是在有成为法律上的夫妻的意思的情况下，进行了本案婚姻登记，该登记是根据 A 的意思，根据两者的合意进行的"因此婚姻有效。

（3）以让非婚生子取得日本国籍的结婚意思[40]。

【事实概要】X 和 Y1 于 1961 年结婚，共同生活。Y1 从 1972 年开始在中国台湾经营公司，X 为了照顾 Y1 的父母，跟随 Y1 去了中国台湾。1982 年回国。1977 年 6 月 5 日，与 Y1 有婚外肉体关系的 Y2 与 Y1 生下了孩子 A。Y1 认为和 Y2 的关系是所谓的出轨，但想让孩子 A 作为自己的孩子取得日本国籍，所以决定和 Y2 结婚。因此，在离婚登记中拜托朋友在妻子的署名栏中记载 X 的姓名，并于 1980 年 5 月 30 日提交。1980 年 6 月 27 日，Y1 与 Y2 之间，以中国台湾的方式办理了结婚手续，1981 年 1 月 6 日在日本进行了结婚登记，并于同年 2 月 9 日，考虑到婚生子女推定的法律规定，使用虚假的出生证明书，进行了 A 的出生登记。Y2 知道 Y1 让孩子 A 取得日本国籍后会与 Y2 离婚，与 X 复婚，但 Y2 告诉 X 其没有和 Y1 离婚的意思。

【裁判理由】在 Y1 和 Y2 之间的以中国台湾方式的结婚程序中，两者履行该程序本身有意思的一致，两者之间有设定法律上的夫妻身份关系的意思，但这只是为了让非婚生子 A 取得日本国籍而假托的捷径，应该说 Y1、Y2 没有想要设定在社会观念上真正被认为是夫妇的关系的效果意思，所以是无效的。

（4）为取得长期在留资格的结婚意思[41]。

【事实概要】1983 年，具有韩国国籍的 Y 委托具有日本国籍的 X 与其进行虚假婚姻，以使其成为日本人的配偶，获得长期在留的资格。X 为了得到假结婚的报酬，同年和 Y 进行了虚假的婚姻登记。之后，X 请求确认 X、Y 的婚姻无效。

---

[40] 东京高判昭和 60 年 2 月 27 日家月 37 卷 11 号 46 页。
[41] 大阪地判昭和 59 年 12 月 24 日家月 37 卷 10 号 104 页。

【裁判理由】X、Y 双方都没有真正结婚的意思，关于 X，根据《日本民法》第 742 条第 1 款，婚姻无效。

（5）教会指定结婚下的结婚意思[42]。

【事实概要】X 在教会的指示下，与教会指定的初次见面的人参加了合同结婚式，之后在教会的要求下为获得韩国长期滞留签证，回日本后与 Y 进行了结婚登记。但 X 在韩国没有与 Y 共同生活，回日本后也只与 Y 通信过 3 回，X、Y 之间，没有互相约定结婚，也没有互相确认结婚的意思。

【裁判理由】最终裁判所以"根据前期认定的事实，原告在进行本案结婚登记时，没有与被告建立婚姻的意思，即作为夫妇同居，在相互扶助下生活的实质性夫妻关系的意思。"为由，认可了原告请求婚姻无效的请求。

（6）判例的判断标准：社会普遍观念。

可以看出，在判例中，与《民法》第 742 条第 1 款规定的认错人同等会导致婚姻无效的情形，即与认错人同等无结婚意思的情形为，为取得婚生子地位而结婚的情形、为让非婚生子取得日本国籍而结婚的情形、为取得长期在留资格的情形、和教会指定结婚的情形等等。而从中抽象出来的判断的标准是，社会普遍观念。即这些结婚行为中的结婚意思，因不具有社会普遍观念上的结婚意思所以无效。至于以上第二个判例，即名古屋高判昭和 55 年 6 月 30 日判决，虽然该判决得出了其婚姻有效的结论，乍一看仅是为了获得遗属年金领取资格的这种不具有社会普遍观念上的结婚意思的结婚行为也被判断为有效。但将基于过去 10 年的关系和照顾在临终时想要与对方结婚的意思，认为是单纯为了使对方获得遗属年金的领取资格的意思，是不妥当的[43]。所以，本文认为，第二个判例的判断标准严格来说不是是否具有结婚登记的意思，而是与其他判例一样是否具有社会普遍观念上的结婚意思。

2. 学说

那么，日本学界对于司法实务中这种以社会普遍观念上的结婚意思为是否具有结婚意思的判断标准有何评价呢？首先，司法实务

---

[42] 名古屋地判平成 7 年 2 月 17 日判時 1562 号 98 页。

[43] 太田武男「判批」法時 53 卷 3 号（1981 年）136 頁。

中这种判断标准可以认为是采取了实质意思说的立场。

（1）实质意思说。它是关于包括结婚行为在内的四种身份行为的学说[44]，也是传统通说。该学说的提出者中川善之助教授认为不同于财产关系，身份关系有自己的特征，身份关系重视事实（习俗、社会伦理关系等）的先行性，所以身份行为具有在法律上进行宣言的性质[45]。他的这种观点反映在结婚行为上，就是结婚意思应当是社会观念上的结婚意思，而不仅仅是遵循当事人的主观意愿。如以学问为妻，与艺术结婚等不过是比喻，不能看作有真实的结婚意思。"结婚意思……一言以蔽之，各个时代、各个社会在习俗上都有一定的模式，大家约定只有嵌套在那个模式里的东西才被称为婚姻，只有按照该约定的意味进行结婚的意思才是这里所说的结婚意思"[46]。主张实质意思说的还有我妻荣教授。他把结婚意思作为使夫妻关系成立的意思，进而解释："什么是夫妻关系呢？应该说，是社会上一般认为的夫妻关系那样的男女精神上、肉体上的结合。[47]"

（2）形式意思说。与实质意思说相对，形式意思说认为只要有登记的意思即可。谷口将身份行为意思理解为登记的意思。其对于实质意思说的批判有以下几点。①身份关系一旦成立，第三人就有尊重其关系的义务，而通过证明登记是没有真意的登记会使身份关系成立与否处于不确定之中进而影响第三人的利益；②如果在身份法中允许虚伪表示的无效，就等于在原本拒绝契约自由原则的身份法中认可该原则；③政策上的妥当性。虽然反对说认为将有违法目的结婚规定为无效也能阻止违法行为，并且，认可并不存在的真实身份关系是违反良俗的。但是通过规定其为有效这种间接抑制违法意图的做法至少不会造成因规定为其无效而导致的身份上的财产上的混乱，而且同样可以使人们考虑到身份行为带来的长期的义务负担，尽量避免钻法律空子目的的身份登记；④身份行为作为要式行为会涉及许多利益，因此没有事实的婚姻和收养等也应该忍受要式

---

[44] 另外三种是协议离婚、收养和协议解除收养。因此下文各学说的议论中有的涉及离婚，解除收养等情形，并不限于结婚行为。

[45] 中川善之助『新訂親族法』（青林書院，1965 年）23 頁以下。

[46] 中川善之助『新訂親族法』（青林書院，1965 年）160—161 頁。

[47] 我妻栄『親族法』（有斐閣，1961 年）14 頁。

行为带来的不得已的牺牲；⑤不符合以登记产生或消除身份行为的社会观念；⑥尽量减少无效的行为[48]。末川对于身份行为也解释为："只需要登记的意思就足够了""不需要再包含实际身份关系变动的意思[49]"。

（3）法律定型说。该学说认为结婚意思应该是民法上定型规定的效果意思。中川认为，婚姻的效果在民法上产生，因此结婚意思是民法上的意思，是面向民法上的婚姻定型（同居、合作扶助、继承等）的意思。其理由在于，关于实质意思说，法律上的意思不等于实质上的意思。判决不承认离婚是不承认法律上的婚姻解除而非不承认实质上的婚姻解除；根据社会习俗这样的非法律学的观念来决定结婚意思是不合逻辑的。而关于形式意思说，因为《民法》742 条明确表示没有意思时无效，所以将结婚意思理解为单纯的形式上登记的意思不符合民法典的构成。所以，法律的定型说最为恰当[50]。根据这种说法，即使当事人有违反社会习俗但是符合民法上效果的意思，也被认为是有效的。不过，该学说认为，违反社会习俗的身份行为可以作为违反公序良俗的法律行为，适用民法第 90 条、第 91 条[51][52]。

（4）内容明确说。由于实质意思说对于社会普遍观念上认可的夫妻关系是什么关系并没有给出明确的回答。并且，在价值观多样化的今天，社会对于夫妻关系的理解也更加多元化。因此，内容明确说在支持实质意思说的基础上，要求明确社会普遍观念的内涵[53]。

（5）法的意思说。该学说在实质意思说的基础上对创设性身份行为和解消性身份行为进行区分。该说认为婚姻和收养等创设性的

---

[48] 谷口知平『日本親族法』（弘文堂，1935 年）47 頁以下。

[49] 末川博『物権・親族・相続』（岩波書店，1970 年）342 頁。

[50] 中川高男『新版親族・相続法講義』（ミネルヴァ書房，1995 年）119—120頁。

[51] 右近健男『婚姻無効の判例総合解説』（信山社，2005 年）28 頁。

[52]《日本民法》第 90 条："违反公共秩序或者善良风俗的法律行为无效。"第 91条："法律行为的当事人表示了与法令中无关公共秩序的规定相异的意思时，从其意思。"

[53] 久貴忠彦『親族法』（日本評論社，1984 年）45 頁以下、泉久雄『親族法』（有斐閣，1997 年）71 頁。

身份行为需要积极的意思（实现社会上身份关系的意思），对离婚和解除收养等解消性的身份行为只需消极意思（解消法律上身份关系的意思）就足够了[54]。显然，法的意思说在假离婚等解消性身份行为方面与实质意思说不同，但是在创设性身份行为方面与实质意思说没有太大区别。[55]

（6）多元类型说。该学说认为应着眼于社会习俗的定型来决定各种身份行为[56]。深谷认为，各种身份行为要有何种程度才能承认其有效，需要综合考虑各种身份行为的社会习俗定型、状态、问题状况以及法政策的价值判断[57]。多元类型说认为，与在精神上、生活上紧密性较强结婚和收养未成年人相比，收养成年人和协议离婚等缺乏社会习俗的定型性，所以该说认为实质意思说应该按照身份行为的类型进行修正。[58]

（7）基本效果排除说。大村认为，结婚意思应该是没有排除婚姻效果中基本效果的意思，也就是说，排除了婚姻效果中基本效果的意思不能认定为具有真实的结婚意思。正如"买卖合同"中"买卖的意思"是产生所有权的转移和货款支付等买卖效果的意思一样，婚姻中的"意思"应该是产生婚姻效果的意思。[59] 而婚姻

〔54〕 高橋忠次郎「婚姻意思と離婚意思」専修法学論集 9 号（1970 年）18 頁以下。

〔55〕 法的意思说与形式意思说的不同在于，对于如避税等目的涉及公法的离婚，形式意思说是持肯定态度，而法的意思说由于把婚姻全体机能放在私法秩序中把握，所以对其是持否定态度的。右近健男『婚姻無効の判例総合解説』（信山社，2005 年）28—29 頁参照。但假离婚不是本文讨论的重点。

〔56〕 深谷松男「身分行為に関する二、三の考察」金沢法学 19 巻 1・2 号（1976年）41 頁。

〔57〕 深谷松男『現代家族法（第 4 版）』（青林書院，2001 年）43—44 頁。

〔58〕 深谷松男『現代家族法（第 4 版）』（青林書院，2001 年）44 頁。

〔59〕 大村认为，婚姻与契约的不同在于，如果将婚姻看成一项制度的话，当事人没有决定其内容的自由（虽然有缔结婚姻的自由）。而如果将婚姻看成契约的话，至少关于非婚姻基本事项的事项，当事人有决定其内容的余地，如约定的夫妻财产制。而关于婚姻的基本事项，如果没有合意的话，就不能称之为婚姻了。参见大村敦志『家族法（第 3 版）』（有斐閣，2010 年）129 頁。

的效果包括很多方面[60]，关键在于结婚意思中的效果意思应该达到何种程度。同样对比买卖合同来考虑，买卖合同只要对主要的部分有合意即可，结婚意思同样可以考虑只要有主要的效果意思即可。虽然对婚姻的主要效果这一点还有探讨的余地，但是完全没有同居义务、贞操义务等的结婚合意，不能称之为真实的结婚合意。但这种结婚意思不一定要有实际上的实现可能性，可以是抽象的意思。如"临终结婚"也可以是有效的。[61]

（8）法律效果享受说。该学说将实质意思说和形式意思说的对立，重新解释为是需要全面享受法律效果的意思，还是部分享受法律效果的意思。例如，最判昭和 44 年 10 月 31 日民集 23 卷 10 号 1894 页的婚姻是为了给予子女婚生子的地位，但不以同居、合作、扶助、继承等为目的的婚姻。若按照实质意思说，则此种婚姻无结婚意思，因此无效，若按照形式意思说，则此种婚姻有结婚意思，因此有效。而法律效果享受说认为，此种婚姻中的结婚意思是部分享受法律效果的意思。因此，问题不在于实质还是形式、本质还是非本质，而在于婚姻效果的全面享受还是部分享受[62]。至于具有部分享受法律效果意思的结婚意思的婚姻是有效还是无效，内田认为，在当事人之间不产生问题的情况下，可以承认具有部分享受法律效果意思的结婚意思的婚姻是有效的。[63]

---

[60] 日本民法上婚姻的效果包括，有关夫妻人格效果的规定，即夫妻同姓（民750条）、同居、合作、扶助义务（民752条）、贞操义务（参照民770条1项1号）等。另一方面，关于夫妻财产，可以签订夫妻财产合同（民755条），但也可以按照民法规定的法定财产制（民760条—762条）。另外，还有夫妇互相成为继承人（民890条）和对婚姻中怀孕的子女进行婚生子女推定（民772条）等。

[61] 大村敦志『家族法（第3版）』（有斐閣，2010年）127—130頁参照。

[62] 内田貴『民法Ⅳ 親族・相続』（東京大学出版会，2004年）60頁。

[63] 内田貴『民法Ⅳ 親族・相続』（東京大学出版会，2004年）63頁。

日本法上有关身份行为意思的学说整理

主要学说	基于主要学说的学说	对（1）和（2）进行再解释的学说
（1）实质意思说	（4）内容明确说	（8）法律效果享受说
	（5）法的意思说	
	（6）多元类型说	
（2）形式意思说		
（3）法律定型说	（7）基本效果排除说	

3. 基本效果排除说的妥当性

首先，若各个学说反映到实务中，会有什么区别呢？以上述判例为例，按照实质意思说，正如判例所示，除了（2）之外，（1）（3）（4）（5）都没有社会普遍观念上的结婚意思，所以这些婚姻的效力都应为无效。而按照与实质意思说相对的形式意思说，以上所有判例，不管是否有社会普遍观念上的结婚意思，但至少都有结婚登记的意思，所以这些婚姻都应为有效。由于内容明确说、法的意思说和多元类型说都是基于实质意思说而要求更加细化的学说，虽然这些学说在解消性身份行为上与实质意思说的差别相较于创设性身份行为上的差别更大，但在作为创设性身份行为的结婚相关的意思表示这一点上似乎并没有给出比实质意思说更明确的判断标准，所以可以认为，以上各种情况的结婚意思若按照这些学说，其效力与适用实质意思说不会有太大区别。而法律效果说是对实质意思说和形式意思说的再解释。所以本文认为主要需要比较的学说是实质意思说、形式意思说、法律定型说、基本效果排除说这四种学说。

实质意思说与形式意思说的基本差异在于，实质意思说是以与社会普遍观念这一法律评价相分离为前提来讨论结婚意思，而形式意思说是着眼于法律上的要式行为的方面来讨论结婚意思[64]。由于适用形式意思说得出的结论，有时会过于偏离社会常识，所以实质意思说一度成为通说。但实质意思说的问题也恰恰在于过于依赖

---

[64] 窪田充見『家族法：民法を学ぶ（第4版）』（有斐閣，2019年）21頁。

社会观念。社会普遍观念上认为的婚姻究竟是什么这一点并不明确，这种不明确的特点可能会导致实质意思说无法作为一个有效的判断标准。如在上述第二个判例中的结婚意思究竟可不可以作为社会普遍观念上的结婚意思，其实是有点微妙的。更进一步，在一个价值观多元化的现代社会，甚至不一定存在一个社会普遍观念上的婚姻。此外，可以说现在婚姻登记对于婚姻成立的重要性已被广泛认识。现代社会中为了规避法律上婚姻的效果而故意不进行婚姻登记的情况也不少见。所以，完全依赖社会观念来判断结婚意思似乎并不恰当。而关于法律定型说，因法律上的效果规定本来就对社会观念有一定的考虑，所以既较为符合社会观念，又以法律上的效果为准绳的法律定型说相比前两个学说是更为理想的。但是法律定型说也不是没有问题。正如窪田所说，法律定型说没有回答什么是婚姻的基本效果，面向怎样的效果的结婚意思是应该被肯定的[65]。前田也认为如果法律定型说采用的是民法上定型的制定的全部的效果意思的立场的话，法律定型说与实质意思说的结论不会有大的差异[66]。而在法律定型说的基础上进一步发展的基本效果排除说则提供了一个更为明确的判断标准。完全没有同居、贞操义务的结婚意思，即排除了婚姻的基本效果的意思不能称之为结婚意思。但这种同居、贞操义务的结婚意思，不一定要是实际存在，也可以是抽象的。如上述第二个判例所示。

四、日本法给中国法的启示

通过对日本法的介绍可知，因日本法律上规定了无结婚意思的婚姻效力无效（《民法》第 742 条），也就是说，在欠缺结婚意思的效力这个问题上有明确规定，所以解释论集中展开在对结婚意思的解释之上而不是对效力的讨论上。理论通过对结婚意思的分类，来区分婚姻的有效的情况与无效的情况。根据这样的解释，并不是所有没有社会观念上婚姻生活实际状态的结婚都是无效的。与此相

---

　　〔65〕　窪田充見ほか『民法演習ノートⅢ　家族法 21 問』（弘文堂，2013 年）7 頁（窪田充見執筆）。

　　〔66〕　前田陽一ほか『民法.Ⅳ　親族・相続（第 6 版）』（有斐閣，2022 年）44 頁（前田陽一執筆）。

对，中国对于无婚姻共同生活、无真实结婚意思的婚姻效力没有进行特别规定，所以理论上的讨论主要集中在效力的规定上，鲜少有对结婚意思的讨论。然而正如日本法所示，婚姻效力问题与结婚意思应如何把握的问题密切相关。综上所述，中国法可借鉴日本法作出如下规定。

（一）适用总则编关于虚假意思表示的规定从而认定通谋虚伪结婚行为的效力为无效

日本民法在亲族编规定了无结婚意思的婚姻无效，与总则虚伪表示的效力一致。通谋虚伪结婚行为作为一种意思表示行为应该符合一般民事法律行为的规则为无效。但是日本法上对于通谋虚伪结婚行为的处理与日本民法总则规定的虚伪表示不同，通谋虚伪结婚行为的无效可以对抗善意第三人。而日本学者中川淳认为婚姻无效溯及既往会产生过于苛刻的结果，日本民法对善意的第三人以及子女的保护规定欠缺。[67] 因此，中国法需要考虑对善意第三人和子女的保护。而如前所述，即使婚姻因通谋虚伪而无效，子女也有取得婚生子地位的可能性而得到保护，且中国司法实践上通谋虚伪行为的无效不能对抗善意第三人。因此，适用总则关于虚假意思表示的规定，既有民事法律行为的一致性，逻辑上的正确性，又可以保护子女和善意第三人。但本文并不想排除身份行为体系化的理论建构后对通谋虚伪结婚行为进行特别规定的可能性。

（二）对于结婚意思的判断可以采用基本效果排除说

若对于虚假的结婚意思的判断仅仅依靠社会观念上的意思，根据法官的个人价值观和夫妻观，有被认为有效或被判断为无效的不确定性风险。而若把形式上结婚登记的意思理解为法律上的结婚意思，就会承认没有生活实际状态的婚姻登记，有本末倒置之嫌。因此，将是否具有作为民法上规定的婚姻的主要法律效果作为结婚意思是否真实的判断标准是合理的。正如日本民法上规定的同居合作扶助义务、婚姻费用分担义务、继承权的赋予、抚养义务等法律效果一样，中国民法上规定的夫妻之间的权利义务，有夫妻忠实、尊重、关爱义务（第 1043 条）、各自使用自己姓名的权利（第 1056 条），参加工作、学习和社会活动的自由（第 1057 条）、互有代理

---

[67] 中川淳『親族法逐条解説』（日本加除出版，1990 年）75 頁。

权（第 1061 条）、相互抚养的义务（第 1059 条），相互继承权（第 1061 条），享有对未成年子女抚养、教育和保护的权利（第 1058 条）等，其中，可想而知完全没有夫妻忠实、尊重、关爱义务（第 1043 条）的结婚意思很难称为有真实的结婚意思，若有明确排除该效果的结婚意思应该认定为没有真实的结婚意思。而其他的效果意思如何可以期待裁判例的积累。

本文认为，对于通谋虚伪结婚行为，既应该适用总则编得出无效的结论，还应以有无排除法律上的婚姻的基本效果为准，综合结婚意思的内容、动机、目的、生活实际情况等，来讨论婚姻的效力。

中国 P2P 网络借贷行业失败原因探析

——以中日两国准入制度为视角

杨　帆[*]

一、引言

(一) 中国 P2P 网络借贷行业从辉煌到落幕

中国首家 P2P 网络借贷平台 "拍拍贷" 于 2007 年成立。此后数年间，中国 P2P 网络借贷行业规模与平台数量以每年倍增的方式实现了爆发式增长。2015 年，中国境内正常运营的 P2P 网络借贷数量达到了 3464 家[1]。

但是，随着国内 P2P 网络借贷行业的快速发展，涉及恶意诈骗、提现困难、跑路和运营网站关闭等问题的 P2P 网络借贷平台（此类平台以下简称 "问题平台"）引发的恶性事件也层出不穷，例如臭名昭著的 e 租宝事件。这些恶性事件不仅使大量的投资者蒙受了巨额的经济损失，同时也对 P2P 网络借贷行业造成了恶劣影响。

因此，从 2015 年末开始，中国针对 P2P 网络借贷行业陆续出台了相关政策与法律法规。随着监管力度的加强，中国 P2P 网络借贷运营平台的数量开始逐年减少。但

---

* 杨帆，庆应义塾大学法学研究科博士生（民事法学专业）。

〔1〕 数据来源，《2018 年中国网络借贷行业年报》，第 5 页，载网贷之家，www.wdzj.com。

是如表 1 所示，中国停业及问题平台数量仍在不断增加。2018 年全
年停业以及问题平台数量达到了 1279 家〔2〕，其中问题平台数量为
658 家〔3〕。截至 2018 年底，累计停业平台以及问题平台共计 5409
家〔4〕，其中问题平台的数量为 2661 家〔5〕。

表 1　中国停业及问题平台统计表

时间	停业及问题平台数量	涉及出借人数（万人）	涉及贷款余额（亿元）
2013 年及之前	94	1.6	16.2
2014 年及之前	395	6.3	68.4
2015 年及之前	1686	27.2	167.9
2016 年及之前	3407	45.4	265.9
2017 年及之前	4130	57.6	332.4
2018 年及之前	5409	215.4	1766.5

表格来源：网贷之家《2018 年中国网络借贷行业年报》，第 19 页。

　　虽然针对 P2P 网络借贷行业的监管力度有所加强，但问题平台
爆雷不断仍是一个难以解决的问题。于是在 2018 年 12 月，互联网
金融风险专项整治工作领导小组办公室、P2P 网贷风险专项整治工
作领导小组办公室发布了《关于做好网贷机构分类处置和风险防范
工作的意见》（整治办函〔2018〕175 号，以下简称《175 号意
见》）提出"坚持以网贷机构退出为主要方向，除部分严格合规
的在营机构外，其余机构能退尽退，应关尽关，加大整治的力度和
速度"。
　　此后，随着相关政策的推进，中国各省的 P2P 网络借贷平台开
始相继退出市场。截至 2020 年底，中国的 P2P 网络借贷平台的数

---

〔2〕　前引《2018 年中国网络借贷行业年报》，第 18 页。
〔3〕　前引《2018 年中国网络借贷行业年报》，第 18 页。
〔4〕　前引《2018 年中国网络借贷行业年报》，第 18 页。
〔5〕　前引《2018 年中国网络借贷行业年报》，第 18 页。

量归零，曾经辉煌一时的 P2P 网络借贷行业黯淡落幕。

（二）问题的提出

与中国截然不同的是，截至 2019 年 1 月，日本正常运营中的 P2P 网络借贷平台共计只有 21 家[6]。与中国相比，虽然日本的 P2P 网络借贷平台的数量非常之少，但是 P2P 网络借贷行业整体发展平稳，鲜有风险事件发生。笔者认为，这主要得益于日本对 P2P 网络借贷行业的严格监管，尤其是有着严格的准入制度。

日本对 P2P 网络借贷行业的监管主要基于现有法律，在日本，必须注册成为《贷金业法》上的贷金业者和《金融商品交易法》上的第二种金融商品交易业者之后才能开展 P2P 网络借贷业务。而完成注册，则必须分别满足相关法律规定的资本金、人员构成、业务管理体制等要件。

与日本相比，长期以来中国 P2P 网络借贷行业的准入制度都极为宽松。虽然 2016 年以后，中国加强了对 P2P 网络借贷行业的监管力度，但是仍未规定明确的准入制度。造成中国 P2P 网络借贷行业走向失败的原因复杂多样，但是笔者认为准入制度的缺失是造成整个行业走向毁灭的重要原因。极低的准入门槛使得中国 P2P 网络借贷平台一时间如雨后春笋般不断涌现。同时也因为缺乏准入制度的过滤，使得中国 P2P 网络借贷平台鱼龙混杂，导致了大量风险事件的发生。

因此，本文首先在说明中日 P2P 网络借贷平台运营模式的差异的基础上，再比较分析中日 P2P 网络借贷行业的准入制度的不同。最后在中日比较的视角下，以中国准入制度的缺失为中心论点，探讨中国 P2P 网络借贷行业的失败原因。

二、日中 P2P 网络借贷平台运营模式

在各国的 P2P 网络借贷行业中，平台作为中介促进投资者和借款人之间的融资这一运营结构是共通的。但是由于法律制度与投资环境的差异，各国 P2P 网络借贷平台的具体运营模式也存在差异。P2P 网络借贷平台的具体运营模式主要可分为直接融资型和间接融

---

〔6〕　谷川清「ソーシャルレンディング（日本版 P2P 网络借贷）の现状と课题」成城大学经济研究所研究报告 86 号（2019 年）12 頁。

资型两大类型。

在日本，由于《贷金业法》的限制，投资者通过与 P2P 网络借贷平台签订的匿名组合契约的方式，向借款人间接性地提供资金。

而在中国，投资者与借款人则是通过 P2P 网络借贷平台这一信息中介实现直接借贷。P2P 网络借贷平台起到了信息收集、信息审核、信息公开、信息交换等作用。

（一）日本 P2P 网络借贷平台运营模式

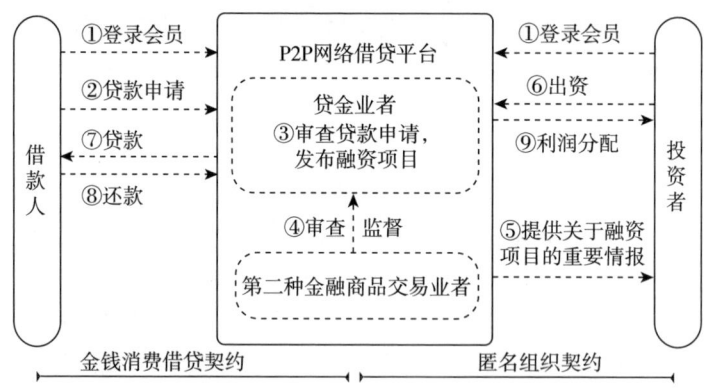

参考長谷川清「ソーシャルレンディング（日本版 P2P 网络借贷）の現状と課題」成城大学経済研究所研究報告 86 号（2019 年）15 頁、日本貸金業協会・一般社団法人第二種金融商品取引業協会「貸付型ファンドに関するQ&A」（2019 年 5 月 23 日）（https：//www. t2fifa. or. jp/info/pdf/info201905 23. pdf）14 頁。金融庁・一般社団法人第二種金融商品取引業協会「ソーシャルレンディング~高い利回りの情報だけで投資をしていませんか？（2019 年 5 月）」（https：//www. fsa. go. jp/ordinary/social－lending/social－lending_ 201905. pdf）。

在日本，P2P 网络借贷行业主要受到《金融商品交易法》和《贷金业法》的规制。

首先，根据《贷金业法》，只有注册成为贷金业者后才能以借贷或以借贷中介为业[7]。由于反复在 P2P 网络借贷平台上出借资

---

[7]　貸金業法 2 条 1 項、貸金業法 3 条 1 項、貸金業法 11 条 1 項。

金的行为很可能构成《贷金业法》的规制对象，但是注册成为贷金业者需要满足众多要件，大量的个人投资者注册成为贷金业者在实务中很难实现。因此，鉴于日本的现行规定，投资者和借款人之间无法通过 P2P 网络借贷平台实现直接借贷[8]，日本的 P2P 网络借贷平台采取的是间接融资型的运营模式。

其次，在日本 P2P 网络借贷属于《金融商品交易法》第 2 条 2 项 5 号中的集团投资计划，因而 P2P 网络借贷平台需要注册成为《金融商品交易法》上的第二种金融商品交易业者（以下简称"二种业者"），才能向投资者提供关于融资项目的重要情报。同时，投资者为了避免成为《贷金业法》的规制对象，则需要与 P2P 网络借贷平台签订匿名组合契约（日本《商法》第 535 条）并提供资金，然后再由注册成为贷金业者的 P2P 网络借贷平台向借款人发放贷款[9]。

因此，在日本与 P2P 网络借贷平台的运营模式中，投资者（出借人）与 P2P 网络借贷平台签订匿名组合契约，借款人与 P2P 网络借贷平台签订金钱消费借贷契约，而投资者与借款人之间并无直接性的借贷关系。

（二）中国 P2P 网络借贷平台运营模式

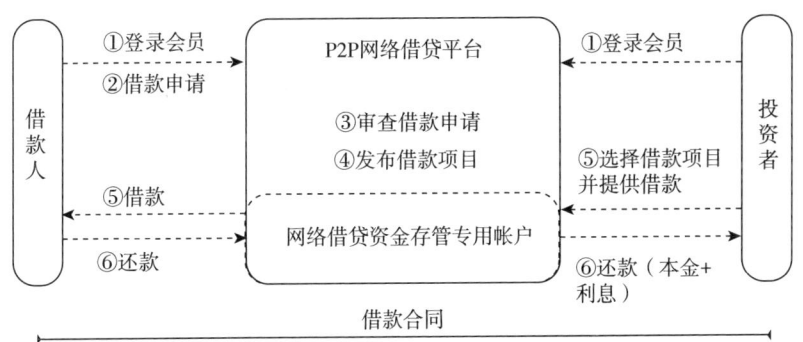

参考零壹财经、零壹数据：《中国 P2P 借贷服务行业白皮书（2014

〔8〕　有吉尚哉「クラウドファンディングの類型と規制の適用関係」NBL1009 号（2013 年）22 頁。

〔9〕　石川貴教・白根央・飯島隆博〔著〕増島雅和・堀天子〔編〕『FinTech の法律 2017—2018』（日経 BP 社，2017 年）389 頁。

年）》，中国经济出版社2014年版，第4页。左光敦「P2P 网络借贷の仕組みと法规制：英国のP2P 网络借贷规制を中心に」金融研究37卷1号（2018年）116页。

由于中国没有日本《贷金业法》上那样的限制，中国的 P2P 网络借贷平台采取的是直接借贷的运营模式。

2015 年 7 月、中国人民银行等十部门发布了《关于促进互联网金融健康发展的指导意见》（银发〔2015〕221 号，以下简称《指导意见》）。《指导意见》中的"二（八）"首次明确了个体网络借贷是指个体和个体之间通过互联网平台实现的直接借贷。以及在个体网络借贷平台上发生的直接借贷行为属于民间借贷范畴，受合同法、民法通则等法律法规以及最高人民法院相关司法解释规范。

2015 年 8 月公布的《最高人民法院关于审理民间借贷案件适用法律若干问题的规定》（法释〔2015〕18 号）的第 22 条规定，借贷双方通过网络贷款平台形成借贷关系，网络贷款平台的提供者仅提供媒介服务。

2016 年 8 月，银监会同工业和信息化部、公安部、国家互联网信息办公室联合发布了《网络借贷信息中介机构业务活动管理暂行办法》（银监会令〔2016〕1 号，以下简称《暂行办法》）。《暂行办法》第 2 条正式规定了 P2P 网络借贷和 P2P 网络借贷平台的定义。网络借贷是指个体和个体之间通过互联网平台实现的直接借贷。网络借贷信息中介机构即 P2P 网络借贷平台是指依法设立，专门从事网络借贷信息中介业务活动的金融信息中介公司，该类机构以互联网为主要渠道，为借款人与出借人实现直接借贷提供信息搜集、信息公布、资信评估、信息交互、借贷撮合等服务。

因此如图 2 所示，在中国 P2P 网络借贷平台仅提供中介服务，投资者（出借人）和借款人通过 P2P 网络借贷平台实现直接借贷。一般而言，投资者和借款人首先需要登录 P2P 网络借贷平台运营的网站，然后 P2P 网络借贷平台与投资者和借款人分别签订服务合同，向一方或双方收取中介费、手续费等费用。借款人向 P2P 网络借贷平台提供个人身份信息，以及借款金额、资金用途、还款方式与期限、利息等借款信息，经由 P2P 网络借贷平台审核后发布至其运营的网站上。投资者（出借人）可在网站上浏览、选择相应的借款项目提供借款。

三、日中 P2P 网络借贷行业准入制度比较

（一）日本的准入制度

如前所述，在日本进入 P2P 网络借贷行业，必须注册成为贷金业者和第二种金融商品交易业者。

1. 贷金业者的注册要件

注册成为贷金业者，必须满足资本金要件、人员构成、业务管理体制等要件，并且每三年需要更新一次[10]。并且随着 2006 年《贷金业法》的重大修改[11]，准入门槛被进一步提高。

首先，关于资本金要件，最低净资产额从之前的 300 万日元（个人）和 500 万日元（法人）一律提高至 5000 万日元[12]。

其次，关于人员构成要件，新设了贷款业务管理主任制度，导入了贷款业务管理主任资格考试。并要求每个营业所或事务所必须配置符合资格的贷款业务管理主任，以便于对贷款业务进行合规管理[13]。

再次，新设了具备开展贷金业的必要体制作为贷金业者注册的必然要件[14]。具体而言，要求负责日常事务的工作人员必须有三年以上相关工作经验[15]，每个营业所必须配备一名一年以上相关工作经验的常勤负责人[16]。以及为了保护借款人的利益，还必须制定促进贷款业务得以良好开展的内部规则[17]，包括合规管理、

---

〔10〕　貸金業法 3 条 2 項、貸金業法 6 条。

〔11〕　貸金業の規制等に関する法律等の一部を改正する法律（平成 18 年法律第 115 号）。

〔12〕　貸金業法 6 条 1 項 14 号、貸金業法 6 条 3 項、貸金業法施行令 3 条の2。

〔13〕　貸金業法 4 条 1 項 6 号、貸金業法 6 条 1 項 13 号、貸金業法 12 条の3。

〔14〕　貸金業法 6 条 1 項 15 号、貸金業法施行規則 5 条の7。

〔15〕　貸金業法施行規則 5 条の7 第 1 項 2 号（申請者が個人である場合にあつては、申請者が貸付けの業務に三年以上従事した経験を有する者であること）。

〔16〕　貸金業法施行規則 5 条の7 第 1 項 3 号。

〔17〕　貸金業法施行規則 4 条 3 項 14 号、貸金業法施行規則 5 条の7 第 1 項 4 号。

顾客信息管理、系统风险管理、投诉对应等内部管理内容[18]。

最后，在实务中，贷金业者还需要和指定纷争解决机关（日本贷金业协会）签订契约[19]。以及，为了掌握借款人的总借款金额与还款能力，限制过剩贷款，贷金业者有义务通过指定信用信息机关对借款人的个人信用信息进行调查[20]。

2. 第二种金融商品交易业者的注册要件

此外，在日本申请注册成为二种业者时，也必须满足资本金、人员构成、业务管理体制等要件[21]。

首先，关于资本金要件，资本金的最低金额必须达到 1000 万日元以上[22]。

其次，关于人员构成要件，要求负责人（1）对业务和组织结构具有足够的相关知识和经验，能够顺利开展相关业务；（2）不能存在由于与黑社会有关或者其他情况，导致金融商品交易业的信誉受到损害的情况[23]。关于（1）的内容，具体而言：①经营者必须具备良好开展金融商品交易业务的经验和能力；②负责日常事务的工作人员必须具备理解和实行《金融商品交易法》等相关法律法规的知识和经验，并具有足够的合规和风险管理的知识和经验；③有协调的组织结构与人员分配；④设有独立于营业部门的合规部门，合规部门负责人必须有相应的知识与经验；⑤具备完善的业务管理制度（具体包括：a. 会计账簿、报告书的作成与管理；b. 信息公开；c. 风险管理；d. 电脑系统管理；e. 交易管理、顾客管理；f. 广告审查；g. 顾客信息管理；h. 投诉、问题处理；i. 内部监察)[24]。

---

[18] 金融庁「貸金業者向けの総合的な監督指針（令和 3 年 11 月）」を参照、https://www.fsa.go.jp/common/law/guide/kashikin.pdf, 2022 年 2 月 1 日アクセス。

[19] 貸金業法 12 条の2。

[20] 貸金業法 13 条、貸金業法 13 条の2、貸金業法 41 条の35、貸金業法 41 条の36。

[21] 金融商品取引法 29 条の4、金融商品取引業等に関する内閣府令 13 条。

[22] 金融商品取引法施行令 15 条の7 第 1 項 6 号、8 号（第二種少額電子募集取扱業務のみを行おうとする場合は500 万円）。

[23] 金融商品取引業等に関する内閣府令 13 条、金融商品取引業者向けの総合的な監督指針 V-3-1。

[24] 金融商品取引業者向けの総合的な監督指針 V-3-1。

此外，根据 2014 年修正的《金融商品交易法》[25]，二种业者必须具备妥善开展金融商品交易业的业务管理体制[26]。二种业者必须制定相应的内部规则，并采取培训和其他措施促使员工学习并遵守内部规则[27]。与此同时，二种业者原则上还需要加入自主规制机构——第二种金融商品交易业协会（以下简称"二种业协会"），否则有义务制定符合二种业协会章程主旨的内部规则，并建立能够促进遵守该内部规则的对应体制[28]。

（二）中国的准入制度

在 2016 年《暂行办法》公布前，中国 P2P 网络借贷行业并没有专门的监管制度，P2P 网络借贷平台的设立，主要受到《中华人民共和国公司法》的规制。然而 2013 年修正的《公司法》，将注册资本由实缴登记制改为认缴登记制，放宽了注册资本的登记条件，大幅降低了公司的设立门槛，同时这也意味着 P2P 网络借贷平台的设立变得更为容易。在准入制度极为宽松的背景下，中国 P2P 网络借贷行业迎来了飞跃式的发展。2015 年底，中国正常运营的 P2P 网络借贷平台数量达到了最大值——3464 家[29]。但是与此同时，中国 P2P 网络借贷平台爆雷不断，问题平台的数量不断增加，大量投资者损失惨重，如何有效规制 P2P 网络借贷行业成了一个迫在眉睫的问题。

于是，2015 年 12 月，银监会会同工业和信息化部、公安部、国家互联网信息办公室等部门研究起草了《网络借贷信息中介机构业务活动管理暂行办法（征求意见稿）》，并于 2016 年 8 月，正式公布了《暂行办法》。《暂行办法》是中国针对 P2P 网络借贷行业的首部专门性监管细则，明确了 P2P 网络借贷平台的金融信息中介公司属性，规定了 P2P 网络借贷平台的相关责任。此后，2016 年

---

〔25〕　金融商品取引法等の一部を改正する法律（平成 26 年 5 月 30 日法律第 44 号）。

〔26〕　金融商品取引法 29 条の4 第 1 項第 1 号ヘ、金融商品取引法 33 条の5 第 1 項第 5 号、金融商品取引法 35 条の3。

〔27〕　金融商品取引業等に関する内閣府令 70 条の2 第 1 項。

〔28〕　金融商品取引法 29 条の4 第 1 項 4 号ニ、金融商品取引法 33 条の5 第 1 項 4 号。

〔29〕　前引《2018 年中国网络借贷行业年报》，第 5 页。

至 2017 年两年间，银监会先后发布了《网络借贷信息中介机构备案登记管理指引》（银监办发〔2016〕160 号，以下简称《备案登记管理指引》）、《网络借贷资金存管业务指引》（银监办发〔2017〕21 号）以及《网络借贷信息中介机构业务活动信息披露指引》（银监办发〔2017〕113 号），形成了中国 P2P 网络借贷行业"1+3"（一个办法三个指引）的制度体系。

或许是由于此时中国的 P2P 网络借贷平台已经大量存在，问题平台的清退成为监管的主要目的。"1+3"制度体系的规制重心主要集中在了事中与事后监管上，对 P2P 网络借贷平台的业务规则、风险管理、信息披露、资金存管业务等均作出了具体规定，但是并未确立实质性的事前准入制度。例如，《暂行办法》采取了"负面清单"方式对平台不能进行的事项进行了详细规定，但是关于注册资本、从业人员资质、组织结构和管理制度等方面，并未设定相关的准入门槛。《暂行办法》第 5 条规定了 P2P 网络借贷平台应当在领取营业执照后，于 10 个工作日内携带有关材料向工商登记注册地地方金融监管部门备案登记。但是同时又规定了"备案登记不构成对网络借贷信息中介机构经营能力、合规程度、资信状况的认可和评价"，这表明备案登记仅对 P2P 网络借贷平台进行形式上而非实质上的审查。以及根据《备案登记管理指引》第 1 条的规定，建立健全 P2P 网络借贷平台备案登记管理制度，主要目的在于加强 P2P 网络借贷平台事中事后监管，完善 P2P 网络借贷平台基本统计信息。

四、中国 P2P 网络借贷行业失败原因探析

（一）中国 P2P 网络借贷平台的清退

随着 P2P 网络借贷行业"1+3"制度体系的建立，中国对 P2P 网络借贷行业的监管力度不断加强，P2P 网络借贷平台的数量也随之逐年减少。但是，风险事件仍时有发生，问题平台仍然大量存在，这一难题并未得到完全解决。2018 年，中国 P2P 网络借贷行业更是迎来了集体爆雷潮，各地公安机关依法查办的 P2P 网络借贷平台达到了 400 余家[30]。

---

[30] 《公安机关重拳打击非法集资犯罪 查办 P2P 网贷平台 400 余个（2019 年 5 月 10 日）》，载人民网，http://legal.people.com.cn/n1/2019/0510/c42510-31078623.html，访问日期：2022 年 1 月 30 日。

因此，监管部门在 2018 年底发布了《175 号意见》，要求将 P2P 网络借贷平台按照风险状况主要分类为已出险机构和未出险机构，虽然对不同类的 P2P 网络借贷平台采取的措施不同，但是坚持以 P2P 网络借贷平台清退为主要工作方向，加大了 P2P 网络借贷行业整治的力度和速度。此后，中国各省根据《175 号意见》相继发布相关政策，推进了 P2P 网络借贷平台的清退工作。

2019 年 11 月，互联网金融风险专项整治工作领导小组办公室、P2P 网络借贷风险专项整治工作领导小组办公室再次联合发布了《关于网络借贷信息中介机构转型为小额贷款公司试点的指导意见》（整治办函〔2019〕83 号），进一步推动了正常运营的 P2P 网络借贷平台的退出与转型。2020 年初，银保监会发布了《中国银保监会关于推动银行业和保险业高质量发展的指导意见》（银保监发〔2019〕52 号），要求展开互联网金融风险专项整治活动，推动 P2P 网络借贷平台的良性退出。

2020 年末，中国 P2P 网络借贷平台的的清退工作基本完成，市场规模与 P2P 网络借贷平台数量都曾达到过世界第一的中国 P2P 网络借贷行业就此惨淡落幕。

（二）中国 P2P 网络借贷行业失败原因探析

近十年，随着互联网的普及与金融科技的进步，P2P 网络借贷行业作为一种新型有效的融资方式，在世界各国尤其在中国得到了跨越式的发展。与传统的金融中介机构相比，P2P 网络借贷平台由于充分利用互联网而有着低成本、高效率、方便性等优势。由于互联网作为一种向公众开放的信息通信手段，利用成本低廉[31]，且不论何时何地均可轻松访问，因此通过互联网进行交易的投资者更容易做出轻率的决策[32]，且更难确认融资项目的真实性。鉴于互联网的这些特点，通过互联网进行的融资行为更可能被滥用[33]。因此，从保护投资者权益的角度出发，促进 P2P 网络借贷行业的健康发展，更需要对作为融资中介者的 P2P 网络借贷平台设立一定的

〔31〕　小長谷章人・山辺紘太郎・伊東成海・佐々木豪・原昌宏「新規・成長企業へのリスクマネー供給促進等」商事法務 2039 号（2014 年）29 頁。
〔32〕　前掲小長谷ほか「新規・成長企業へのリスクマネー供給促進等」29 頁。
〔33〕　前掲小長谷ほか「新規・成長企業へのリスクマネー供給促進等」29 頁。

准入制度，从而阻止不符合资质的平台进入市场。

在中国，虽然 P2P 网络借贷平台清零是许多因素共同作用的结果，但是笔者认为准入制度的缺失是中国 P2P 网络借贷行业走向失败的致命因素。自从第一家 P2P 网络借贷平台于 2007 年成立以来，中国一直并未制定相应 P2P 网络借贷行业的准入制度。2013 年修正的《公司法》更是进一步降低了 P2P 网络借贷行业的准入门槛。中国 P2P 网络借贷行业借此实现了爆炸式的发展，但在实务中 P2P 网络借贷行业缺乏统一的业务管理体制标准，同时 P2P 网络借贷平台的大多数从业人员并没有相关的经验与知识，使得 P2P 网络借贷行业乱象丛生，从而引发了大量风险事件，比如非法集资、旁氏骗局，以及兑付困难、恶意跑路等。同时，这也导致了大量投资者对中国 P2P 网络借贷行业失去了信任。

2016 年《暂定办法》发布以后，虽然中国针对 P2P 网络借贷行业的规制有所加强，但主要集中于事中与事后的监管。《暂定办法》明确了 P2P 网络借贷平台仅能作为金融信息中介公司的性质，以及采取负面清单的方式规定了 P2P 网络借贷平台的禁止行为，比如为自身或变相为自身融资，直接或间接接受、归集出借人的资金，直接或变相向出借人提供担保或者承诺保本保息，将融资项目的期限进行拆分，自行发售理财等金融产品募集资金，代销银行理财、券商资管、基金、保险或信托产品等金融产品，开展类资产证券化业务或实现以打包资产、证券化资产、信托资产、基金份额等形式的债权转让行为等。但是，宽松的准入制度与突如其来的严格的事中事后监管制度形成了剧烈的矛盾冲突，更加剧了风险事件的发生。

虽然中国与日本的 P2P 网络借贷平台的运营模式并不相同，中国的 P2P 网络借贷行业也暂时退出了舞台，但是日本 P2P 网络借贷平台的准入制度对于中国未来互联网金融的发展而言仍具有借鉴意义。日本针对 P2P 网络借贷平台并未设立单独的监管框架，而是将 P2P 网络借贷业务划分进现有的证券业务监管体系和信贷业务体系进行监管。P2P 网络借贷平台须满足严格的注册要件，包括注册资本、从业人员资质、组织结构和管理制度三大要件，才能注册成为二种业者与贷金业者，才能从事 P2P 网络借贷业务。并且随着法律修正，P2P 网络借贷行业的准入门槛也被不断提高，在此基础上配合相应的事中事后监管，使得日本的 P2P 网络借贷行业极少发生风险事件。

金融科技与互联网金融仍在不断发展，中国 P2P 网络借贷行业在未来也有着再次复苏以及实现规范发展的可能性。这次中国 P2P 网络借贷行业的失败无疑提供了一次深刻的教训，反映了当一个新兴行业出现与发展时准入制度的重要性。若未能将新兴行业划分进现有的规范体制进行有效监管时，及时制定相应的事前准入制度则是促使行业健康持续发展的基础。可以参考日本的监管制度，根据新兴行业的特点，从注册资本、从业人员资质、组织结构和管理制度等方面提出相应要求、及时设立准入门槛，可以更好地规范与促进行业发展，也能有效保护投资者的权益。

五、结语

随着互联网金融的快速发展，各类风险事件也随之涌现，对监管提出了新的挑战。对互联网金融行业过度监管可能会破坏其独特优势，阻碍新兴行业的发展。另外，如果监管不力，则会使投资者遭受重大损失，同样也会对整个行业的发展产生不利影响。在保护投资者的同时又要充分发挥互联网金融的优势，如何制定相关的监管制度显得尤为重要。特别是如何设立准入制度，对于互联网金融行业的健康发展而言有着重要意义。在比较法的视野下，他国的准入制度与监管经验或许能为中国互联网金融行业规制带来新的启发。

中国保理合同背景下一般债权
多重让与的第三者效力问题

——中日比较法的考察

肖晓珺*

一、背景及问题意识

保理合同以债权让与为核心，同时还具有资金融通、应收账款管理、催收、担保等功能，属于复合型合同。随着保理业的迅速展开，法律适用问题也开始提上议事日程。为了进一步促进保理的规范化和规模化，民法典首次将保理合同作为有名合同之一纳入合同编，这一举措标志了保理合同的明文化，在世界范围内都属于立法先驱[1]。不过鉴于保理合同条文主要着眼于框架构建，保理合同以及债权让与相关条文，还需要进一步的协调与完善，以便进一步促进中小企业的资产融资发展，发挥保理合同及债权让与的功能。

《民法典》第768条规定了多重保理情形下的优先清偿顺位，"应收账款债权人就同一应收账款订立多个保理合同，致使多个保理人主张权利的，已经登记的先于未登记的取得应收账款；均已经登记的，按照登记时间的先后

---

* 肖晓珺，早稻田大学法学研究科博士生（民法专业）。

[1] 大部分国家并未对保理合同制定特殊规则，仅通过债权让与一般规则进行规范。俄罗斯联邦民法典将保理合同进行明文化规定（第824—833条）。

顺序取得应收账款；均未登记的，由最先到达应收账款债务人的让与通知中载明的保理人取得应收账款；既未登记也未通知的，按照保理融资款或者服务报酬的比例取得应收账款。"

但在非保理的一般债权交易中产生多重让与时，法律并没有明确规定，学说见解及判例立场也有诸多分歧。债权让与的优先顺序，事关保理、资产证券化等现代债权融资交易发展，具有深层次社会经济意义[2]。因此，民法典时代背景下，有如下几个层面的问题需要厘清。第一，从理论层面，债权让与是否可导入公示对抗规则，该规则与物权变动公示生效及物权变动公示对抗原理是否存在体系矛盾。第二，在导入公示对抗规则的基础上，通知对抗及登记对抗制度选择问题。如涉及保理与一般债权竞合时，《民法典担保制度司法解释》第66条（登记优先）与《民法典合同编通则部分的解释（征求意见稿）》第51条（通知对抗）的关系及适用问题。

二、公示对抗要件主义的必要性

关于解释债权多重让与的最终归属的理论构造，先行学说及判例对此的探讨很多，纵观这些学说判例意见，大致可分为未导入公示对抗要件的解释（通知效力说，合同效力说），及导入公示对抗要件的解释（通知对抗说，登记对抗说）。本文将从各理论构造进行分析考察，力求筛选出最符合中国社会背景的制度选择。

（一）非对抗要件主义学说及解释的弊端

1. 通知效力说

通知效力说指的是，未通知债务人之前，债权让与合同仅具有债权效力，受让人仅取得标的债权的请求权。对债务人的通知是债权让与的生效要件，即让与合同的履行行为。我国物权变动采取公示生效主义，因此该学说与我国物权变动模式较为相似，通知的性质相当于动产的交付和不动产的登记。

---

[2] 李宇：《债权让与的优先顺序与公示制度》，载《法学研究》2012年第6期，第98页。

在物权变动中，登记和交付可以被视为对世上所有人的通知[3]。买卖合同生效后，登记或交付前，出卖人仍然是所有权人，买受人只获得请求出卖人转移物权之债权。当标的物不是物，是对第三人的债权时也同理。即在让与合同生效后，通知债务人之前，受让人取得的并非是对债务人的请求权，而是对让与人的请求权，请求让与人通过通知等公示手段使受让人真正获得债权"所有权人"资格，即对债务人的请求权。

但该学说在实际运用上有明显硬伤：

（1）债权让与需要通过通知才能发生效力，这极大地增加了融资成本及操作难度，更不利于债权的连续让与。要求每一笔让与都需要通知，包括亲属朋友间等等的小额债权让与，不通知则不发生效力，导致债权让与程序过于繁琐。

（2）当标的债权是将来债权的时候，通知生效规则的实施更是难上加难。将来债权的让与在商业上极具重要性，普遍盛行于资产证券化、项目融资等交易。在让与合同签订之际，将来债权的债务人有可能并不确定，导致无法在将来债权的债务人确定之前完成债权让与，不利于资金的快速流通。

（3）当标的债权是集合债权的时候，虽然相较于将来债权，集合债权在签订让与合同之际债务人确定，但在债务人数量庞大的情况下，通知的金钱成本及时间成本往往过大，且程序繁琐。这必然导致债权让与交易无法顺利展开，无疑降低债权让与的利用率。

（4）不利于隐蔽型让与。虽然债权让与逐渐成为常见的融资手段，被中小企业广泛应用。但也有一部分让与人因与债务人有持续的经济往来，恐给债务人留下自己经营不善的印象。因此，不通知债务人的隐蔽型让与也有一定的市场需求量。若将通知债务人作为债权让与的生效要件，则完全忽略了隐蔽型让与的信贷需求，无疑堵上这类让与人融资的最后一条路。

将通知作为债权转移的生效要件，虽与我国物权变动模式类似，但从比较法的角度出发，也鲜有类似规定的国家。即使是采取物权行为理论的德国，在债权让与中，也将合同成立作为债权转移

---

〔3〕 张雪忠：《通知：债权移转的生效要件——对传统立法与理论的反思》，载《法学》2005 年第 7 期，第 99 页。

的标志[4]。以德国法的物权变动思维定式来解释我国债权法的债权让与问题，不仅是失真的比较法经验，实践背景下的效率问题更是该学说的硬伤。因此，无论是法律依据，抑或司法实践的应用，将通知解释成债权让与的生效要件，不具有普遍适用性。

2. 合同效力说

该学说也被称为"让与在先，权利在先"规则，即债权让与合同签订即发生让与效力。当发生多重让与时，按合同签订日期的先后顺序来决定债权的归属。换言之，在第一受让人已经签订债权让与合同后，让与人已然成为无权利者，无权向其他人就同一债权进行二次让与。

债权具有相对性，除让与合同的双方当事人，其他人对债权让与及债权归属情况并不知晓。因此，该学说最大的弊端在于无公示手段来保障交易的安全性。对于让与人来说，一个债权做出多次让与，大概率是资产状况糟糕，身陷囹圄，进而铤而走险投机取巧。因此有学者表示，采取合同效力说，等于变相鼓励债权多重让与[5]。当债权多重让与时，未取得债权的受让人虽可通过对让与人主张债务不履行的损害赔偿来获得救济，但该受让人不仅未获得债权，还需要承担让与人无资力的风险。若此时让与人破产，该受让人无疑不能获得全部损害赔偿额。因此，合同效力说并不具备确保交易安全的功能，对受让人的保护并不充分，导致受让人望而却步，进一步压缩债权让与的融资可能性。

除此之外，保理和一般债权让与发生竞合时，若一般债权让与采取合同效力说，保理采取登记优先原则，保理商无法通过查询登记来确保是否有先行让与的存在。不仅如此，即使保理商是第一受让人，一般债权让与的后受让人和让与人串通，更改合同签署日期就可以优先于保理，导致保理人在签署合同前即便是尽了调查义务，还是不能防范交易风险，从而制约了保理的发展[6]。

若保理和一般债权让与发生竞合时，另采取《民法典担保制度

---

〔4〕《德国民法典》第 398 条，采取合同效力说，债权让与自合同成立时发生转移。

〔5〕 申建平：《对债权让与通知传统理论的反思》，载《求是学刊》2009 年第 4 期，第 65 页。

〔6〕 李宇：《保理合同立法论》，载《法学》2019 年第 12 期，第 44 页。

司法解释》第 66 条，适用于登记优先原则，并未有任何登记规定的一般债权让与，却反而因为未登记而无法取得债权。那无疑将没有保理资格的受让人处于相当不利的地位，失去法平衡性。

综上，合同效力说本身确实更符合民法体系中相关制度的协调性及逻辑性，流转效率高。但近年来，围绕债权让与的争议与日俱增，促进交易效率的同时，更不能忽视交易安全问题。导入对抗要件主义模式针对债权让与尤其可发挥其长处。

（二）对抗要件主义诸学说及解释

1. 对抗的概念及意义

在理论层面上，什么是对抗，如何理解未经公示不得对抗的含义，需要一个合理的界定。

在日本及法国等采取对抗要件主义的立法例中，对抗要件制度主要是为了弥补意思主义物权变动模式下对交易安全带来的隐患。采取意思主义规则，当事人双方达成合意后即发生权利转移的效果。但该交易模式对交易安全带来极大隐患。为了保护交易安全，日本及法国采取以公示的方式对外表征权利变动。因此，未经公示的权利变动，第三人可以否定该权利转移对自己的效力，即第三者效。

公示对抗的核心在于维护交易安全，给予第三人否定该物权变动的权利（第三者效），并非该第三人取得权利的依据[7]。第三人取得权利的依据，仍然是基于先前的法律行为（买卖合同等）。虽然对抗要件主义经常与意思主义配套出现，但对抗要件主义并不是意思主义的专属模式。

在我国，即使是公示生效主义的物权变动背景下，比如特殊动产，地役权，土地承包经营权及动产抵押、浮动抵押，也早已导入对抗概念[8]。保理合同新设的第 768 条，也可以理解为登记对抗主义的具体体现。

因此，对抗要件主义并不是一个全新的概念，对抗要件制度在我国的公示生效法理适用中不存在根本的逻辑矛盾，特殊动产的登记优先规则是否应建立在公示生效的基础上等争议性问题也说明了

---

〔7〕 近江幸治『民法講義Ⅱ物権法（第 4 版）』（成文堂，2020 年）69 頁。

〔8〕《民法典》第 225 条、第 335 条、第 374 条、第 403 条。

这一点。对抗要件主义在公示生效法理适用中不存在逻辑障碍，在非公示生效主义下的债权让与的理论适用中则更不存在逻辑壁垒。

从我国的立法过程及民法典趣旨出发，1954 年的《民法典草案》中，债权让与须经国家许可，1987 年《技术合同法》中，债权让与须经债务人同意，1999 年《合同法》中，债权可以让与，但有禁止让与的特别约定时不可让与。而 2021 年实施的《民法典》中，关于债权人债务人另行签订禁止让与特别约定的效力也进行了修止，标的为金钱债权时，该让与不得对抗第三人。从债权让与规则的不断缓和中也不难得知：在现代社会中，作为一种极为重要的财产，债权的流通可以促进资源的优化配置，提高财产的使用效率[9]。在此背景下，促进债权流转，维护交易安全的公示对抗制度，在理论上满足立法结构的自洽，也更符合我国立法过程经验及民法典趣旨。

2. 通知对抗说

通知对抗说指的是，在债权让与中，受让人虽经让与合意而取得了债权，但由于该债权未经公示，故该权利变动不能对抗第三人。当债权人将债权让与的事实通知债务人后，基于《民法典》第546 条，债权让与对债务人发生效力。同时，受让人取得的债权由于公示手段的引入而具有了对外效力。

该学说在中国司法实践中被广泛应用。因为通知作为公示手段，对于法院来说具有较为明确的判断标准和客观依据。但法条中并未规定通知的方法，因此，通过邮寄的方式送达债权让与通知，通过登报公示，作为诉讼材料送达债权让与通知等方式，都在实践中被认可。不过无论通过何种方式，都有据可循，极大程度地降低了法院的事实认定难度[10]。最高院在结合审判实践中也肯定了通

---

〔9〕 杨立新:《中华人民共和国民法典条文精释与实案全析》，中国人民大学出版社 2020 年版，第 927 页。

〔10〕 孟克:《保理合同立法背景下我国债权多重让与制度研究》，华东政法大学 2020 年硕士学位论文，第 39 页。

知对抗模式[11]。

关于此学说的法律依据，一直以来是类推适用《民法典》第546 条债务人对抗要件规定。在一般债权让与中，原则上如果不通知债务人，则该让与不能对抗债务人（第 546 条）；但在多重让与的情况下，受让人被包括在适用对象中（第 546 条类推适用）。即，在多重让与的情况下，若不通知债务人，就不能对抗债务人及债务人以外的第三人。

虽然债务人与第三人在债权让与合同中都属第三人，但在《民法典》第 546 条中明确写明，"未通知债务人的，该转让对债务人不发生效力"，并未提及第三人。另外《民法典》第 546 条的立法目的为保护债务人，债务人不应因债权让与而增加其履行负担及风险。因此，仅凭第 546 条，通知很难解释为债权让与的第三人对抗要件。

通知对抗说主要借鉴了《日本民法》第 467 条对抗要件制度。《日本民法》第 467 条第 1 项规定了债务人对抗要件，第 2 项规定了第三人对抗要件[12]。

第 1 项的债务人对抗要件着眼于对债务人的保护，有学者称之为债务人权利行使要件，属于任意规定范畴，债权人债务人若签订排除债务人对抗要件的特约，不通知债务人，债务人也有向受让人清偿的责任。有判例认定该特约有效，原因在于《日本民法》第 467 条第 1 项立法目的在于保护债务人，不涉及公共秩序。因此债务人通过自己的自由意志放弃权利有效[13]。

第 2 项规定的第三人对抗要件系债权让与公示机关的规定，与取引安全相关，属强行性规定，不可由当事人的意志所排除。

---

〔11〕《关于适用〈中华人民共和国民法典〉合同编通则部分的解释（征求意见稿）》第 51 条【债权的多重让与】：债权人将同一债权让与给两个以上受让人，且债务人均未履行，最先到达债务人的让与通知中载明的受让人请求债务人履行的，人民法院依法予以支持。其他受让人依据相应的债权让与协议请求债权人承担违约责任的，人民法院依法予以支持。

〔12〕《日本民法》第 467 条第 1 项：债权的让与，非经让与人通知债务人或经债务人承诺，不得对抗债务人。第 2 项：前款的通知或承诺，非以附确定日期的证书进行，不得对抗债务人以外的第三人。

〔13〕 三林宏「債権譲渡の対抗要件規定と強行法規性」法律時報 85 卷 12 号 (2013 年) 100 頁。

日本有学者表示，从特例法的角度看也能得出相同的结论，受让人完全可以通过登记，在不具备债务人对抗要件的前提下具备第三人对抗要件。债务人对抗要件与第三人对抗要件可实现完全的分离[14]。

综上所述，首先，鉴于中国民法典法条中并未明文规定债务人以外的第三人，第546条规定目的在于对债务人的保护，主要着眼于债务人不会因为债权让与增加其履行风险。直接类推第546条，法律依据有所存疑。其次，将债权让与通知作为债权让与的第三人对抗要件，债务人势必承担信息中心的职责，增加了债务人的负担。类推适用保护债务人的法条，反而导致牺牲了债务人利益，实为不妥。因此，若采通知对抗说，唯立法论途径。

3. 登记对抗说

与通知对抗说理论结构一致，登记对抗将公示方式限于登记本身。在法律适用问题上，有学者认为，保理合同的核心在于债权让与，《民法典》第768条属于债权让与规则，只不过实践中债权多重让与现象多发于保理，故而在保理合同项下规定。因此，在这种立法模式下，不能过于拘泥条文在法典中的外部体系位置，保理合同起到了补充一般债权让与的作用，因此将第768条解释为适用于保理以外的债权让与[15]。

关于是否可以直接类推适用，笔者的观点是否定的。即第768条规定于民法典合同编的保理合同中，因而仅适用于保理中的债权让与。理由有三。

（1）从立法机构的立法目的出发，无法肯定第768条的类推适用。

从立法过程来看，登记—通知优先顺位规则在民法典编纂过程中出现了三次变化。2018年8月全国人大发布的《民法典各分编（草案）》（征求意见稿）合同编通则中（第336条），首次规定了

---

〔14〕 朱晓喆、冯洁语：《保理合同中应收账款多重让与的优先顺序——以〈民法典〉第768条为中心》，载《法学评论》2022年第1期，第174页。

〔15〕 前揭三林宏「債権譲渡の対抗要件規定と強行法規性」法律時報85卷12号（2013年）104頁。

登记—通知对抗主义的优先规则[16]。但由于债权让与采登记优先规则的争议较大，故 2019 年 4 月发布的《民法典各分编（草案）》（二次审议稿）中，将该条从合同编通则转移至保理合同章（第 552 条）项下，保留了原来的登记—通知优先顺位规则[17]。2019 年 12 月的《中华人民共和国民法典（草案）》（第 768 条）中，在原有的顺位规则基础上增加了按比例清偿规则，即未登记未通知的情况下，各个保理人按照"保理融资款或者服务报酬的比例"受偿。

因此，至少从立法机构的角度来看，将登记—通知优先顺位规则从合同编通则转移至保理合同章项下这一立法调整，表明了一般债权多重让与发生时，不认同适用登记—通知—按比例清偿优先顺位规则，该规则更多地强调了保理的特殊性。

（2）将登记—通知—按比例清偿优先顺位规则引入保理，实际上更像是将保理纳入动产与权利担保体系中。

在我国统一动产、债权担保规则的大背景下，《民法典》第 403 条规定了动产担保是采用登记对抗主义。《民法典》第 414 条确认了登记优先的担保物权顺位规则。而《民法典》第 768 条的顺位规则与第 414 条规定的抵押权的顺位规则的方式一致。《国务院关于实施动产和权利担保统一登记的决定》中，融资租赁、保理、所有权保留纳入登记范围，保理也据此被认定为非典型担保。可见保理章的规定，更多地注重了商事领域的担保机能。是在统一动产和权利担保规则、改善营商环境的大背景下所诞生的特殊规则[18]。

按比例清偿规则放在债权让与规则项下则缺乏法根据。在无登记无通知的情况下，多个受让人按比例分配债权。但各受让人无共

---

〔16〕《民法典各分编（草案）》（征求意见稿）第 336 条：债权人将同一债权让与给数人，债权让与可以登记的，最先登记的受让人优先于其他受让人；债权让与未登记或无法登记的，债务人最先收到的债权让与通知书中载明的受让人优先于其他受让人。

〔17〕《民法典各分编（草案）》（二次审议稿）第 552 条：应收账款债权人将同一应收账款重复让与，致使多个保理人主张权利的已登记的先于未登记的受偿；均已登记的按登记先后顺序受偿；均无登记的，由应收账款债务人最先收到的让与通知中载明的保理人受偿。

〔18〕 赵馨怡：《〈民法典〉多重保理优先顺位规则的解释论》，载《太原理工大学学报（社会科学版）》2022 年第 4 期，第 79 页。

有的意思表示，也并非基于同一法律行为，仅凭借公平原则认定共有的存在，缺乏法的理论解释。

另外，按比例原则的共有状态如何适用也会产生新的问题，每一名受让人是否可向债务人请求全额的清偿，还是仅按份向债务人请求清偿。若债务人向其中一名受让人清偿全部债务，债权债务关系是否消灭，各受让人是否可对受领人进行不当得利的请求，都将产生新的法解释问题。

（3）按比例清偿规则的类推适用。

多重保理时，各保理人的优劣关系由是否登记、登记时间为判断标准。若无登记，按是否通知、通知时间为判断标准。若无登记无通知，按保理融资款或者服务比例取得。按保理融资款或者服务比例取得，这体现出有追索权保理（担保性质）与无追索权（非担保性质）保理的区分。现阶段的一般债权让与，未区分担保性质与完全让与性质。类推适用《民法典》第768条，导致一般债权性质界定问题的产生。

如何判断一般债权让与是真正让与还是担保性质的让与，如果合同中未明确表明是担保性质，还可以通过相关要素来予以界定。比如①让与债权对价的均衡；②让与人是否有取回义务；③让与人是否有取回权利；④担保执行前债务人是否可向原债权人清偿等。

尽管可以通过一系列要素确定一般债权让与是担保性质还是真正让与性质，但想要完全区分开担保性质让与或真正让与并不容易，且即便区分后，完全让与性质的债权让与无担保主债权，也不涉及服务报酬。想要类推适用该原则，还需要更进一步的解释。

因此，基前文所述，第768条规定更多地强调了保理的特殊性，无法类推适用。且即使第一款和第二款可以类推适用，但第三款很难直接类推适用，将多重保理优先顺位规则置于债权让与的框架下进行探讨不具备合理性。

综上，公示对抗主义的两种模式都需要从立法论层面进行确定。但具体哪一种模式更符合我国的国情需要进一步探讨。可以从采取对抗要件主义立法例的日本法中寻求比较法的经验，也有助于我国对抗要件主义理论的制度构建。

三、日本法

（一）日本现行法：通知对抗模式（民法）及登记对抗模式（特例法）相结合

1. 债权让与之第三人对抗要件规则

《日本民法》第 467 条第 2 项规定了债权让与的第三人对抗要件。日本民法将债务人比作"情报中心"[19]，若想受让债权，可以在与让与人签合同前，提前询问债务人该债权的存在和归属状态。因此在日本民法中，债务人实际上承担了公示机关的机能[20]。

不过该模式也有很多弊端。①公示机能弱。因为不能在法律层面上苛责债务人承担告知义务。因此债务人可以选择说谎，或者沉默。公示机能并不会得到很好地体现。②不能确保交易安全。后受让人串通让与人债务人，更改通知时间，损害先受让人的利益，且先受让人很难搜集证据予以反驳。③交易效率低。在标的债权是集合债权或将来债权时，通知制度导致交易效率降低。

关于对抗要件主义的第一点缺陷：公示机能弱的问题（债务人不承担告知义务），由于无法通过法律直接约束债务人承担告知义务而一直搁置未予解决。因为在债务人不参与的债权让与中，还要求债务人承担相应义务，不符合民法公平原则。

在针对交易安全的问题上，日本规定了通知的形式。对抗债务人的情况下，即便是口头通知都可以生效。但在对抗第三人时，必须通过附确定日期证书的形式通知债务人，以此具备第三人对抗要件。

同时，针对交易效率低的问题，为了进一步促进资产流动化，日本曾经进行过多次尝试以求突破通知对抗模式的局限性。日本曾出台《特定债权法》，当中规定公告和通知的效力一致。但由于公告的公示性低等原因，该法很快被废止。之后日本于 1998 年（平成十年）出台《债权让与法特例法》，规定债权人为法人的金钱债权让与中，登记与通知具有同等效力，首次肯定了登记的第三者

---

〔19〕 角紀代恵「467 条・468 条、動産債権譲渡特例法（債権譲渡と対抗要件・抗弁の帰趨）」法学教室 406 号（2014 年）29 頁。

〔20〕 近江幸治『民法講義Ⅳ債権総論（第四版）』（成文堂，2020 年）228 頁。

效力。

在特例法颁布后，除了真正的债权让与数量井喷式激增外，还促进了以担保为目的的债权让与（让与担保），债权人在不需要通知债务人的基础上，受让人就能具备第三人对抗要件。这是立法者在当初未曾预想过的优势[21]。之后在 2004 年（平成十六年）对该特例法进行修正并重新命名为《动产和债权让与关于对抗要件的特例法》，其中针对债权让与第三者对抗要件方面未作更改，依旧保持一般债权以附确定日期证书通知、承诺，债权人为法人的金钱债权以登记的双轨制并行规则。

关于两者竞合的情况，根据法务省公布的处理方法[22]，多重让与的各个受让人的优劣关系，根据特例法的登记时和民法的确定日期证书通知到达时的先后（通说立场）予以确认。

因此，日本民法关于债权让与的第三者对抗要件，从交易风险防控的角度出发，将通知对抗要件的弊端降到最低，又把通知对抗要件的优点发挥到极致。同时辅助于特例法中对登记的第三者效力的肯定，保护交易安全的同时，提升了交易效率。

2. 通知对抗模式下的争议点：通知到达基准时

债权多重让与发生后，如果多个受让人都不具备第三者对抗要件，则不能相互对抗。若多个受让人都具备第三者对抗要件的情况下，针对对抗要件的具备基准时，日本分为两大学说：确定日付说与通知到达时说。

确定日付说指的是对抗要件的具备基准时以确定日期证书上载明的日期及时间为准，比较好地诠释了《日本民法》第 467 条的法条宗旨。但另一方面，该学说与以债务人的认识为基础的对抗结构产生一定的间隙（后到达的让与通知上载明的时间更早）。依据该学说，债务人极容易误判债权的真正归属，导致错误履行债务。

因此，日本在很长一段时间盛行过确定日付说，但以 1974 年最高裁的判决[23]为契机，否定了原审，首次明确了以通知到达债务人处的日期与时间为标准，认为日本债权让与对抗要件的关键在

---

[21] 潮見佳男『債権総論Ⅱ（第四版）』（信山社，2012 年）523 頁。
[22] 法務省民事局参事官室・第 4 課編 Q&A　債権譲渡特例法 57 頁。
[23] 最判昭和 49 年 3 月 7 日民集 28 巻 2 号 174 頁。

于以债务人的认识为基础，债务人作为公示机关，并以此为根据来判断债权让与的优劣顺位。因此主张对抗要件具备时以通知的到达日期及时间为准。通知到达时说经此最终在日本得以确立，目前也作为日本的通说广泛应用。不过由于该学说削弱了确定日付证明力，即使作为少数说，目前也有支持确定日付说的学者[24]。

若通知同时到达或到达时间不明确时，日本也积累了不少判例学说。根据最高裁 1978 年（昭和 53 年）的判决[25]，通知同时到达的各受让人都有权要求全额的债权清偿。但由于缺乏法理论说明，且各个受让人之间的关系也未给予明确解释，该判决受到了诸多质疑。在此之后，最高裁 1993 年（平成 5 年）的判决[26]，通知到达先后不明确时，视为同时到达拟制。当债务人以债权人不确定为由提存后，各个受让人基于公平原则对提存金按份清偿。但该判决书也未就各个受让人之间的关系明确说明，例如，债务人向其中一名受让人全额清偿后，其余受让人是否有分配请求等。

仅仅以公平原则来解释该分配方法，被日本学者称之为法律依据过于"稀薄"[27]。因此，也有学者尝试解释按份分配原则。于是各受让人之间的关系有连带责任说、不真正连带责任说、非多数当事者债权说和分割债权说等学说。采取的学说不同，产生的法律效果则有不同。首先可以肯定的是，各受让人可要求债务人向自己履行全部债权额度，债权债务关系也因债务人向任何一名受让人的清偿而消灭。但债务人向其中一名受让人全额清偿后，其余受让人是否有分配请求，依据上述学说，产生肯定说、否定说、不当得利肯定说、不当得利拟制肯定说、分配债权肯定说等[28]。

公平分配的法解释过于复杂，因此也有学者主张跳出按份分配

---

〔24〕 古屋壮一「オーストリア一般民法典における債権譲渡契約の債務者以外の第三者に対する効力」沖野眞已・笠井修・銭偉栄編『比較民法学の将来像』（勁草書房，2020 年）313 頁。

〔25〕 最判昭和 53 年 7 月 18 日判時 905 号 61 頁。

〔26〕 最判平成 5 年 3 月 30 日民集 47 卷 4 号 3334 頁。

〔27〕 北秀昭「指名債権の二重譲渡において残された問題点——要件事実論を踏まえて」ジュリスト1207 号（2001 年）123 頁。

〔28〕 奥田昌道『債権総論（増補版）』（悠々社，1982 年）457 頁。

的模式，当数个通知同时到达时，则采取其他基准，譬如契约先后时[29]等为判断依据。

诚然，随着现代技术的发展，通知同时到达或到达先后顺序不明的判例越来越少，目前仍在探讨该问题的日本学者也并不多。但不可否认的是，这类问题在法解释及实务处理中，即使积蓄了多年的判例及学说的日本，还是在这个问题上存在着争议，这也是通知对抗说待解决问题之一。

（二）日本登记一元化的尝试

日本在 2017 年（平成 29 年）进行债法改正，针对公示机能弱，债务人负担等现行法问题[30]，日本在改法期间就债权让与对抗要件是否应做出变更的问题上进行了一系列的讨论。相关提案在审议过程中修改了很多次，最终仍然维持了现行法规则。

日本债权法改正经历了 99 回审议会。虽然修改了具体的细节内容，但总结起来大概归纳成三类提案[31]。

A 案[32]：登记一元化或登记优先规则

B 案[33]：放弃通知对抗模式，主张合同签订后即具备第三者对抗要件，与合同效力说类似。

C 案[34]：维持现阶段的双规并行制度。

A 案：针对于 A 案，日本的反对声音比较多，究其缘由，首先，登记成本过高。不仅登记税价格昂贵，登记手续必须要委任专

---

[29] 安達三季生「指名債権の二重譲渡と優劣の基準（最判昭和 49.3.7）」民商 72 巻 2 号（1975 年）321 頁。石田穣「指名債権の二重譲渡、差押と各譲受人、差押債権者の法的地位」NBL203 号（1980 年）40 頁。

[30] 池田真朗「債権譲渡特例法の評価と今後の課題」ジュリスト1141 号（1998 年）122 頁。

[31] 白石大「債権譲渡の対抗要件制度に関する法改正の日仏比較」安永正昭・鎌田薫・能見善久監修『債権法改正と民法学Ⅱ 債権総論・契約（1）』（商事法務、2018 年）211 頁。

[32] 審議会第 7 回の A 案、第 45 回の登記優先規則、第 63 回の甲案、中間試案の甲案、第 83 回の B 案。

[33] 審議会第 7 回の B 案、第 45 回の甲案、第 74 回甲案の別案。

[34] 審議会第 7 回の C 案、第 45 回の乙案、丙案、第 63 回の乙案、中間試案の乙案、第 83 回の A 案。

门的司法书士来进行[35]。债权让与登记费用一件 7500 日元（人民币 380 元左右），若再包含司法书士的费用，一件债权让与的成本高达 7 万日元左右[36]（人民币 3500 元左右）。因此，登记系统对于个人或者中小企业，如若不是集合债权让与，一般不会选择将登记作为对抗要件。日本民法关于债权让与对抗要件目前采取双轨制并行，登记与通知的效力相同，登记只是提供给有登记需求的法人一份更多的选择。如果债权让与一般规则直接改为登记一元化规则明显过于严苛。另外，登记优先规则虽然也承认了通知的第三者效力，但由于登记效力优先，想要确保自己的优先级必定会选择登记，无疑效果与登记一元化同样，迫使所有的债权让与都要付出更高的成本。其次，日本的登记机关较少。目前支持债权登记的法务局仅一家。若小额债权让与也要舟车劳顿花高价到法务局登记，不免过于操作困难。

B 案：B 案效仿法国法，放弃通知对抗要件主义，采合同效力说。日本作为法国民法典的继受国，效仿法国法立法例，采取通知对抗要件主义。因此日本在债权法改正审议会上，基于法国法对先前模式（通知对抗说）的否定，日本也对法国法的新模式及修改原因做出调研分析。

在法国，二重让与的发生并不频繁，因为债权让与通知是由司法执达员执行。若送达虚伪的债权让与证书需要承担刑事责任。因此，同一个司法执达员不可能执行同一债权的多重让与[37]。

另外，由于通知的繁琐性，1981 年法国 Cession Dailly 法规定，在债务人为法人的应收账款上设立担保，担保契约成立时即具备第三人对抗要件。该规则在社会经济活动中体现了巨大的优势。多重让与既不频繁，Dailly 法规则的运行模式又极为成功，故在 2016 年 2 月 10 日新修订的法国民法典中对现行制度进行了更新，放弃了将通知作为对抗要件的规则，主张和 Dailly 法规则一致，合同一经生

---

〔35〕 福岡県弁護士会編『判例・実務からみた民法（債権法）改正への提案』民事法研究会（2011 年）225 頁。

〔36〕 法制審議会民法（債権関係）部会 第 7 回会議 議事録 28 頁〔奈須野関係官発言〕。

〔37〕 池田真朗「債権譲渡論・契約譲渡論」法律時報 66 巻 12 号（1994 年）98 頁。

效，即发生有对抗力的债权转移的效果（《法国民法典》第 1325 条[38]）。

但反观日本，有学者表示，由于公示性的欠缺，目前债权多重让与问题也比较频发，在日本若直接采取合同效力说的主张，无疑是在助长债权多重让与。因此几经审议，最终还是决定维持现行法规定，一般债权让与采取通知对抗模式，法人的金钱债权让与采取登记对抗模式。

四、我国对抗要件主义下的立法选择：登记对抗模式

（一）登记对抗制度的必要性

1. 通知对抗制度的问题点

《关于适用〈中华人民共和国民法典〉合同编通则部分的解释（征求意见稿）》第 51 条中肯定了通知对抗模式。但日本民法学者总结的前述三大通知对抗模式问题，我国采通知对抗说时也都不能避免。

（1）通知对抗主义适用时自身问题点。

a. 公示机能弱：通知对抗说的公示性，需要通过债务人承担信息中心的职责来实现。第三人想要受让债权，需要提前通过询问债务人来确定债权归属。通知对抗模式公示性低，首先体现为债务人没有回答义务。债务人可以选择说谎或沉默。其次，当标的债权为集合债权或将来债权时，可能会涉及多个债务人，或根本不存在债务人，债权让与前，一一查询或不能查询导致公示机能的无法实现。

b. 无法确保交易安全：为了避免债权让与人，第三债务人和后受让人串通起来合谋篡改通知时间，日本的债权让与第三人对抗要件有别于债务人对抗要件，要求具备特殊的形式：附确定日期证书的通知或承诺。在中国的法条中，关于通知的形式并未做过多解释，因此可以理解为任何形式的通知都可以取得第三者效，包括口头通知。这极大地降低了串通的成本，与合同效力说相较，并没有

---

　　[38]　新《法国民法典》第 1325 条：发生债权多重让与时，债权让与合同日期最先的受让人获得清偿。若债务人向其他受让人清偿，最先的受让人有权对其进行追偿。因此多重让与的情况下按合同先后确定优劣关系。

实际解决交易安全问题。通知方式不同其效力是否相同、若相同如何避免合谋篡改通知时间问题，若不同则每种方式的效力如何界定、通知同时到达时如何确定优先顺序、当通知与登记竞合时登记效力问题的界定等，都是通知对抗模式项下需要进一步解释的问题。

c. 交易效率低：交易对象为集合债权或将来债权时，不通过保理途径，受让人无法及时高效具备第三者对抗要件。

（2）与保理竞合时的问题点。

首先，债务人负担问题。相对于日本的特例法，法人的金钱让与可以通过登记具备第三者对抗要件，而我国只有保理才有登记资格，范围小，竞合的可能性大，当保理登记证明书和一般债权让与通知书都到达债务人处时，债务人需要判断谁优先。未参与债权让与的债务人，却需要承担因债权让与而可能引起的二重清偿的风险，增加了债务人的履行负担及风险。

其次，一般债权让与与保理竞合时的优先规则也不够明确。在日本，特例法中明确强调了登记的效力等同于通知，因此当登记与通知并存时，以登记时与通知到达时的先后来确定优劣关系。但在中国，竞合的优先规则还尚不明确。

若通知效力等同于登记，登记的安全性就无法保证。为保证交易安全，日本法律规定通知的形式为确定日期证书的通知。但在我国，形式上未作任何特别规定的让与通知极易被篡改，损害保理人的利益。同时，登记的效率性也会降低。另外，为了确保自己的优先顺位，保理人在签约前除了要查询登记外还要询问债务人在此前是否接到过其他让与通知，大大损耗了登记的效率性，与促进保理业发展的初衷相违背。

若登记效力优于通知，《民法典担保制度司法解释》第 66 条（登记优先）与《民法典合同编通则部分的解释（征求意见稿）》第 51 条（通知对抗）的关系也需要进一步解释。

a. 一般债权让与与保理竞合时，适用于登记优先规则；仅一般债权多重让与时，适用于通知对抗规则。

但在该情况下，一般受让人无法确保所有受让人都是一般受让人（无保理人），因为只有当受让人全部为一般受让人时，才能基于《民法典合同编通则部分的解释（征求意见稿）》第 51 条，自己的优先通知可以有效对抗其余受让人。

b. 无论是否有保理，只要出现多重让与的情况，当有受让人登记，登记效力必然优于通知效力。

同样，此种情况下，一般受让人无法确保其他受让人是否登记，即使查询时未有登记记录，也不能避免出现后受让人登记的可能，因此即使优先通知也有无法取得标的债权的风险，导致受让人只能通过登记来保障自己的利益，因此登记优先规则本质上与登记一元化无异。且《民法典合同编通则部分的解释（征求意见稿）》第 51 条的价值发挥将极为有限。

无论是哪种情况，只要存在登记优先规则，最终的走向也大概率与登记一元化效果无异。不仅不能避免重复规定，也对未有任何登记规定却反而因为未登记而无法取得债权的一般受让人来说显失公平，不利于功能相近交易形式的法条统一化。

综上，首先通知对抗模式无法直接通过解释论实现。其次，通知对抗模式通过立法论实现，也不是最佳选择。日本通知对抗模式的上述三大问题点在我国民法适用中都无法解决。另外，一般债权让与与保理竞合时的规则也不够明确。通知对抗说试图兼顾交易效率与交易安全，实则不能保障交易安全的同时，债务人、受让人的负担问题也尤为突出。

2. 日本登记一元化问题在我国立法环境中并不存在

第一，日本登记一元化反对声音主要集中在登记成本过高，手续相较于通知过于复杂。针对登记成本问题，在我国，有学者表示，不动产登记簿采取的是物的编成，登记和真实权利状况一致的可能性较高。但目前的动产和权利担保登记，不可能为动产和权利都设置登记页，故采取人的编成，为担保人设立登记页。债权登记并不是为了表明债权的归属，登记原因只是公示该债权被让与这个事实。在债权被让与前，也不会单独登记记录债权的归属情况。

因此，虽然两者都名为"登记"，但物的编成的目的在于公示物权变动，人的编成的目的更多地承担着警示作用。抑制基于债权让与公示性弱来共谋损害受让人利益的行为，减少债权让与引起的纠纷问题。且我国由于电子化登记簿，自助登记和登记机构的审核程度低，致使债权让与登记的成本很低。

动产融资统一登记公示系统网站显示，根据国家发展和改革委员会的相关规定，目前登记系统对应收账款质押和让与（保理）登记服务收费，具体收费标准为：初始登记和展期登记服务收费标准为每件 30 元/年，变更登记和异议登记的服务收费为每件 10 元/次。根据此规定，应收账款质押和让与（保理）登记服务费用计算方法为：应收账款初始登记、展期登记根据用户在系统中选择的"登记期限"（即在系统中的"公示年限"）计算费用，如：1 笔初始登记，登记期限选择 5 年，则系统将该笔登记对外公示 5 年，登记服务费用为：30 元×1 笔×5 年＝150 元。

第二，日本没有统一的身份号码制度。池田真朗指出，特例法中债权让与登记，通过法人编号可以迅速锁定。但日本若统一规定非法人的债权让与对抗要件也通过登记具备的话，登记的事项既繁琐也很难锁定。他承认，虽然登记一元化最容易被外部识别，可视化程度最高，因此相对于通知而言公示机能最高，可以确保交易安全，更多地吸引海外投资家，进而促进日本的经济发展。但就目前而言，还未统一个人身份号码制度，没有办法实现登记的最佳公示效果。因此他主张，登记一元化在未来一定是大势所趋，但就目前日本的环境来看，在未统一个人身份号码制度前，还为时尚早[39]。

3. 登记对抗模式优缺点考察

统一的动产权利登记公示系统，无论登记成本还是第三人的查询成本，都相较于其他学说更低[40]。日本关于登记成本及未统一个人身份号码制度等问题在我国不会成为登记对抗模式不可行的阻碍因素。而登记对抗制度是否适合我国土壤，还需要进一步对制度本身进行考察。本小节将结合我国债权质押登记，保理登记以及日本特例法登记实务来进行总结。

（1）优势。

a. 公示机能最优，对受让人保护程度最佳。将登记作为对抗要件，虽然承担的仅仅是警示的作用，但相对于通知的相对性，登记的公示程度最高，最大限度避免了让与人投机心态，保障交易安全。

---

〔39〕 池田真朗『债权让渡和民法改正 债权让渡的研究 第 5 卷』（弘文堂，2022 年）47 页。

〔40〕 合同效力说：受让人调查成本高。

b. 保障交易效率。基于前述 a. 登记公示程度最高，想要受让标的债权的一方，在交易前仅通过查询登记情况便可以保证自己的优先顺位，大大减少了证明成本和争议，从而提高交易效率。

c. 增强债权的市场价值，有利于中小企业债权融资。促进债权让与的根本目的也是在于促进中小企业融资。2016 年初国务院常务会议提出，要大力发展应收账款融资，解决中小企业融资难融资贵等问题。基于上述 a. b. 优势，登记对抗模式的落实，受让人的信赖因登记的可靠性而增强。因此，债权风险与让与人个人风险隔离，债务人信用良好的债权即可成为流动性强的优质资产。因此，处于投资等级之下甚至无投资等级的企业亦可通过资产证券化等方式进行债权融资，因作为个别财产的债权信用值高于让与人企业整体信用值[41]。

d. 有利于吸引更多海外投资。相对于咨询债务人是否有接收到让与通知，海外投资人通过债权让与登记，信息获得方式更加简明有效率，且信息可信程度高，迎合了时代的需要。

（2）弊端。

a. 隐蔽型让与及隐私问题。

在以往，让与或设置担保的对象基本都为不动产，若让与对象为债权甚至是将来债权，很可能是让与人名下已无可让与或可设置担保的其他财产，自然对让与人的资产状况抱有慎重的态度。因此，让与人为了保持与债务人持续性的经济往来，会以秘密转移的方式让与债权。若登记作为唯一公示方式，可能会有压缩债权让与空间的可能性。

不过，债权让与也逐步成为世界范围内重要的融资方式之一，尤其是经历过泡沫经济的日本，债权已成为可与不动产等物权分庭抗礼的重要财产。除此之外，有学者指出，由于登记省去了直接通知债务人，与债务人持续性经济往来这一点并不存在过多问题，问题更多的可能集中在登记信息的披露导致暴露商业机密[42]。关于

---

[41] 李宇：《债权让与的优先顺序与公示制度》，载《法学研究》2012 年第 6 期，第 109 页。

[42] 李宇：《债权让与的优先顺序与公示制度》，载《法学研究》2012 年第 6 期，第 109 页。

这一点，需要考量登记系统的设置，或披露信息的范围及程度问题。

日本在这方面，有权申请债权登记事项证明书的对象在法律上有所限制[43]。想要成为受让人的一方无法独自获取到债权登记信息。实践中，须让与人及拟受让方同时前往登记机关，由让与人申请债权登记事项证明书的交付，再转交至拟受让方。

虽然该流程的复杂性受到了日本学界的质疑，但在我国登记系统的设置上，该要素可以起到参考作用。例如公众查询仅获得登记概要等保障优先顺序的最低限度的必要信息，想要进一步获取标的债权的登记信息，则将申请对象范围进行必要限制（如让与人、受让人等），因此第三人（包括竞争对手）的查询需要得到让与人的事先同意。

b. 登记的失误可能直接导致登记无效。

日本实务经验中，因确保债权特定性等重要记载事项有失误，且未及时进行变更登记，在发生争议时其登记效力未被认可的判例[44]也有很多。除此之外，在我国破产程序实务中，通过竭力寻求登记错误，否定先前让与的情况也并不少见。针对这种情况，也只能通过确立简明有效的登记制度来加以预防[45]。

c. 登记量的过载对系统承受有要求。

若所有债权让与都依赖于登记对抗，登记系统的运行维护成本将远远超于现状。在日本，为减轻系统负荷，登记债权让与时，存续期也是登记事项之一。虽然期限可以根据当事人的意愿来确定，但最长期限是 50 年。若在登记时标的债权的债务人确定（非将来债权），存续期原则上为 10 年[46]。且日本学者指出，具备对抗要件的受让人，更常见于中小企业、合伙、个体工商、农户等融资环境，有对交易安全确保的需求，私人间的债权让与很少具备对抗要件。

---

[43] 『動産及び債権の譲渡の対抗要件に関する民法の特例等に関する法律（平成十年法律第百四号）』第 11 条。

[44] 东京高判平成 13 年 11 月 13 日金法 1634 号 66 页。

[45] 李宇：《债权让与的优先顺序与公示制度》，载《法学研究》2012 年第 6 期，第 109 页。

[46] 前揭潮見佳男『債権総論 II（第四版）』（信山社，2012 年）524 页。

（二）立法论及未来展望

我国在物权法时代，由于债权让与无公示渠道，很多商事实践中，为了保证交易的安全性，许多债权让与借道债权质押。于是当时有"债权融资，逃离合同法，投靠物权法"的趋势。但由于让与人与受让人之间并不存在质押的主合同，质押登记的效力并没有完全被司法实务予以承认。

在民法典时代，一般债权让与的受让人借道保理登记的可能性也同样很高。无论是担保还是真正的让与，在商事实践中，为了资金融通，都具有很重要的作用。

采取物权行为理论的德国，在债权让与中适用合同效力说；曾经采通知对抗说的法国也放弃债务人公示机关模式，采合同效力说。日本在改法审议阶段曾多次探讨合同效力说，通知对抗说和登记对抗说，最终仍采通知对抗说；美国《统一商法典》第九编也并未区分债权的真实让与和担保，认为两者都是为了资金融通，债权让与与担保功能并不冲突，没有区分的必要，故采登记对抗一元规则。若债权让与未登记，采取合同成立在先的方式确定顺位。

不同立法例对该问题的处理方式不同，并不代表制度的优劣，而是与本国社会经济等背景息息相关。在债权多重让与频发的我国，公示制度显得尤为重要。确保交易安全，才能够进一步促进资金融通。

诚然，登记对抗规则也有本身的制度缺陷。比如登记时的错字，会导致即使登记也是无效登记的风险。又比如当事人的隐私保护程度问题，采取登记对抗制度可能会减少一部分隐蔽型让与的空间。另外，过多的登记量对登记网站的运营以及体量是有考验的。

但从我国社会经济等实际背景出发，从立法论的角度，明确登记的第三者效力，并完善登记制度的建立是有必要的。利用简单，快捷，高效的登记系统，实现让与、担保处理统一，可最大限度发挥登记制度的优点。

判例评析

CASE LAW

实行的着手的判断标准
——替换储蓄卡盗窃事件　孙　瑞

实行的着手的判断标准

——替换储蓄卡盗窃事件

孙 瑞[*]

一、问题导入

最近，由日本最高裁判所令和 4 年替换储蓄卡盗窃事件（令和 4 年 2 月 14 日决定[1]）（2022 年）所引起的、关于实行的着手的成立时期的问题，又一次成为学界争议的焦点。实行的着手的成立时间的问题，被称为刑法学上的"哥德巴赫猜想"式的问题，对于如何理解行为原则上的可罚性起点，具有无可替代的意义。现将该决定的案件事实与决定要旨摘录如下：

（一）案件事实

被告人在与他人共谋的基础上，计划假冒金融厅工作人员窃取被害人的储蓄卡。先由他人假冒警察给被害人打电话，欺骗被害人遭受了其名义下的账户中的存款被取出

---

* 孙瑞，京都大学法学研究科法政理论专攻博士研究生（刑法方向）。日本 JST 次世代研究者项目研究员。匿名评审专家的宝贵意见和建议为本文最终成稿提供重要的帮助和启示，在此表达衷心的感谢。

[1] 最决令和 4 年 2 月 14 日刑集 76 卷 2 号 101 页。本决定的第一审判决肯定了盗窃罪未遂的成立（与成立数罪并罚的其他 6 件盗窃罪既遂并罚，判决有期徒刑 4 年 8 个月）、第二审判决（仙台高判令和 2 年 7 月 14 日公开刊物未登载）也肯定了这样的判断。对此，被告人方辩护人以该判断和一直以来与盗窃罪有关的判例立场存在矛盾为由上告至最高裁判所。

的诈骗，为了防止再次受害，必须将储蓄卡装入之后到家里拜访的金融厅工作人员准备的信封中进行封存。之后，假冒金融厅工作人员的被告人，提前准备好了放入一般积分卡的假信封，带着假信封与空着的信封前往被害人家。在前往到距被害人家中 140m 处，由于注意到身后有警察跟随，遂放弃了犯罪。经过调查，被告人原本的计划是，到达被害人家中后，等被害人将储蓄卡放入信封之后，借口让被害人去拿印章在骑缝印上盖章，创造替换信封的间隙，然后用假信封替换装有储蓄卡的信封，进而达到窃取被害人储蓄卡的目的。

（二）决定要旨

驳回上诉。

在本案的犯罪计划中，对于通过用假信封替换装有储蓄卡的信封进而窃取储蓄卡而言，有必要使被害人相信并且听从假冒金融厅工作人员来访的被告人虚假的说明和指示，将储蓄卡保持原样放入信封中，并且为了在骑缝印上盖章去取印章，从而据此创造替换的间隙，本案谎言就是这样的前提。本案谎言包括，有关听从金融厅职员的关于储蓄卡的说明和指示的必要性的谎言，以及预告马上会有金融厅工作人员会去被害人家拜访的谎言等，与被告人去被害人家拜访并实施虚假的说明和指示有直接关系的同时，创造使被害人对被告人的说明和指示不抱怀疑，产生替换的间隙的谎言。在预定讲述这些谎言，通过假冒金融厅工作人员进行替换进而窃取储蓄卡的被告人前往被害人家附近路上为止的时间点，被害人将听从马上将要拜访被害人家的被告人的说明和指示，将注意从放入储蓄卡的信封上移开，在此间隙被告人替换放入储蓄卡的信封和假信封进而发展到侵害被害人对储蓄卡的占有的危险性明确得以肯定。因此，即便被告人还没有实施让被害人去取印章等为了将注意从放入储蓄卡的信封上移开的行为，在讲述谎言、被告人前往被害人家附近路上为止的时间点，盗窃罪的实行的着手已经得以肯定。

通过该案例的判旨可以看出，在本案中日本最高裁判所认为，在被告人前往被害人家附近路上为止的时间点肯定实行的着手的成立。这与最高裁判所一直以来将盗窃罪中着手时间点确定为行为人物色财物行为的通常立场有所矛盾〔2〕，这是否代表了最高裁判所对于实行的着手判断标准的变化。同时，与之前最高裁判所将实行的着手作为议论焦点的两个判例〔3〕相比，本决定虽然依然沿用了危险性这一表达，但明显并未使用密接性这一用语，这是否意味着最高裁判所采取了与之前明显不相同的判断构造，使用了不同的判断标准。

　　为了回答这些问题，本文将从总论角度探讨实行的着手的判断标准，为此在本文第二部分想要先就未遂犯的处罚根据进行简单的分析，对比未遂犯处罚根据的不同立场；之后通过对比最高裁判所的三个裁判例，明确行为人的主观面是否要作为判断资料以及实行的着手的判断标准。

二、预备作业—未遂犯的处罚根据

　　《日本刑法》第 43 条〔4〕规定：着手实行犯罪而未能实现的人，可以减轻其刑。但基于自己的意思中止了犯罪之时，减轻或者免除其刑。根据该法条可知，当行为人的行为满足"着手实行犯罪"的标准之时，才可以作为犯罪处罚。这也意味着，实行的着手这一概念本身承担了区分预备阶段与未遂阶段的机能。那么，行为究竟在何时成立实行的着手？在不同的未遂犯处罚根据的立场之下，对实行的着手的成立时间点的认定会有所不同。由此，在讨论实行的着手的判断标准究竟是什么之前，有必要明确未遂犯的处罚根据。

　　一直以来，未遂犯处罚根据存在主观未遂论、客观未遂论和印象说三种立场。主观未遂论认为未遂犯主要是要处罚行为人的危险性格，所以当行为人的某个行为征表了行为人的危险性格之时，就

---

　　〔2〕　日本裁判所通常在密接于窃取行为的物色财物行为的时点肯定盗窃罪的实行的着手。例如，大判昭和 9 年 10 月 19 日刑集 13 卷 1473 页、最决昭和 23 年 4 月 17 日刑集 2 卷 399 页、最决昭和 40 年 3 月 9 日刑集 19 卷 69 页等。但是，也需要注意，在盗窃罪不同的犯罪样态下，对于实行的着手的认定也会有所不同。例如在名古屋高等裁判所昭和 25 年 11 月 14 日判决中，对于侵入被害人家的土墙仓库的入室型盗窃，认为在入室行为的时点可以肯定实行的着手。

　　〔3〕　这两个判例分别是最高裁判所平成 16 年决定、最高裁判所平成 30 年判决，判例的内容和判旨将在第三部分详细描述。

　　〔4〕　日本刑法（明治四十年法律第四十五号）。

可以对其进行处罚[5]。但是如果将未遂犯的处罚根据求之于行为人的危险性格，就会使未遂犯的处罚时期过于提前，导致难以与预备犯区别，欠缺法的安定性。更进一步因为主观未遂论将将行为人的危险性格作为处罚的重点，这就导致，由于预备犯、未遂犯与既遂犯在行为人的危险性格上是一致的，所以三者应该同等处罚。这明显不妥当。同时，持主观未遂论的牧野教授也承认，"未遂并不单独是由于其犯意被处罚。犯意必须依靠更进一步的实行行为表现出来"[6]。而借助了实行行为这一媒介，就已经体现其未能坚持贯彻主观的标准了。在实行的着手的判断当中，主观说与抽象危险说直接体现了主观未遂论的立场。但是由于主观未遂论前述固有问题，该立场现在鲜有支持者。

与此相对，客观未遂论重点关注行为的法益侵害性或者说法益侵害的危险性，如果经过判断得出行为人的行为侵害了法益或者具有侵害法益的危险，那么就可以对其加以处罚。未遂犯由于结果未发生，所以是因为具有法益侵害的危险性而受到处罚[7]。而如何理解法益侵害的危险性，是客观未遂论立场下判断实行的着手的前提问题。具体来说，在客观未遂论的立场下，实行的着手论中大体存在形式的客观说和实质的客观说两种判断标准。其中，形式的客观说立足于团藤教授的"定型说"，认为行为人"至少实施了该当于犯罪构成要件的一部分的"[8] 行为之时，可以肯定实行的着手成立。之后由于该标准的实行的着手成立时间点过于滞后，学者们对其也进行了各种各样的修正。至于如何理解形式的客观说中的法益侵害的危险性，城下教授认为，应当是引起既遂结果的抽象的危险性[9]，而大塚教授则认为扩张的标准应当是"达到犯罪实现的

---

[5] 牧野英一『刑法總論 上卷 [全訂版]』（有斐閣，1958 年）359 頁。

[6] 牧野英一『刑法總論 下卷 [全訂版]』（有斐閣，1958 年）623 頁。

[7] 参见张明楷：《刑法学（第 6 版）》，法律出版社 2021 年版，第 436 页。

[8] 団藤重光『刑法綱要總論 [第 3 版]』（創文社，1990 年）354 頁。团藤教授在该书中还提到，即便没有构成要件的特征，如果从整体上来看可以理解为"定型的"构成要件的内容，也"只能将其理解为实行的着手"。这实际上扩张了构成要件的范围，但是由于团藤教授并未明确扩张构成要件的标准是什么，这一点也引发了用什么样的标准判断构成要件扩展的界限的讨论。参见同书 355 頁。

[9] 浅田和茂等编『刑事法学の系譜』（信山社，2022 年）498 頁（城下裕二執筆）。

现实的危险性"，即构成要件实行的现实的危险性[10]。由此，关于危险性的理解并未形成一致的观点。与形式的客观说相对，目前在学界确立了通说地位的是实质的客观说，一般意义上，实质的客观说立场下的处罚根据就是结果发生的具体的危险性，也就是"导致既遂的现实的客观的危险"[11]，同时该危险的存在就是一种结果，所以未遂犯就是一种结果犯（具体的危险犯）[12]。如上所述，客观未遂论立场下，未遂犯的处罚根据实际上都聚焦于法益侵害危险性，区别在于对危险性的理解不同。但是难以忽略的是，危险性是一种程度性概念，本身存在暧昧不清的问题，用这样的概念进行实行的着手的判断，存在局限性[13]。以本文的问题为例，实行的着手作为区分预备与未遂的概念，区别的不是危险性的"有无"，而是危险性的"多少"，这就导致以危险性作为判断标准，难以精确判断实行的着手的成立时间点。除此之外，未遂犯的处罚根据与是否将行为人的主观面作为实行的着手的判断资料之间也存在密切的关系。在客观未遂论的立场下实行的着手的判断中，行为人的主观面并不能成为危险性存在与否的判断资料，但事实上，如同下文第三部分（一）中所述，如果不考虑行为人的主观面，无法对实行的着手做出准确判断。这一点不仅体现在判例当中，同时在持有该立场的学者的著作中也有所体现。具体关于行为人的主观面要不要考虑以及要考虑多少的问题，在下文第三部分（一）中将详细进行论述。

---

　　[10]　大塚仁『刑法概説（総論）［第四版］』171 頁。也有学者以这种现实的危险性是一种客观的危险性为由，将大塚教授的观点划分为"行为重视型实质的客观说"。原口伸夫『未遂犯論の諸問題』（成文堂，2018 年）11 頁参照。但是，大塚教授作为团藤教授的弟子，所谓的构成要件实现的现实的危险性，只不过是在定型说的基础上，将扩张构成要件范围（也就是着手提前）的根据进一步明确化。实际还是在形式的客观说的立场上进行的修正，所以是一种修正的形式的客观说。

　　[11]　山口厚『刑法総論［第 3 版］』（有斐閣，2016 年）284 頁。

　　[12]　山口厚『危険犯の研究』（東京大学出版会，1982 年）58 頁。

　　[13]　为了将实行的着手的判断进一步明确，学者们利用形式的构成要件的要求对危险性进行限制。山口厚『刑法総論［第 3 版］』（有斐閣，2016 年）283 頁。

印象说，是德国占据支配地位的学说〔14〕。该学说认为，如果
行为人表现出的法敌对意思对法秩序产生了冲击，动摇了社会的法
信赖，则可以作为未遂犯进行处罚。该学说在日本主张的学者并不
多。一般认为，印象说的标准具有模糊性，未能提出具有可操作性
的标准〔15〕。更有学者从该学说特别重视行为人的法敌对意思出发，
认为该学说实质上就是主观的未遂论〔16〕。

近时有观点认为，应当将行为的规范违反性作为未遂犯的处罚
根据〔17〕。这种观点认为，犯罪的本质是对行为规范的违反，即，
刑法是一种行为规范，犯罪就是违反了刑法分则所规定的构成要件
所体现出的禁止规范或者命令规范，实行的着手作为判断行为人的
行为是否进入可罚的未遂阶段的概念，便是这样一种规范违反的起
点，当行为人满足实行的着手的判断标准时，行为人的行为体现出
对刑法规范（也是一种行为规范）所禁止的或者命令的内容的违
反，刑罚便可以发动。这种观点在现在的日本学界成了一种有力
说，如，安田教授认为："未遂犯应当以犯罪计划为基础进行判断，
只要意识上突破了，若继续发展，基于自动性和确实性就可以发展
到构成要件实现的阶段，就是违反了想要禁止这种行为的规
范"〔18〕。但是，需要说明的是，即便采取行为的规范违反性作为未
遂犯的处罚根据，也并不意味着放弃法益侵害的危险性。如周光权
教授认为："按照规范理论，犯罪就应该如此界定：实施某一行为，

〔14〕 德国采取印象说主要与德国刑法明确规定处罚不能未遂相关。采用印象说可
以很好地解释为什么要处罚不能未遂，所以印象说成了德国的未遂犯处罚根据的通说。
而日本和中国并未有这方面的规定。

〔15〕 参见王复春：《不能犯未遂的规范论研究》，法律出版社 2018 年版，第 250
页。

〔16〕 参见张明楷：《刑法学（第 6 版）》，法律出版社 2021 年版，第 437 页。

〔17〕 采取规范违反说作为未遂犯的处罚根据的论者有，佐藤拓磨『未遂犯と実行
の着手』（慶応義塾大学出版会，2016 年）8 頁参照、樋口亮介「実行行為概念につい
て」山口厚ほか編『西田典之先生献呈論文集』（有斐閣，2017 年）25 頁参照、安田拓
人「特殊詐欺における実行の着手」法律時報 92 巻 12 号 13 頁参照、東條明徳「実行
の着手論の再検討（六・完）」法学協会雑誌 138 巻 10 号 147 頁参照。但是，需要注意
的是，规范违反说注重行为人的规范违反性在行为上的体现，容易导致过于主观化。本
文仅为了说明实行的着手在体系上的整合性，表达笔者在未遂犯的处罚根据上的观点。
关于规范违反说的内容、判断对象等的说理论证，将另外撰文进行详细论述。

〔18〕 安田拓人「特殊詐欺における実行の着手」法律時報 92 巻 12 号 13 頁。

侵害他人权利，根据社会中存在的规范关联性，认为是造成了损害的行为。这样的犯罪概念，不是要否定法益的重要性，而是强调刑法只有在行为对法益的侵害或者威胁达到反规范的程度才能实施惩罚。"[19] 由此，刑法的目的毋庸置疑是保护法益，规范违反与法益保护之间并不是完全对立的关系，行为规范的目的在于保护法益，行为规范的对象是那些法益侵害达到了反规范程度的行为。由此，应当将行为的规范违反性作为未遂犯的处罚根据，实行的着手就是判断行为人的行为在何时达到了规范违反性的程度，进而刑罚原则上可以介入。

三、实行的着手的具体应用：实行的着手的判断标准

如前文所述，学者对于实行的着手的判断标准的讨论，大多以学说为依托展开，但学说讨论情况纷繁复杂[20]，对于同样的学说，学者之间存在不同的命名，对于同样名称的学说，学者之间对于学说内容的理解也有细微的差别，这一方面增加了研究的难度，另一方面也不利于在具体案件中清晰地讨论实行的着手的判断标准。但为了全面了解实行的着手的发展流程与脉络，对于学说史的梳理依然非常有必要，不过限于本文的主旨与篇幅，本文将仅就涉及的学说进行一定限度的说明，重点依然放在实行的着手具体的判断资料和判断要素。在明确此两者的基础上，对最高裁判所的判例的联系进行分析说明。

（一）实行的着手的判断资料——行为人的主观面

实行的着手的判断资料事实上是在探讨两个问题。其一，在实行的着手的判断之中，有没有必要考虑行为人的主观面；其二，如果要考虑行为人的主观面，应当考虑到何种程度。解决问题一是解决问题二的前提。

就问题一而言，笔者认为，行为人的主观面对于犯罪的个别化以及规范违反性的判断具有重要意义，应当作为判断资料纳入实行的着手的判断中。理由有以下三点。其一，针对行为人的一个实行

---

〔19〕　周光权：《论刑法学中的规范违反说》，载《环球法律评论》2005 年第 3 期，第 173 页。

〔20〕　即前文预备作业—未遂犯的处罚根据部分。

行为，可能存在的故意有多种可能性。就如同平野教授所述，在举枪瞄准被害人的情况下，是杀人的实行行为，还是伤害的实行行为，抑或是胁迫的实行行为，不结合行为人的主观面难以判断[21]。那么，在存在实行行为但结果未实现的未遂当中，由于无法通过结果来推测行为人具体的罪名，那么行为人的主观面对于犯罪的个别化就显得尤为重要。另外，实行的着手的判断是在寻找一个界限，区别预备与未遂的界限，不同的犯罪的构成要件不同，所体现出来的预备与未遂的界限就不一样。比如本文问题导入部分所述令和 4 年替换储蓄卡盗窃事件，学界就存在是诈骗还是盗窃的争论[22]，那么相应的实行的着手的时间点就会有所不同。其二，规范违反性存在与否，判断对象是行为人本身，即行为人的行为在有意识的行动过程中，何时达到违反刑法规范的程度，在这样的立场下，不结合行为人的主观面显然难以进行准确地判断。其三，即便是未遂犯的处罚根据采取危险性相关的立场，实行的着手的判断中也需要结合行为人的主观面。在未遂犯这种客观面不完整（结果未发生），主观面超过客观面[23]的犯罪形态中，行为人的主观面会对危险性产生相当程度的影响。这体现在，完全忽略行为人的主观面仅仅依靠客观事实判断实行的着手的有无非常困难。例如行为人朝向被害人举枪，有可能是恐吓被害人，也有可能是要伤害被害人，同样有可能是要射杀被害人，三种情况下危险性并不相同。

综合以上，在判断实行的着手中将行为人的主观面作为判断资料较为妥当[24]。至于问题二，笔者认为在实行的着手的判断过程

---

〔21〕 平野龍一『刑法　総論Ⅱ』（有斐閣，1975 年）314 頁。

〔22〕 二本柳誠「カードすり替え窃盗について窃盗罪の実行の着手を認めた裁判例」名城法学 71 巻 3・4 合併号 115 頁。

〔23〕 佐藤拓磨『未遂犯と実行の着手』（慶応義塾大学出版会，2016 年）108 頁。

〔24〕 在客观未遂论的立场下，存在判断实行的着手时完全不考虑行为人的主观面的见解，不过目前持有这种见解的学者较少。例如，内山良雄「未遂犯総説」曽根威彦・松原芳博編『重点課題　刑法総論』（成文堂，2008 年）190-191 頁。与其相对，目前存在更多的还是将行为人的主观面纳入实行的着手的判断资料的见解。在该类型的见解中，存在在故意的限度内考虑行为人主观面但不考虑犯罪计划的见解、考虑行为人行为意思的见解、考虑行为人故意同时也考虑犯罪计划的见解以及考虑行为人行为意思同时也考虑犯罪计划的见解，由于篇幅的原因，关于这些学说状况的详细分类，佐藤拓磨『未遂犯と実行の着手』（慶応義塾大学出版会，2016 年）111 頁及以下参照。

中，应当考虑行为人的犯罪计划。目前判例基本都将犯罪计划纳入了实行的着手的判断资料，学说上支持该见解的学者也比较多。那么什么是犯罪计划呢？简单来说，犯罪计划是有关行为人犯罪实行的所有的表象。具体来说，犯罪计划应当包括犯罪实施的方法，犯罪具体的目的、针对可能出现的障碍采取何种方法和手段进行排除等[25]。当然，对犯罪计划也必须进行一定的抽象。应当排除那些与犯罪无关的，不影响实行的着手的判断的部分。比如，计划先去吃顿饭然后再去被害人家附近蹲点，那么吃顿饭的部分可以省略，而去被害人家附近蹲点则必须保留。事实上，行为人的犯罪计划是否严密、工具准备是否充分，能够直接影响到犯罪的成功与否，也就是结果发生的可能性，所以不依据行为人的犯罪计划，直接通过行为的客观面判断实行的着手的成立时间点的做法，容易忽视不同行为人之间的特别性，容易造成客观归罪。至于应当以怎样的形式对犯罪计划进行利用。笔者的观点是，犯罪计划为实行的着手的判断提供了一个坐标轴，从时间进程来看，行为人的行为是一个不断接近结果实现的过程，也就是犯罪计划不断推进的过程。那么以犯罪计划为基础，在行为进行到某一个时间点之时，进程的推进已经不再依靠行为人更进一步的本质性的动作，行为已经具备了自动向结果实现推进的动能。这一切的判断都必须以行为人的犯罪计划展开。综合以上，犯罪计划在实行的着手的判断中作为判断的坐标轴得以体现。

（二）实行的着手的判断标准——以不同的判断要素为中心

在明确了将行为人的犯罪计划作为判断资料的基础上，接下来是本文主要想要讨论的实行的着手判断标准的问题。在问题导入的判例中，最高裁判所认为在"被告人前往被害人家附近路上为止的时间点"，实行的着手已经得以肯定。在该时间点行为"发展到侵害被害人对储蓄卡的占有的危险性"得以肯定。不过，值得注意的是，与一直以来替换型盗窃罪相关判例[26]要求实行的着手密接于窃取行为的做法不同，本案并未提及密接性。也就是说，从判旨直

---

〔25〕　吉田敏雄『未遂犯と中止犯』刑法理論の基礎Ⅲ（成文堂，2014 年）34 頁。
〔26〕　東京高判令和 3 年 7 月 14 日判例タイムズ 1495 号 144 頁。東京高判令和 3 年 3 月 11 日判例タイムズ 1495 号 151 頁。

观上来看，最高裁判所仅用"危险性"得以肯定这一评价就导出了实行的着手成立这一结论。不过，依然有可能存在的是，"虽然没有明确使用密接性这一概念，但针对基于本案的案件事实的侵害占有的危险性的判断，同时也包含了肯定密接性的评价"[27] 这种解读路径；以及从犯罪计划的"进展程度"[28] 来看已经发展到了值得未遂犯处罚的阶段的解读路径。结合之前的最高裁判所判例，从平成 16 年（2004 年）的氯仿事件[29] 到平成 30 年（2018 年）电信诈骗事件[30]，均存在密接性的概念，但是到了令和 4 年（2022年）替换储蓄卡盗窃事件却完全未提及这样的概念，是采取了不同的判断构造，还是密接性概念本就不必要。接下来首先在介绍上述两判例的基础上，对密接性进行分析探讨。

1. 对相关判例的介绍

平成 16 年（2004 年）氯仿事件（下文简称平成 16 年事件）是行为人三人原计划用自己的汽车撞击被害人汽车，在被害人离开自身汽车后用氯仿迷晕被害人（第一行为）后将其带往预定地点实施杀人行为（第二行为），结果被害人死亡但无法确定行为人究竟死于第一行为还是第二行为（第一行为本身具有致人死亡的危险性）。

最高裁判所认为，根据行为人的犯罪计划，行为人的第一行为是为了让第二行为容易实施的必要的不可缺少的行为（必要不可欠性），第一行为成功实施后在犯罪计划的实施上就不存在特别的障碍（无障碍性），同时第一行为和第二行为之间存在时间的场所的接近性（时间的场所的接近性），由此，肯定第一行为密接于第二行为，在第一行为开始的时点就存在发展到杀人的客观的危险性，

---

〔27〕 江見健一「すり替え窃盗の実行の着手-最高裁令和 4 年 2 月 14 日第三小法廷決定を契機として-」(特集・すり替え窃盗の実行の着手時期) 刑事法ジャーナル73 号（2022 年）31 頁。

〔28〕 富川雅満「すり替え窃盗の実行の着手時期-進捗度基準説から見た令和 4 年決定-」(特集・すり替え窃盗の実行の着手時期) 刑事法ジャーナル73 号（2022 年）19頁。

〔29〕 最決平成 16 年 3 月 22 日刑集 58 巻 3 号 187 頁。

〔30〕 最判平成 30 年 3 月 22 日刑集 72 巻 1 号 82 頁。在本案的判决要旨中确实并未出现密接性这一概念，但是在山口裁判官的补充意见中，明确提到了密接性与危险性是相互补充的关系，两者共同产生作用肯定了实行的着手。

从而在该时点肯定着手。该决定第一次在最高裁判所层面确立了在判断实行的着手时，应当以行为人的犯罪计划为基础。该决定还确立了判断实行的着手时间点的三个要素。即必要不可欠性、无障碍性、时间的场所的接近性。

平成 30 年（2018 年）电信诈骗事件[31]（下文简称平成 30 年事件）是行为人 A 假冒警察给被害人打电话，欺骗被害人可能受到了诈骗，让被害人去银行取回全部的金钱，同时希望被害人协助调查之前其他人被诈骗的 100 万日元，在同一天下午又打电话假冒警察表明，将有警察去被害人家中进行询问（全部过程中并未要求被害人交付现金）。去被害人家取钱的行为人 B 在前往被害人家的途中受到了警察的盘查，被逮捕。

最高裁判所认为，从犯罪计划来看，本案件被告人的谎言内容是判断被害人是否会交付现金的、包含着重要事项的前提，通过叙述这样的一系列的谎言，使被害人根据被告人在现场的要求即刻交付现金的危险性显著升高。在这样的案件事实下，将本案的谎言作为一系列的内容讲述给被害人的阶段，即便没有提到要求被害人交付现金，也可以肯定存在诈骗罪的实行的着手。对此，山口裁判官做出了一些补充意见，他赞同法庭意见，仅从理论的角度进行补充。他认为，一直以来的最高裁判例并不是将犯罪实行行为本身，而是密接于实行行为的、具有产生被害的客观危险性的行为认定为着手，然后据此肯定未遂犯成立。因此，本案中即便还未肯定欺骗行为其本身的着手，但诈骗未遂成立与否主要是要求存在以密接于实行行为的方式客观危险性得以肯定的行为存在就足够了，所以，认为密接性与客观的危险性之间是相互关联、相互补充的关系，也就是通过密接性这一形式的限定，为客观危险性划定合适的处罚范围，由于本案中第二次打电话才能体现这种密接性，所以在被告人第二次打电话的时候肯定实行的着手[32]。

2. 对判断要素的具体分析

接下来，首先对密接性进行分析。密接性是罪刑法定原则的要求，体现了实行的着手判断中对构成要件制约的重视。作为补充，

---

〔31〕　最判平成 30 年 3 月 22 日刑集 72 卷 1 号 82 页。

〔32〕　最判平成 30 年 3 月 22 日刑集 72 卷 1 号 87—88 页。

笔者认为，盐见教授提出的直前性[33]与密接性存在同等关系，即两者都是基本构成要件行为是否能够扩张到成为问题的行为这样一种形式的限定概念，在此一并进行讨论。结合案例，在平成 16 年氯仿事件中，判旨提出了三个考虑要素，必要不可欠性、无障碍性以及时间的场所的接近性。这三个考虑要素共同作用，肯定了第一行为与应当导致既遂结果直接实现的第二行为之间的密接性或者说直前性。那么这些下位考虑要素在密接性或者直前性的判断中都是必要的么？是否有哪些下位考虑要素是不必要的呢？在学说上，二本柳诚副教授认为，通过将“frank 公式”[34]具体化，根据被判断的行为与构成要件行为之间是否具有自动性或者时间的接近性任意一方进行判断[35]。在平成 30 年电信诈骗事件中，如上文所述，山口裁判官认为，从被告人的计划来看，要求被害人交付现金的行为是在与被害人见面之后发生，所以直接与第二行为密接的行为就是第二次打电话表明假冒警察要去被害人家的行为，在此时肯定是实行的着手。这里并未说明如何实现密接性的判断。但是从分析不难看出，判旨中将本案件的谎言作为了一系列的内容，进而肯定了诈骗罪的实行的着手的成立。这里的一系列的内容，事实上就是被告人讲述一系列谎言的行为与诈骗罪要求的欺骗行为之间具有密接性或者说直前性。虽然从判旨中难以看出最高裁判所判断密接性或者说直前性的下位考虑要素，但是可以肯定的是，通过认定谎言的一体性进而肯定密接性这一理论构成。但是，在令和 4 年替换储蓄卡

〔33〕 塩見淳「実行の着手について（3・完）」法学論叢 121 巻 6 号（1987 年）16—19 頁。“直前”一词为日语词，意为“即将……之前”，在本文中为“即将达到构成要件行为之前”，为了表达的准确，本文直接使用“直前”一词。盐见教授提出的直前行为说认为，在构成要件行为的直前的时间点可以肯定实行的着手。在判断直前行为上，盐见教授提出了自动性和时间的接近性，以及作为补充，当犯罪类型存在被害人领域时，直前行为必须伴随行为对被害人领域的介入。

〔34〕 塩見淳「実行の着手について（1）」法学論叢 121 巻 2 号（1987 年）18 頁。Frank 公式是由德国学者 Reinhard Frank 提出的实行的着手的判断方法，具体是指，从自然观察的角度出发，当行为能视为构成要件行为的一部分之时，则肯定其与构成要件行为之间存在一体性。

〔35〕 二本柳誠「実行の着手と罪刑法定主義」『曽根威彦・田口守一先生古稀祝賀論文集（上巻）』（成文堂，2014 年）675 頁。塩見淳「実行の着手について（3・完）」法学論叢 121 巻 6 号 18 頁参照。

事件中，情况发生了变化，判旨中并没有提到密接性或者直前性这一表达。虽然如同本节开头所述，可能存在解读为隐含了密接性的评价，但事实上更有可能的是不需要密接性的判断，实行的着手成立与否可以直接从其下位考虑标准中得出。

作为理论上提出的密接性或说直前性[36]的下位考虑要素，首先是判例中明确提到的必要不可欠性，该要素主要是为了判断问题行为与构成要件行为之间是否存在不可分的关系。这一点不仅体现在平成16年事件中，在平成30年事件与令和4年事件中同样有所体现。在平成30年事件中，讲述谎言让被害人相信警察要去他们家里了解情况，进而对来访的假警察降低防备，为现场的要求交付现金的行为创造条件。在令和4年事件中，行为人通过谎言与被害人之间构筑信赖关系，进而降低被害人的防备心，使被害人相信确有其事，并且听从来访金融厅工作人员的指示离开门口寻找印章，为替换信封的盗窃行为创造空间。这便是讲述谎言的行为的必要不可欠性。当然，单独具备必要不可欠性的行为也有可能存在于预备阶段，比如为了给被害人打电话讲述谎言，购买手机或电话机的行为，同样可以是为了最终实施盗窃行为必要的不可欠缺的行为。如果这样理解的话，势必会使必要不可欠缺行为的范围无限扩大，所以必须对必要不可欠缺行为进行一定程度的限制。该标准应当与无障碍性做一体化的理解。

所谓无障碍性，并不是说不存在任何障碍，而是指在实施某个行为之后，直到最终的结果实现行为之间不存在特别的障碍，也可以理解为某个行为排除了发展到结果实现过程中的特别的障碍。比如在平成16年事件中，行为人迷晕被害人然后把被害人拖上车的行为实施之后，从社会一般观念的角度看，直到行为人实施杀害被害人的第二行为之间，已经不存在特别的能成为障碍的事情了。按照樋口教授的表达，即，越过了计划流程的"紧要关头（山场）"

---

[36]　如前文脚注中所述，直前行为说为盐见教授首倡，原本的直前行为说中并不存在必要不可欠性与场所的接近性。但笔者认为，如果将密接性与直前性等同，两者的下位考虑要素应该保持一致，所以以为了讨论的便宜，这里的下位考虑要素就是平成16年氯仿事件中所提到的必要不可欠性、无障碍性以及时间的场所的接近性。

之后，接下来的流程就是一马平川，可以轻易实现了[37]。当然，也存在这样的反驳。以令和 4 年事件为例，即便被告人通过讲述谎言的电话让被害人相信确实有金融厅的工作人员会到家进行确认并封存储蓄卡的情况，也会由于去现场的行为人业务不熟练、紧张等原因未能找到被害人住宅，或者虽然找到了被害人住宅，但由于被害人随身携带印章，从而不存在替换的空间等障碍导致行为难以实现。事实上确实可能会出现这样的情况。但是笔者认为，如果按照这样的逻辑，则任何一种未遂犯的成立范围都会推迟到极其靠近结果实现的那一刻，因为无论计划再完美，不到结果发生的一刻总是可能存在变数，从而使得结果实现被阻碍。所以，笔者认为，这里的无障碍性一定要以行为人的犯罪计划为基础，同时要对犯罪计划进行一定的抽象，舍弃那些偶然成为阻碍犯罪实现的障碍，重点着眼在那些相对结果实现行为而言是本质的、必要的跨越障碍的行为，当实施了这样的行为或者说跨过的这样的阶段的时候，便可以说行为具备了无障碍性。笔者认为，应将行为的必要不可欠性与无障碍性做一体性的理解，将其统一理解为行为的自动性和确实性[38]，即行为人的某个行为，排除了特别的障碍、是最终结果实现行为必要不可欠缺的行为，这样的行为具备自动性与确实性。

至于时间的场所的接近性，一般认为体现出了时间和场所间隔在数值上的程度，即时间间隔的长短、空间间隔的远近，据此来判断实行的着手的有无。粗略一看似乎有些道理，但是实际上这对实行的着手的判断并无任何实质性的益处。就如同平成 16 年事件中，第二行为预定的杀害场所是距离 10 公里还是距离 100 公里，并不会再对结果实现行为产生影响。所以笔者认为时间的场所的接近性并不应当成为实行的着手的判断要素。诚然，有学者认为，如果犯罪计划本身预定了很长的时间间隔、很远的空间间隔的话，在这一过程中可能会介入诸如吃饭睡觉等切断事件经过自动性的情况[39]。笔者认为，这种要素最多仅能理解为实行的着手判断的消极要素，

〔37〕 樋口亮介「特殊詐欺のすり替え窃盗における窃盗未遂」警察学論集 75 卷 1 号（2022 年）80 頁。

〔38〕 安田拓人「実行の着手」連載（刑法総論の基礎にあるもの）法学教室 503 号（2022 年）102 頁。

〔39〕 佐藤拓磨『未遂犯と実行の着手』（慶応義塾大学出版会，2016 年）229 頁。

即如果距离远、时间久，可能会推动否定实行的着手。但是，在行为人预先策划了周密的犯罪计划时，这种时间的场所的远近就不会影响到实行的着手的成立与否。例如，在最高裁判所昭和 45 年（1970 年）强奸事件[40]中，行为人本身计划将被害人强拽入车内，驱车到 5 公里的第二现场实施强奸。最高裁判所最终肯定在强拽女性进入汽车的时间点成立实行的着手。笔者设想，哪怕驱车的距离不是 5 公里而是 100 公里，最高裁判所也会做出相同的判断。毕竟在被害人被拽入车内的时候，发展到结果实现最大的障碍就已经不存在了，同时从犯罪计划来看，将被害人拽入车内是计划当中必要不可欠缺的行为，即自动性和确实性得以肯定。

　　除去以上在判例中出现的标准之外，经常成为讨论重点的还有对被害人领域的介入[41]这一标准。这一标准最早在日本出现是作为一种实行的着手判断的补充标准，盐见教授将对被害人领域的介入定位为，为了限定明确其主张的时间的接近性和行为经过的自动性两个标准的一种补充标准，具体来说，在可以直接肯定时间的接近性和行为经过的自动性时，就直接肯定实行的着手。而在杀人、强奸等需要突破人身私人领域的边界来实施的犯罪中，可以通过已经突破了这个边界来侧面说明行为经过的自动性得以肯定。将该标准直接单独作为实行的着手的一种判断标准的主张也存在，但是实际上并不是每种犯罪都能够很明确地区分什么是被害人领域。丰田教授在京都刑事法研讨会上曾就令和 4 年事件进行分析，认为行为人在电话中向被害人讲述谎言的过程中，通过谎言与被害人建议信赖关系，放松其警惕性之时，就介入了被害人对财物支配的心理领域。但是这样的对心理领域的介入，存不存在、范围大小都是需要明确的问题。确实，在某些犯罪中物理的被害人支配领域比较容易明确，比如对预谋入室杀人的被害人来说，自己的房屋就是自己的支配领域，那么当行为人侵入被害人的房间那一刻起，即可以肯定对被害人领域的介入。但是，对于在公共区域，比如公园的被害人实施杀人行为的案件中，被害人可以支配的领域就只剩下自身肢体

〔40〕　最决昭和 45 年 7 月 28 日刑集 24 卷 7 号 585 页。

〔41〕　盐见淳「実行の着手について（3・完）」法学論叢 121 巻 6 号（1987 年）18 頁。

可以触及的空间了吧。那么这种情况下，如果一定要将实行的着手时间推迟到行为人触及被害人的一刻，这并不妥当。由此，笔者认为对被害人领域的介入这一标准并不能成为实行的着手的判断标准，至少不能够单独成为判断实行的着手时点的标准。

3. 小结

综合以上，在密接性的下位考虑要素中，时间的场所的接近性对于实行的着手的判断并无益处，应该予以排除。同时，对于必要不可欠性与无障碍性而言，将其作为共同发生作用的考虑要素，理解为自动性和确实性更符合。对于被害人领域介入而言，存在被害人领域的犯罪类型中，用被害人领域介入实际上是侧面说明了行为在场所上的接近性，但就如同上文所述，无论是时间的还是场所的接近性，在犯罪计划作为基础的前提下，作用不大。除此之外，对于不存在被害人领域的犯罪，难以界定领域范围，自然也就无法判断何时介入。所以，笔者现阶段认为被害人领域的介入不宜单独作为实行的着手的判断标准。最后，回到第三部分（二）最初的问题，是否有必要单独将密接性或者说直前性作为实行的着手的判断标准。通过以上的论述可以发现，作为密接性或者说直前性的下位考虑要素，直接使用自动性和确实性的标准就可以对实行的着手做出判断，不需要另外为自动性和确实性嵌套一层密接性的外衣。同时，从令和 4 年替换储蓄卡事件可以看出，最高裁判所直接通过认定在"被告人前往被害人家附近路上为止的时间点"，具有被害人会根据被告人的指示创造替换储蓄卡的空隙，进而发展到侵害被害人对储蓄卡占有的危险性。显然最高裁判所是在"被告人前往被害人家附近路上为止的时间点"肯定了行为会自动发展到既遂结果发生，也就是肯定了自动性与确实性。与使用密接性或者直前性相比，自动性与确实性更能适当地对令和 4 年替换储蓄卡事件做出说明。

（三）三判例之间的关系——自动性和确实性标准的可行性

在平成 16 年事件和平成 30 年事件之间，平成 30 年事件的向井调查官认为就现金交付行为的危险性而言，该判决采取了与平成 16 年事件决定不一样的判断构造[42]。这种观点重点关注了杀人罪

---

〔42〕 法曹会编『最高裁判所判例解说（刑事篇）平成三十年度』（法曹会，2021年）89頁（向井香津子执笔）。

与诈骗罪在犯罪实现过程上的不同。即，诸如杀人罪这种直接型的犯罪，行为人实施的行为可以直接且完全地实现构成要件就足够了，而与此相对，诸如诈骗罪这种复合型的犯罪，单独存在要求交付财物的行为明显不够，还需要有构成要件所要求的欺骗行为，两者结合使得构成要件结果实现的危险性显著提高。基于此，在实行的着手的判断时，将此两种犯罪实行过程不同的犯罪进行同样的理解是不妥当的。对此，安田教授认为：以这样的区分方式得出两者在实行的着手上的判断标准不同明显不妥当。具体来说，在杀人罪当中同样存在复合型的犯罪实现过程，如行为人将在体内累积到一定量会导致死亡的药物，以少量多次的方式放到被害人的早餐中，最终实现使被害人死亡的结果。这样来看，这与平成 30 年事件中，行为人讲述各种各样的谎言，使被害人产生信任感，最终实现财物交付的犯罪过程，并没有很大区别，可以说在问题意识上两者是共通的[43]。由此，平成 16 年事件和平成 30 年事件实际上都是要解决同一个问题，即按照行为人的犯罪计划，行为进行到哪一步，产生了足以使构成要件结果发生的危险性。这一问题意识同样也适用于令和 4 年事件。由此，不论犯罪实现过程是直接型还是复合型，对于实行的着手成立的判断都可以抽象为按照行为人的犯罪计划，行为发展到哪一个时间点产生了足以使得构成要件结果实现的危险性。

　　在这样的共通的理解之下，笔者认为，上文所提及的自动性和确实性的标准可以作为共通的标准在判断三个判例的实行的着手成立时期时进行适用。具体来说，在平成 16 年事件的决定要旨中，根据必要不可欠性和无障碍性可以明显推断出自动性和确实性的判断标准，另外此二标准（自动性和确实性）是缺一不可的关系，单独某一标准都无法准确判断实行的着手的成立时期。同样，在平成 30 年事件的判决要旨中，将本案的谎言当作一系列的内容讲述给被害人听的阶段，就可以肯定实行的着手。因为，在假冒警察之人给被害人拨打电话号码之际，作为整体的谎言计划的开始，从该行为发展到要求财物交付的阶段之间，并不存在特别的障碍，所以也

---

　　[43]　安田拓人「特殊詐欺における実行の着手」法律時報 92 巻 12 号（2019 年）11 頁。

没有理由否定在此时成立实行的着手。同时，从开始讲述谎言开始，与被害人之间构筑足够的信赖，降低被害人的防备心，最终实现使被害人交付财物的危险性大幅度提升，可以肯定结果发生的确实性。在令和 4 年事件中同样，假冒警察给被害人打电话讲述谎言的行为，实际上承担了降低被害人的防备心，减弱了被害人对于自己财物的占有的作用，也就是排除了可能出现的障碍，同时通过讲述计划中的谎言，确实使被害人按照指示交付财物的危险性大幅度提高，可以说满足了自动性和确实性，所以最高裁判所在被告人还未到达被害人家之前就肯定了实行的着手的成立〔44〕。由此可见，从自动性和确实性的标准来说明最高裁判所对于三个判例的立场并不存在障碍。

　　当然，也有学者主张从密接性标准，即目前的多数说（前文所述平成 30 年事件中山口裁判官中补足意见中的危险性＋密接性标准）的观点进行统合说明。其中，密接性标准前文解释过这里就不再赘述。多数说的危险性判断实际上采取了不能犯相同的判断标准，即危险性进行假定的判断〔45〕。但是，在这样的不能犯判断中，必须要求先去判断结果未能发生的原因〔46〕。而在令和 4 年事件中，并未将结果不发生的原因作为议论的要点，所以两者本质上就存在不同，自然也很难说可以适用该标准。

　　综上所述，在最高裁判所近年来关于实行的着手的三个具有代表性的判例中，采取自动性和确实性标准进行解释说明最具有整合性。

四、结论

　　在有关实行的着手的成立时期的判断中，应当以行为的规范违反性作为其处罚根据，当行为达到规范违反的程度之时，可以肯定刑罚原则的介入，即实行的着手得以肯定。至于如何判断实行的着

〔44〕　当然按照最高裁判所的决定要旨来看，并没有明确表明是在打电话讲述谎言的阶段成立实行的着手，而是说在前往被害人家的途中已经成立实行的着手了。这种说明具有一定的解释空间。除了自动性和确实性标准之外，也存在其他解释的余地。

〔45〕　和田俊憲「判批」平成 30 年重要判例解説（2019 年）151 頁。

〔46〕　关于这里不能犯的判断方法，山口厚『刑法総論［第 3 版］』（有斐閣，2016 年）150 頁参照。

手，经过以上分析，目前以行为人的犯罪计划为基础，判断行为何时满足自动性和确实性的标准，在判例和学说上是最具有体系的整合性的观点。

　　当然，需要说明的是，由于篇幅的原因，本文虽然讨论了实行的着手的判断资料，即行为人的主观面，但是对于主观违法要素存不存在，以及在实行的着手的判断中考虑到什么程度的问题，并未进行详细说明。同时对于客观未遂论立场下的行为意思说等其他考虑行为人主观面的观点也并未进行探讨。笔者将会在今后对这一点进一步研究。另外，本文的射程仅限于实行的着手的一般论，对于一些特殊形态的实行的着手问题，比如间接正犯、不作为犯、共同正犯等的实行的着手，需要进行另外的具体的讨论。同时，对于实行的着手涉及的各论的问题，也需要结合各罪的不同特点进行更加深入的探讨。今后将会以这些问题为方向，进行更加细致深入的研究。

立法动向

NEW LEGISLATION

日本《著作权法》的修改与动向
——以强化打击互联网盗版为中心 吴子迪

日本《著作权法》的修改与动向

——以强化打击互联网盗版为中心

吴子迪*

一、引言

2020 年 6 月 5 日，日本第 201 届国会常会通过了《关于著作权法及计算机程序作品登记特别例外法的部分修正法案》[1]，这是日本继 2018 年大幅修改《著作权法》之后短期内再次针对《著作权法》进行的修订，其主要内容是针对日本近年来伴随数字化网络化发生的互联网上著作权侵权激增及作品利用形式多样化现象做出回应。此次《著作权法》修订[2]的内容以强化对互联网盗版的打击为核心，对"吸血网站"和"吸血 App"进行了规制[3]，并将下载侵权内容违法化的适用范围进行了扩大[4]；除

---

* 吴子迪，北海道大学法学研究科博士生（知识产权法专业）。本文写作得到日本政府（文部科学省）博士生奖学金项目的资助。

〔1〕 日文为：令和 2 年通常国会著作権法改正について「著作権法及びプログラムの著作物に係る登録の特例に関する法律の一部を改正する法律」（令和 2 年法律第 48 号），2020 年 6 月 12 日发布。

〔2〕 下文中，本次修订后的日本《著作权法》简称为"新《著作权法》"。

〔3〕 该部分内容于 2020 年 10 月 1 日起施行。

〔4〕 该部分内容于 2021 年 1 月 1 日起施行。

此之外，本次修订还涉及了部分确保作品顺利使用的措施[5]和适当保护著作权的措施[6]。

本文将首先介绍此次日本《著作权法》修改的背景、宗旨及修法经过；其次，将着重阐述以强化打击互联网盗版措施为核心的修法议题，并简要介绍本次修法涉及的其他内容；最后，本文将对修法后的施行情况及存在的争议问题进行简要分析与评价，以期对我国处理互联网著作权侵权问题及未来著作权法修正有所裨益。

二、2020年日本《著作权法》修改的背景与经过

（一）修改背景与宗旨

近年来，日本创作者及出版业界因互联网盗版行为而遭受的损害越来越严重。据日本内容海外流通促进机构[7]的统计，日本曾经影响最大的盗版网站"漫画村"的月访问量曾达到一亿以上，有价值大约3000亿日元的出版物（包括漫画小说、杂志、写真集等在内）被免费阅读，造成漫画家和出版商的收入减少20%以上；即使在漫画村及其后继网站"星のロミ"被关闭后，盗版网站依旧层出不穷，仅日本文化厅出版广报中心统计到的就有500家以上，前十位盗版网站的月访问量累计也达到了6500万以上[8]。与此同时，"吸血网站"和"吸血App"也引发了日本社会广泛关注。2017年日本最大的吸血网站"はるか夢の址"被查处，据统计，"はるか夢の址"一年内造成了约731亿日元的损失[9]，这引发了

---

〔5〕 该部分内容于2020年10月1日起施行。

〔6〕 该部分内容于2021年1月1日起施行。

〔7〕 一般社団法人コンテンツ海外流通促進機構（Content Overseas Distribution Association，简称CODA），是2002年日本成立的以促进日本创作的内容在海外的发行和应对盗版为目的而成立的团体。HP，http：//www.coda-cj.jp/，2022年12月11日アクセス。

〔8〕 「侵害コンテンツのダウンロード違法化の制度設計等に関する検討会（第1回）配布資料2-1 海賊版サイトによる被害と法整備の必要性について（出版広報センター御提出資料）」3-7頁，文化庁HP，https：//www.bunka.go.jp/seisaku/bunkashingi-kai/kondankaito/shingaikontentsu/01/pdf/r1422992_02.pdf，2022年12月12日アクセス。

〔9〕 「著作権法及びプログラムの著作物に係る登録の特例に関する法律の一部を改正する法律御説明資料」2頁，文化庁HP，https：//www.bunka.go.jp/seisaku/cho-sakuken/hokaisei/r02_hokaisei/pdf/92359601_02.pdf，2022年12月12日アクセス。

日本出版业界及漫画家协会的强烈反响，要求修改《著作权法》以对"吸血网站"及"吸血 App"作出规制。此外，盗版造成的损害并不仅限于漫画和杂志，还包括计算机软件、学术论文、新闻报道等领域[10]。

鉴于互联网盗版侵害的实际情况，此次《著作权法》修改从更加有效地打击互联网盗版的角度出发，着重规制了"吸血网站"和"吸血 App"，并将下载侵权内容违法化的适用范围扩大到了全部作品类型。立法者希望通过这些措施直接规制目前大量存在的"吸血网站"和"吸血 App"，以期大幅减少用户对侵权内容的访问量、从而阻止盗版造成的损害蔓延，并最终振兴创作产业、实现《著作权法》"促进文化发展"之目标[11]。

（二）修改经过

2018 年 4 月，日本知识产权战略本部犯罪对策阁僚会议通过了《对互联网上盗版网站的紧急对策》[12] 及《关于互联网上盗版对策的施行方法》[13]，要求对性质特别恶劣的盗版网站实施整顿，并提出要尽快针对互联网上存在的侵权链接诱导等现象进行立法。经过多次审议，包含"对吸血网站的规制"和"下载侵权内容违法化"两方面内容的审议结果被写入 2019 年 2 月的文化审议会著作权分科报告书；以该报告书的内容为基础，日本文化厅制作了最初的《著作权法》修正案。之后，日本知识产权战略本部召开针对盗版对策的全体会议，于 2019 年 10 月制定了《对互联网盗版的综合

〔10〕「海賊版対策に関する参考資料」5 頁，文化庁 HP，https：//www. bunka. go. jp/seisaku/chosakuken/hokaisei/r02_hokaisei/pdf/92359601_03. pdf，2022 年 12 月 12 日アクセス。

〔11〕「著作権法及びプログラムの著作物に係る登録の特例に関する法律の一部を改正する法律御説明資料」2 頁，文化庁 HP，https：//www. bunka. go. jp/seisaku/chosakuken/hokaisei/r02_hokaisei/pdf/92359601_02. pdf，2022 年 12 月 12 日アクセス。

〔12〕「インターネット上の海賊版サイトに対する緊急対策」日本首相官邸 HP，https：//www. kantei. go. jp/jp/singi/titeki2/kettei/honpen. pdf，2023 年 1 月 31 日アクセス。

〔13〕「インターネット上の海賊版対策に関する進め方について」日本首相官邸 HP，https：//www. kantei. go. jp/jp/singi/titcki2/kettei/susumekata. pdf，2023 年 1 月 31 日アクセス。

对策及程序表》[14]，通过了促进著作权教育及正版流通、导入法案、根据实施效果及被害状况持续探讨的"三阶段"措施，加速了立法化进程。2019 年 11 月，文化厅针对下载侵权内容违法化的修正部分再次设置审议会，并根据该会议的审议结果制定了最终的《著作权法》修正案。2020 年 5 月，强化打击互联网盗版的有关措施被写入日本《2020 年知识产权推进计划（后疫情时代新常态的知识产权战略）》[15]。2020 年 6 月，《著作权法》修正案在国会获得通过。

三、2020 年日本《著作权法》修改的主要内容

本次日本《著作权法》的修改基于当下日本社会作品利用形式的变化，重点围绕打击互联网盗版增加了数项规定，并在新《著作权法》实施后公布了数项配套措施；此外，本次《著作权法》修改还增加了部分促进作品使用和适当保护著作权的其他措施，主要修改内容如下：

（一）强化打击互联网盗版的措施

本次修法之前，日本《著作权法》对于打击互联网盗版的措施主要在于两方面：一是未经许可将作品上传至互联网构成违法，二是明知是违法上传的音乐作品或视听作品而下载的行为构成违法。为继续强化对互联网盗版的打击，新《著作权法》一方面规制了汇集非法上传的作品链接信息的吸血网站及 App，对经营网站和提供链接的行为进行监管；另一方面规定明知是被违法上传的作品而下载的行为，在满足一定要件时构成违法。经过此次修法，在日本现行《著作权法》的环境下，从盗版作品的上传、作品链接的提供，到用户的下载，涉及互联网盗版传播的全过程每一环节均受到法律规制，并均存在承担刑事责任的风险。日本新《著作权法》中对整

---

〔14〕「インターネット上の海賊版に対する総合的な対策メニュー及び工程表について」日本首相官邸 HP，https：//www. kantei. go. jp/jp/singi/titeki2/chitekizaisan2019/pdf/kaizoku_taisaku. pdf，2023 年 1 月 31 日アクセス。

〔15〕「知的財産推進計画 2020~新型コロナ後の『ニュー・ノーマル』に向けた知財戦略~」65 頁，日本首相官邸 HP，https：//www. kantei. go. jp/jp/singi/titeki2/kettei/chizaikeikaku20200527. pdf，2023 年 1 月 31 日アクセス。

个互联网盗版传播环节的规制图解如下[16]：

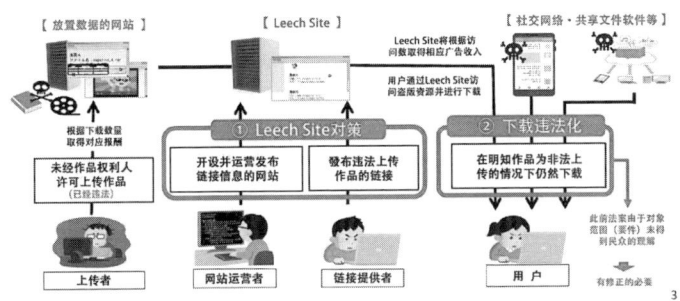

1. 对"吸血网站"和"吸血 App"的规制

此部分修改涉及日本新《著作权法》第 113 条第 2 项—第 4 项，第 119 条第 2 项第 4 号、第 5 号，第 120 条之 2 第 3 号，主要规制了收集侵权内容的链接等信息、诱导用户访问侵权内容的"吸血网站"和"吸血 App"。新《著作权法》对"吸血网站"和"吸血 App"进行了详细定义，规定在"吸血网站"和"吸血 App"上提供侵权内容链接的行为将被视为著作权侵权、主观故意时还将面临刑事处罚（亲告罪），且"吸血网站"经营者和"吸血 App"提供者放任提供侵权内容链接的行为也将被视为违法。

（1）修订背景。

近年来，日本互联网上存在大量"吸血网站"和"吸血 App"。其并非在自己的网站或 App 上直接登载或保存盗版作品，而是挖掘并集合其他网站上的盗版信息，设置内部链接诱导用户访问盗版内容，对于这种仅提供盗版内容链接的行为，根据修改前的日本《著作权法》，属于合法行为[17]。日本学界通说认为，提供链接只是使用户更为容易地访问了已经由他人违法上传的侵权内容，

---

〔16〕 日文版图解参见「著作権法及びプログラムの著作物に係る登録の特例に関する法律の一部を改正する法律御説明資料」3頁，文化庁 HP，https://www.bunka.go.jp/seisaku/chosakuken/hokaisei/r02_hokaisei/pdf/92359601_02.pdf，2022 年 12 月 22 日アクセス；该图解的中文版翻译见曾祥欣：《专题 I 日本〈著作权法〉修订的概要、影响及其启示》，载微信订阅号"知识产权那点事"，https://mp.weixin.qq.com/s/2RmRAT6ZADuKrpPwLSkfDQ，访问日期：2022 年 12 月 22 日。

〔17〕 中澤佑一「インターネット海賊版対策の強化——リーチサイト規制及びダウンロード違法化の拡大」法律のひろば2020 年 12 号 15 頁。

并不能因此评价为实行了信息网络传播行为[18]。这其中，虽然这种提供链接的行为存在认定为帮助侵权的可能性，但日本的司法实践对此并未形成统一认识[19]。另外，权利人虽然可以向帮助侵权者请求赔偿，但日本通说认为对帮助侵权者主张的停止损害很难实现[20]。因此，对于此种提供侵权链接的行为，现有民事措施存在一定不足。另外，虽然帮助著作权侵权者也可以成为刑事处罚的对象，但若盗版内容上传者不能被刑事立案，则对其帮助者的立案也会变得非常困难，且只是运营"吸血网站"或提供"吸血 App"的行为也存在不能被认定为帮助犯的可能性，因此应对这种行为的刑事措施也存在不足[21]。

考虑到"吸血网站"和"吸血 App"会对权利人造成巨大损害，且"吸血网站"或"吸血 App"本身虽不提供侵权链接，却有很大可能造成侵权内容的大幅扩散[22]，新《著作权法》规定，满足一定条件的提供侵权内容链接的行为将构成著作权侵权，且运营"吸血网站"和提供"吸血 App"的行为将可以独立适用刑事处罚。

（2）条文解说。

a. 定义。

日文中的"吸血网站"（リーチサイト）和"吸血 App"（リ

---

〔18〕　島並良ほか『著作権法入門』（有斐閣，2021 年）316 頁。

〔19〕　例如，在自己的网站上一列式地登载诱导向大型视频发布网站的链接被认为不构成帮助侵害信息网络传播权，参见大阪地判平成 25・6・20 判時 2218 号 112 頁（ロケットニュース24 事件）；但在一列式地提供图像链接的一系列关联案件中，裁判所认为虽然设置图像链接的行为不侵犯信息网络传播权，但却使不特定的阅览者更为容易地获取信息，至少可以认定为提供了帮助，参见札幌地判平成 29・6・14D1-Law 2826289（ペンギンパレード1 事件）。

〔20〕　「著作権法及びプログラムの著作物に係る登録の特例に関する法律の一部を改正する法律（令和 2 年著作権法改正）について（解説）」11 頁，文化庁 HP, https://www.bunka.go.jp/seisaku/chosakuken/hokaisei/r02_hokaisei/pdf/93688501_01.pd, 2022 年 12 月 22 日アクセス。

〔21〕　松田政行ほか『著作権法コンメンタール（別冊）平成 30 年・令和 2 年改正解説』（勁草書房，2022 年）268-269 頁。

〔22〕　「著作権法及びプログラムの著作物に係る登録の特例に関する法律の一部を改正する法律（令和 2 年著作権法改正）について（解説）」11 頁，文化庁 HP, https://www.bunka.go.jp/seisaku/chosakuken/hokaisei/r02_hokaisei/pdf/93688501_01.pdf, 2022 年 12 月 23 日アクセス。

一チアプリ），属于片假名外来词，来源于英文中代表水蛭或吸血的单词 "Leech"，以及指代在网络社区里只索取不贡献的行为人的单词 "Leecher"。

本次《著作权法》修改为规制这种发布并集中其他网站的盗版作品链接、为公众获取侵权内容提供便利的网站和 App，增设了一系列新概念。新《著作权法》第 113 条第 2 项将 "吸血网站"（本项第 1 号）和 "吸血 App"（本项第 2 号）的运营行为定义为两种类型：一是网站、应用程序等通过提示、强调等方式故意诱导公众取得侵权作品；二是网站、应用程序等主要用于提供 "侵权传播源识别符号[23]"。前者主要指以故意诱导公众获得侵权作品为目的而专门建立的资源集合型的网站或 App；后者主要指被用于发布和交换 "侵权传播源识别符号" 的论坛等平台投稿型的网站或 App。

这其中，所谓 "侵权传播源识别符号" 是指，除包括日本《著作权法》第 47 条之 5 第 1 项第 1 号所指的 "传播源识别符号"（为进行信息网络传播所用的文字、数字、记号等各种符号，也即 URL 链接）之外，另外包括与 URL 链接具有同样或类似效果的链接，包括盗版网站中的内置检索功能、隐藏按键，需要二次转换的链接等形式[24]。

此处所谓 "网站" 的定义，根据新法第 113 条第 4 项，并不仅仅包括通常理解上的网站的集合，也包括社交媒体、博客账号、YouTube 等视频网站的特定频道等；提供的盗版链接的集合也不仅限于可下载型链接，也包括流媒体、在线观看等链接[25]。

此处的 "侵权作品" 是指，以侵害著作权或邻接权中信息网络传播权的形式违法上传的作品，是为了防止侵害权利人的经济利益而设置的概念，与著作者的精神权利的侵害无关；此处所谓 "提供侵权作品的链接" 也包含提供被违法上传至日本国外服务器上的作

---

〔23〕 日文为：侵害送信元識別符号。

〔24〕 松田政行ほか『著作権法コンメンタール（別冊）平成 30 年・令和 2 年改正解説』（勁草書房，2022 年）271 頁。

〔25〕 「著作権法及びプログラムの著作物に係る登録の特例に関する法律の一部を改正する法律（令和 2 年著作権法改正）について（解説）」12 頁，文化庁 HP，https://www.bunka.go.jp/seisaku/chosakuken/hokaisei/r02_hokaisei/pdf/93688501_01.pdf，2022 年 12 月 23 日アクセス。

品链接。另外，此处的侵权作品并不包括二次创作者未经原作者许可上传的二次创作作品，其主要原因在于把握这种未经原作者许可上传二次创作作品链接的实际情况并不容易，且二次创作作品的形式多种多样，并不一定会对原作品的销售额造成不利影响。但需要注意的是，此处的二次创作不包括小说的翻译版、漫画对话框和台词的翻译，提供翻译版小说和漫画链接的行为依旧属于被规制的对象[26]。

　　b. 对在"吸血网站"和"吸血 App"中提供盗版链接行为的规制。

　　此项规制涉及新《著作权法》第 113 条第 2 项、第 120 条之 2第 3 号。

　　新《著作权法》第 113 条第 2 项规定了何种提供侵权作品链接的行为将被视为著作权侵权，以及该行为的主观要件。根据该条款，在"吸血网站"和"吸血 App"中提供侵权作品链接的行为是：提供 URL 链接或与 URL 具有相同或类似效果的链接或设置按钮等，使公众可以更为便利地获取盗版作品的行为。该行为的主观要件是：行为人知道或有合理理由认为其应该知道提供诱导链接的作品是侵权作品，也即主观要件是"故意或过失"。

　　新《著作权法》第 120 条之 2 第 3 号规定了侵权作品链接提供者的刑事责任。对于提供侵权作品链接的行为，除应按著作权侵权承担停止侵权、损害赔偿的民事责任外，在主观为故意的情形下，还将被单处或并处 3 年以下有期徒刑或 300 万日元以下罚款；但需要注意的是，因为提供链接的行为侵犯的是与特定侵权作品相关的各个著作权人的私权，根据日本《著作权法》第 123 条第 1 项之规定，属于告诉才处理的亲告罪[27]。

　　c. 对"吸血网站"运营者和"吸血 App"提供者放任提供盗版链接行为的规制。

---

　　[26]　著作権法及びプログラムの著作物に係る登録の特例に関する法律の一部を改正する法律（令和 2 年著作権法改正）について（解説）」13 頁，文化庁 HP，https://www.bunka.go.jp/seisaku/chosakuken/hokaisei/r02_hokaisei/pdf/93688501_01.pdf，2022 年 12 月 23 日アクセス。
　　[27]　松田政行ほか『著作権法コンメンタール（別冊）平成 30 年・令和 2 年改正解説』（勁草書房，2022 年）291 頁。

此项规制涉及新《著作权法》第 113 条第 3 项，第 119 条第 2 项第 4 号、第 5 号。

新《著作权法》第 113 条第 3 项规定了何种放任提供盗版链接的行为将被视为著作权侵权，以及该行为的主体、主观要件。根据本条款规定，被规制的行为是"有能力对网站或应用上的侵权链接采取删除等措施但放任不删除的行为"。该行为的主体是"吸血网站"的运营者和"吸血 App"的提供者；但平台自身并不直接提供"吸血网站"和"吸血 App"运营的、除侵权内容的链接外还包括大量其他内容的网站和服务商（如 YouTube 平台本身）原则上并不在限制主体中，但如果平台收到权利人的删除请求、在没有正当理由经过一定期间放任不管等恶意情形下，仍将成为被规制主体。该行为的主观要求是"行为人知道或有合理理由认为其应该知道被提供诱导链接的作品是侵权作品"，也即"故意或过失"。

新《著作权法》第 119 条第 2 项第 4 号和第 5 号规定了放任提供盗版链接行为的刑事责任。对于放任行为，将单处或并处 5 年以下有期徒刑或 500 万日元以下罚款。考虑到"吸血网站"和"吸血 App"的形式多种多样、对不同的权利人造成的影响也不同，如果不考虑权利人的意思而直接提起公诉将对社会造成很大不安，因此，此项行为最终也被规定为亲告罪[28]。

另外，新《著作权法》还在附则第 4 条规定了根据第 120 条之 2 第 3 号和第 119 条第 2 项第 4 号、第 5 号适用刑事处罚时，不能对互联网上的信息提供和其他利用行为造成不当限制，要求刑事当局在适用刑事处罚时务必在仔细调查行为恶劣程度的基础上审慎对待[29]。

2. 下载侵权内容违法化的适用范围扩大

除规制"吸血网站"和"吸血 App"外，本次《著作权法》修改中加强打击互联网盗版的另一措施是扩大了旧法中下载侵权内容违法化的适用范围。此部分涉及日本新《著作权法》第 30 条第

---

[28] 松田政行ほか『著作権法コンメンタール（別冊）平成 30 年・令和 2 年改正解説』（勁草書房，2022 年）294-295 頁。

[29] 松田政行ほか『著作権法コンメンタール（別冊）平成 30 年・令和 2 年改正解説』（勁草書房，2022 年）296 頁。

1 项第 4 号、第 2 项，第 119 条第 3 项第 2 号、第 5 项。

日本《著作权法》第 30 条规定了"个人使用目的的复制[30]"（类似于我国著作权法下的"合理使用"的概念）这一著作权的法定限制情形，并在第 30 条第 1 项中规定了不能适用该种法定限制的几种例外情况。2009 年日本《著作权法》的修改将明知为侵权音乐作品和视听作品而下载的行为从该项对著作权的法定限制事由中剔除，并在 2012 年对此行为引入了刑事责任（仅限于付费音乐和视频领域）[31]。本次《著作权法》修改新设了第 30 条第 1 项第 4 号，将虽以个人使用为目的，明知作品（除音乐作品、试听作品以外的全部作品）是被非法上传但仍下载的行为同样排除出"个人使用"的适用范围，从而将著作权法定限制事由的例外规定从音乐作品和试听作品扩大到包括漫画、书籍、计算机软件等在内的全部作品类型。

（1）违法下载行为的对象、类型及主观要件。

由于修订前的日本《著作权法》第 30 条第 1 项第 3 号已经对音乐和视听作品的违法下载做出了规定，本次新增第 4 号的适用对象是除音乐作品、试听作品以外的《著作权法》规定的全部作品类型。

适用该条款的"违法下载行为"，不仅包括传统意义上的"直接下载"，也即"接收被违法上传作品的信息网络传播，并以电子数据形式进行复制"，也包括屏幕截图、复制粘贴等其他行为。但是，对于只接收被违法上传作品的信息网络传播、进行在线视听、

---

　　[30]　日本《著作权法》第 30 条第 1 项第 3 号（个人使用目的复制）：以个人使用或在家庭内部或类似的有限范围内使用（简称私人使用），除下列情况外，使用者可以自行复制：……（三）明知是侵权的录音或录像，仍然接收其数字形式的信息网络传播的（包括在国外进行的信息网络传播，但在日本国内进行下载的情况）。

　　[31]　日本《著作权法》第 119 条 3 项 1 号（付费录音录像非法下载罪）：凡属于下列任何一项的，将单处或并处两年以下有期徒刑或 200 万日元以下的罚金：即使按《著作权法》第 30 条第 1 项之规定属于私人使用目的，但明知是侵权的付费作品，仍然接收其以数字形式信息网络传播的录音录像。[侵权的付费录音录像是指：侵犯录音或录像制品或表演等（仅限可以作为著作权或邻接权客体的作品，且有偿向公众提供这些录音录像，但向公众提供录音录像本身并不侵犯著作权或邻接权）的（著作权或邻接权的）信息网络传播权（包括在国外进行的信息网络传播，但在日本构成信息网络传播权侵权的情况）。]

只是在电脑内部形成缓存的情形，适用日本《著作权法》第47条之4第1项第1号有关"计算机上的附随利用"相关的规定，不属于本条款规制的范围[32]。

考虑到很多情形下难以判断互联网上被上传作品内容的合法性，本条款所规制的违法下载行为的主观要件严格限定于"故意"的情形，也即仅限于"明知违法但下载"的情形，因此"不确定该上传内容是否违法"或"误以为是合法上传的内容"不适用本条款[33]。另外，由于日本《著作权法》第30条第2项的明确规定[34]，对下载侵权作品行为的规制也不适用于行为人具有重大过失的情形。

（2）例外情形。

日本新《著作权法》从平衡"有效打击盗版"和"防止对公众合法收集信息造成阻碍"的角度出发[35]，在第30条第1项第4号规定了"显著轻微的利用"、"下载的是二次创作或模仿讽刺作品"及"未对著作权人权益造成不合理损害"三种情形下，属于下载侵权内容违法化的例外情形。

第一，"显著轻微"主要从下载的分量和画质两方面判断，若诸如下载一部数十页漫画的其中一个或数个画面（不到一画漫画的一半篇幅）、下载一篇长论文或新闻报道的一行到数行（不到半篇文章）、下载一部几百页小说的一页到数页，这样的分量将构成"显著轻微"；另外，若下载的是画质很低不能达到可供维持鉴赏程

〔32〕「著作権法及びプログラムの著作物に係る登録の特例に関する法律の一部を改正する法律（令和2年著作権法改正）について（解説）」19頁，文化庁HP，https：//www.bunka.go.jp/seisaku/chosakuken/hokaisei/r02_hokaisei/pdf/93688501_01.pdf，2022年12月28日アクセス。

〔33〕「著作権法及びプログラムの著作物に係る登録の特例に関する法律の一部を改正する法律（令和2年著作権法改正）について（解説）」22頁，文化庁HP，https：//www.bunka.go.jp/seisaku/chosakuken/hokaisei/r02_hokaisei/pdf/93688501_01.pdf，2022年12月28日アクセス。

〔34〕日本《著作权法》第30条第2项：前款第（三）号和第（四）号的规定不应解释为包括因重大过失而不知道是特定侵权录音录像或特定侵权复制品的情况。

〔35〕「著作権法及びプログラムの著作物に係る登録の特例に関する法律の一部を改正する法律（令和2年著作権法改正）について（解説）」8、18頁，文化庁HP，https：//www.bunka.go.jp/seisaku/chosakuken/hokaisei/r02_hokaisei/pdf/93688501_01.pdf，2022年12月15日アクセス。

度的画像，如缩略图等，也属于"显著轻微"的情形[36]。

第二，考虑到二次创作并不一定对原作品的销售额产生负面影响，且二次创作对于培养年轻的创作者、促进文化产业的发展具有重要意义[37]，本条款规定除小说、漫画的翻译版之外的二次创作和讽刺模仿不适用于本条款之规定。

第三，关于"不损害著作权人利益的特殊情况"的判断，主要有两点考虑要素：一是从被违法上传作品的类型、用途和经济价值方面判断对该被上传作品应提供保护的程度；二是从下载行为的目的和下载必要性出发，判断下载行为的正当性和必要性[38]。

（3）刑事责任。

日本新《著作权法》第 119 条第 3 项第 2 号规定了非法下载录音录像之外作品的刑事责任，但对适用刑事责任的条件进行了限定。根据该条款，构成犯罪的非法下载行为要求被下载作品的正规版是有偿向公众出售的作品，且要求满足"连续或多次下载"的条件。构成非法下载罪的，将被单处或并处 2 年以下有期徒刑或 200 万日元以下罚款。另外，根据日本《著作权法》第 123 条第 1 项的规定，该罪为亲告罪。

另外，此次《著作权法》修订还在附则部分规定了加强对民众关于下载侵权内容违法化的宣传教育，推动相关经营者对合法网站进行授权和慎重适用刑事处罚等原则性内容。

3. 新《著作权法》实施后针对互联网盗版的配套措施

新《著作权法》实施后，作为强化打击互联网盗版的配套措施，2022 年 6 月 1 日，日本文化厅公布了打击互联网盗版侵权行为

---

〔36〕「著作権法及びプログラムの著作物に係る登録の特例に関する法律の一部を改正する法律御説明資料」15 頁，文化庁 HP，https：//www. bunka. go. jp/seisaku/cho-sakuken/hokaisei/r02_hokaisei/pdf/92359601_02. pdf，2022 年 12 月 29 日アクセス。

〔37〕「著作権法及びプログラムの著作物に係る登録の特例に関する法律の一部を改正する法律（令和 2 年著作権法改正）について（解説）」20 頁，文化庁 HP，ht-tps：//www. bunka. go. jp/seisaku/chosakuken/hokaisei/r02 _ hokaisei/pdf/93688501 _ 01. pdf，2022 年 12 月 28 日アクセス。

〔38〕「著作権法及びプログラムの著作物に係る登録の特例に関する法律の一部を改正する法律（令和 2 年著作権法改正）について（解説）」21 頁，文化庁 HP，ht-tps：//www. bunka. go. jp/seisaku/chosakuken/hokaisei/r02 _ hokaisei/pdf/93688501 _ 01. pdf，2022 年 12 月 28 日アクセス。

的信息门户网站[39]，为权利人处理盗版问题提供必要的信息支持。该网站主要向权利人普及著作权法制度和防盗版的基础知识，指导权利人在发现互联网盗版时发出对应的删除通知[40]；其中，关于提交盗版删除通知的平台，该网站收录了我国的阿里巴巴视频保护计划和 bilibili 网站的著作权中心。此外，日本文化厅还在该信息门户网站上发布了应对盗版的操作手册[41]，其中不仅包括在日本的操作指导，还囊括了中国、美国、俄罗斯和越南的应对盗版操作指南，以数字时代的著作权侵权为中心，具体介绍了各国的著作权制度、盗版信息的调查和检索方法、权利行使方法及典型的民事刑事行政诉讼案例。2022 年 8 月，文化厅另外创设了应对互联网盗版的免费咨询平台[42]，由接受文化厅委托的知识产权律师就日本国内外的互联网盗版提出应对建议。

（二）确保作品顺利使用的措施

1. 扩大与附带拍摄相关的著作权限制条款的范围

此部分修正涉及日本新《著作权法》第 30 条之 2 的规定。此规定为应对社会现实的变化，如智能手机、平板电脑等的迅速普及以及视频发布和传播平台的发展，而扩大了与附带拍摄有关的著作权限制条款的范围[43]。本条的适用范围从旧法的仅适用于摄影、录音、录像而扩大到了全部的复制和传输行为（包括屏幕截图、

---

〔39〕「インターネット上の海賊版による著作権侵害対策情報ポータルサイト」文化庁 HP，https：//www. bunka. go. jp/seisaku/chosakuken/kaizoku/index. html，2022 年 12 月 22 日アクセス。

〔40〕「初めての『削除要請』ガイドブック（日本語版）」文化庁 HP，https：//www. bunka. go. jp/seisaku/chosakuken/kaizoku/assets/pdf/IPF220401. pdf，2022 年 12 月 22 日アクセス。

〔41〕「著作権侵害（海賊版）対策ハンドブック」文化庁 HP，https：//www. bun-ka. go. jp/seisaku/chosakuken/kaizoku/handbook. html，2022 年 12 月 22 日アクセス。

〔42〕「よくあるご質問及び海賊版による著作権侵害のご相談」文化庁 HP，ht-tps：//www. bunka. go. jp/seisaku/chosakuken/kaizoku/contact. html，2022 年 12 月 22 日アクセス。

〔43〕「著作権法及びプログラムの著作物に係る登録の特例に関する法律の一部を改正する法律（令和 2 年著作権法改正）について（解説）」24 頁，文化庁 HP，ht-tps：//www. bunka. go. jp/seisaku/chosakuken/hokaisei/r02 _ hokaisei/pdf/93688501 _ 01. pdf，2022 年 12 月 15 日アクセス。

YouTube 网站等视频投稿、网络平台的个人直播等〔44〕），也涵盖了不具有分离困难性的日常生活中一般行为伴随的附带拍摄（如儿童怀抱毛绒玩具进行拍摄〔45〕）。构成要件方面，保留了"附随性利用"和"轻微性利用"要件，删除了旧法的"需构成对作品的创作"这一要件，从而将不具有创作性的固定场景直播、监控摄像等也纳入该条款适用范围。另外新增了"在正当范围内利用"要件，以防止该条款被滥用、损害权利人的经济利益。

2. 与行政程序有关的权利限制规定

此部分修订涉及日本新《著作权法》第42条第2项。根据旧法第42条第2项的规定，在专利审查等行政程序中，可以在必要的范围内不经权利人许可而复制作品。新法将此条款的适用范围扩大至根据《地理标志法》进行的地理标志登记以及根据《植物品种保护和种子法》进行的植物品种登记，并规定为灵活处理行政程序、快速准确进行审查，未来可依据行政命令增加适用于此条款的行政程序类型。

3. 引入与作品使用权利相关的对抗制度

此部分修订涉及日本新《著作权法》第63条之2。旧《著作权法》并未就已许可他人使用的作品在著作权转让后的相关规则进行规定，这就使根据著作权人的许可使用作品的被许可人，在著作权转让后不能向著作权受让人等〔46〕主张利用作品的权利，存在不能继续使用该作品的风险。为了解决这一情况，新《著作权法》引入了与作品使用权利相关的对抗制度，在被许可人被授予作品的使用权后，无须登记即可取得对抗效力，在著作权被转让之后可以对著作权的受让人主张作品使用权，不影响对作品的继续使用。

---

〔44〕 松田政行ほか『著作権法コンメンタール（別冊）平成30年・令和2年改正解説』（勁草書房，2022年）212頁。

〔45〕 「令和2年通常国会著作権法改正について」文化庁 HP，https：//www. bunka. go. jp/seisaku/chosakuken/hokaisei/r02_hokaisei/，2022年12月15日アクセス。

〔46〕 此处包括著作权受让人及其他第三方（例如著作权的继承人、破产管理财产人等，与日本民法及其他法律中涉及权利对抗问题的第三方具有相同的意义），「著作権法及びプログラムの著作物に係る登録の特例に関する法律の一部を改正する法律（令和2年著作権法改正）について（解説）」87頁，文化庁 HP，https：//www. bunka. go. jp/seisaku/chosakuken/hokaisei/r02_hokaisei/pdf/93688501_01. pdf，2022年12月17日アクセス。

（三）适当保护著作权的措施

1. 强化著作权侵权诉讼的证据收集程序

此部分修订涉及日本新《著作权法》第 114 条之 3，与著作权侵权诉讼中有关"文件提出令"的不公开程序[47]有关，修法目的在于使该规定更具实效性，并使之与日本 2018 年修订的《专利法》中第 105 条第 2 项与第 4 项的规定[48]相一致。根据修改后本条第 2 项，将不公开程序的适用范围从仅适用于判断"文件持有人是否有正当理由拒绝提交"的情况，扩大至亦适用于判断"侵权行为是否存在或者计算侵权行为造成的损失金额"。此外，新《著作权法》还在该条中追加了第 4 项的规定，使法院可以在当事人同意的基础上，将相关文件向有关专家披露以获得专业意见。由此，法院在发出提交文件的命令之前，能够实际查看文件并能够就判断高度专业化的文件获得专家的支持。

2. 强化对技术措施的相关保护

此部分修订涉及日本新《著作权法》第 2 条第 1 项第 20 号、第 21 号，第 113 条第 7 项，第 120 条之 2 第 4 号。本条依据最新的技术变化趋势，改进了条款的适用范围，将计算机软件许可认证的序列码等明确纳入保护范畴，以期防止未经授权使用作品的情况[49]。新《著作权法》第 2 条对"技术保护措施"（复制防止措施）和"技术利用限制措施"（接触控制措施）的定义进行了修

---

〔47〕 日文为：インカメラ手続。

〔48〕 日本《专利法》第 105 条（文件的提出）：（第 1 项）在有关侵犯专利权或独占许可权的诉讼中，法院可以根据一方当事人的申请，命令提交必要的文件，以对该方当事人证明侵权行为或计算侵权行为造成的损失。但若这些文件的持有人有合理的理由拒绝提交这些文件，则不适用。（第 2 项）法院如认为有必要让文件持有人出示文件，以确定所述的与申请有关的文件是否属于前款规定所述的文件，或是否有该款但书所述的正当理由。在这种情况下，任何人都不得要求披露所提交的文件。（第 4 项）在第 2 项的情况下，如果法院认为有必要披露该款第二句提及的文件并听取专家的说明意见，可在争得当事人同意之后向专家委员（此处指根据《民事诉讼法》第一部分第 5 章第 2 节第 1 小节之规定确立的专家委员，同样适用于本法 105 条之 2 之 6 第 4 项）披露相关文件。

〔49〕「著作権法及びプログラムの著作物に係る登録の特例に関する法律の一部を改正する法律（令和 2 年著作権法改正）について（解説）」91 頁，文化庁 HP，https：//www.bunka.go.jp/seisaku/chosakuken/hokaisei/r02 _ hokaisei/pdf/93688501 _ 01. pdf，2022 年 12 月 17 日アクセス。

改，删除了旧法中对两类技术措施规定的"将作品、表演、录制品、无线或有线广播有关的声音或影像同时记录"这一限制条件，明确了技术措施与作品及其载体的可分离性。新《著作权法》第113 条第 7 项和第 120 条之 2 第 4 号则明确了提供具有回避技术保护措施和技术利用限制措施的序列码和破解工具的行为（包括转让、出借，以向公众转让、出借为目的的制造、进口、持有，供公众使用，向公众提供，进行信息网络传播），将被视为著作权侵权并受到刑事处罚。

3. 建立计算机程序作品登记制度

此部分修订涉及日本《计算机程序作品登记特别例外法》第 4 条和第 26 条的有关内容。为有助于诉讼中的举证，建立计算机程序作品登记制度，著作权人等可以要求证明他们所有的诉争计算机程序与预先完成登记的计算机程序具有同一性，这将确保权利人可以通过登记享受对事实（如创作日期等）的推定认定效果。而计算机程序作品的登记，将根据利益相关人的需要，或根据日本文化厅长官指定的登记机构（日本软件信息中心[50]）的请求按相关规定进行。

四、新《著作权法》的实施效果及遗留课题

（一）新《著作权法》是否实现了减少盗版网站访问量的效果

在此次修法的讨论阶段（2019 年 10 月），日本曾就互联网用户下载侵权内容的行为进行过一次国民问卷调查，其中，有超过90%的受访者表示，如果将下载侵权内容定性为需要承担民事责任或受到刑事处罚，他们将"停止"或"减少"下载侵权内容[51]。这项问卷调查的结果最终被立法者采纳，并使立法者相信新《著作权法》的实施将会对网络用户的行为产生影响，从而实现大幅减少

---

〔50〕 日文为：一般財団法人ソフトウェア情報センター（Software Information Center，简称 SOFTIC），计算机程序登记手续见 SOFTIC HP，https：//www. softic. or. jp/touroku/dl_forms/tebiki. pdf，2022 年 12 月 19 日アクセス。

〔51〕 「侵害コンテンツのダウンロード違法化の制度設計等に関する検討会（第 1回）配布資料 4 侵害コンテンツのダウンロード違法化に関するアンケート調査の結果」4-5 页，文化庁 HP，https：//www. bunka. go. jp/seisaku/bunkashingikai/kondankaito/shingaikontentsu/01/pdf/r1422992_08. pdf，2022 年 12 月 21 日アクセス。

盗版网站访问量的目的[52]。

　　然而，据日本专门收集盗版网站信息的民间团体 ABJ[53] 对访问量排名前十的盗版网站进行的统计，新《著作权法》实施后，盗版网站的访问量尽管在短期内略有下降，但此后一段时间的整体趋势仍是持续增加。直到 2022 年 3 月两个超大规模的违法网站被关闭之后才显著下降，但累计月访问量依旧稳定在 2 亿左右，详细情况见下图[54]：

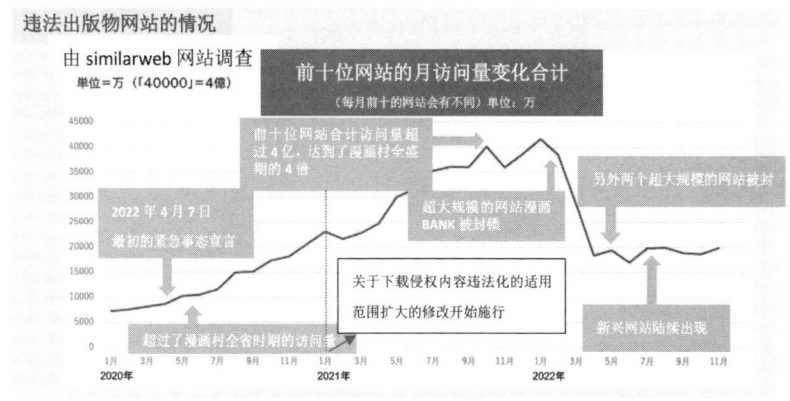

前十位网站的合计中，10 月至 11 月的访问量因为新兴网站的出现，提高了 1000 万
且网站主页一直在频繁变动中

*该数据只统计了来自日本国内的访问量。另外前十位网站中，有两个网站包含出版物以外的违法发布

盗版网站访问量统计（2020 年 1 月至 2022 年 11 月）

　　从该数据统计来看，用户下载侵权内容的行为发生改变的原因受"下载侵权内容违法化"的立法影响较小，而受盗版网站关停这

---

〔52〕 「令和 2 年通常国会著作権法改正について」文化庁 HP，https：//www. bunka. go. jp/seisaku/chosakuken/hokaisei/r02_hokaisei/，2022 年 12 月 21 日アクセス。

〔53〕 ABJ（Authorized Books of Japan），由包括出版商、电子书分销商、IT 和电信公司以及著作权人团体等组成的民间组织。其主要活动包括收集和提供非法网站的信息，开展抵制盗版网站和认识正版服务的教育活动，对电子出版行业的有关立法提出建议，以及与相关的其他国内外组织进行合作。ABJ HP，https：//www. abj. or. jp/about，2022 年 12 月 21 日アクセス。

〔54〕 本图日文原版为 ABJ 统计的来自日本国内的盗版网站访问情况，数据统计截至 2022 年 11 月。「出版物違法サイトの状況」ABJ HP，https：//www. abj. or. jp/data，2022 年 12 月 21 日最终阅览。中文图表为本文作者在该网站原图表的基础上翻译制作，文本框注释为本文作者添加。

一因素影响较大。可以说，虽然在立法前期的调查问卷中绝大多数人都凭主观认为立法会对自己下载盗版内容的行为造成影响，但是真正减少用户访问量的却是因网站关停而不能访问这一客观状况。此外，日本一项针对非法下载的心理学实证研究的结果显示，与其他说服用户停止下载的信息（非法下载会携带病毒、创作者将难以维持生计）相比，非法下载将承担刑事责任的说服效果并不明显。由于很难说刑事处罚具有威慑效果，通过刑事处罚而达到预期法律效果的立法妥当性也因此值得怀疑[55]。

　　可以作为辅助分析的是 2009 年和 2012 年的《著作权法》修正案（明知侵权音乐作品和试听作品而下载的行为违法，且可以适用刑事处罚）施行后的实施情况：一项 2014 年进行的相关调查统计[56]显示，尽管截至 2013 年 12 月并未有人因涉嫌非法下载付费作品而被逮捕，但日本违法下载网站的利用人数、流量数，文件共享软件中流通的付费音乐和视频文件的检测节点数量、文件类型和文件保留量等均明显减少，而且这种效果在此后也一直保持；而在关于非法下载的调查问卷中，约有 50% 的受访者表示，他们已经"减少"或"停止"了可能被认为是非法下载的行为。根据这些调查结果，可以认为下载侵权内容违法化的相关立法起到了一定的震慑非法下载的作用。然而，另据日本计算机软件著作权协会的相关统计，连接到文件共享软件的节点（个人电脑和其他终端）数量虽减少了约 30%—40%，但从各个共享软件上流通的内容状况来看，被认为是未经授权而发布的内容的比例仍未有明显的变化，侵权内容的规模仍然很大[57]。

　　另外，从法律的经济分析角度出发，财产权的创设和实施需要

　　[55]　向井智哉ほか「違法ダウンロードに関する説得効果の心理学的検討」知的財産法政策学研究 64 号（2022 年）188 頁。

　　[56]　新日本有限責任監査法人「改正著作権法の施行状況等に関する調査研究報告書の概要」6-7 頁，文化庁 HP，https：//www. bunka. go. jp/seisaku/bunkashingikai/chosakuken/bunkakai/39/pdf/shiryo_6_1. pdf，2022 年 12 月 21 日アクセス。

　　[57]　一般社団法人コンピュータソフトウェア著作権協会（ACCS）「ファイル共有ソフトの利用実態調査（クローリング調査）」ACCS HP，https：//www2. accsjp. or. jp/research/reserch12. php，2022 年 12 月 21 日アクセス。

考虑其实施成本和收益的均衡[58]，如果财产权的实施成本过高，则可能反而对财产的开发和价值提升具有抑制作用[59]。对于本次《著作权法》修订中对个人下载侵权作品这样在当下广泛存在、难以查明的现象进行普遍的规制，有日本学者将其评论为"显著偏离社会准则的修订"[60]，因此，该项修订是否能取得预期的效果和社会收益，尚难定论。

综上，虽然下载侵权内容违法化的立法可以对侵权网站造成一定的影响，但实际上是否真的能显著有效地改变互联网用户的使用习惯尚不明确，新法实施的效果还需时间证明。

（二）围绕打击盗版相关措施展开的议论

从本次日本《著作权法》修订的审议阶段开始，围绕打击盗版的对策与信息流通自由的关系，日本学界进行了激烈讨论。原本属于打击盗版对策之一的通过公权力对盗版网站进行拦截和闭锁的措施，因为可能会侵害日本宪法第 21 条赋予的通信秘密和表达自由的权利而遭到强烈反对，也因此在日本知识产权战略本部设置的"应对互联网盗版对策讨论会"的审议上没有形成统一意见[61]，最终也未获得通过。究其原因，大概在于以下方面：盗版问题是由"使盗版流通的人"引发的，则对盗版的打击对策也应针对"使盗版流通的人"；而无论是对"吸血网站"的规制还是对侵权内容下载的规制，都是对"围绕盗版流通的人"，而不是进行传播行为的"使盗版流通的人"。或许只对"使盗版流通的人"进行规制并不能十分完善地解决盗版问题，但对"围绕盗版流通的人"进行规制则会造成对表达自由等利益的重大侵害[62]。因此，有学者认为，

〔58〕［美］理查德·A. 波斯纳：《法律的经济分析（上）》，蒋兆康译，中国大百科全书出版社 1997 年版，第 43 页。

〔59〕［美］理查德·A. 波斯纳：《法律的经济分析（上）》，蒋兆康译，中国大百科全书出版社 1997 年版，第 46—47 页。

〔60〕島並良ほか『著作権法入門』（有斐閣，2021 年）183 頁。

〔61〕「インターネット上の海賊版対策に関する検討会議」（第 9 回会合議議事録）首相官邸政策会議 HP，https://www.kantei.go.jp/jp/singi/titeki2/tyousakai/kensho_hyoka_kikaku/2018/kaizoku/dai9/gijiroku.pdf，14–26 頁，2022 年 12 月 31 日アクセス。

〔62〕茶園成樹「海賊版対策と令和 2 年著作権改正——リーチサイト規制と侵害コンテンツのダウンロード違法化」高林龍ほか編『年報知的財産法 2020–2021』（日本評論社，2021 年）31 頁。

由于从侵权内容的上传开始，覆盖链接、访问、下载整个信息流通全过程的规制对策将对信息流通自由产生重大影响，应在不断检验论证的基础上对打击盗版的措施进行修改[63]。

新《著作权法》实施后，围绕打击盗版和信息流通的讨论仍在继续。有学者从修改和细分盗版的定义出发提出了解决对策，主张应将侵权作品分为"性质恶劣"的盗版和其他侵权作品，分别进行规定[64]。也有学者对盗版网站进行详细分类，对涉及海外关联盗版网站的应对措施进行分析，指出了与海外律师协作的必要性。也有学者撰文指出"表达自由"并不意味着可以自由进行违法表达，也不意味着可以自由阅览违法表达，因此对盗版网站的拦截闭锁措施并不违反宪法[65]。由此可见，围绕打击盗版和信息流通和表达自由，日本学界尚未形成共识，这一课题依旧是研究和探讨的热点。

五、结语

本次日本《著作权法》修改中增加的绝大多数内容均为适应移动互联网时代下不断变化的作品利用和传播形式所做的规定，进一步加强了对著作权的保护力度。其中，本次修法在立法上明确了提供侵权作品链接、运营吸血网站或 App、下载侵权作品等行为在一定条件下的违法化，弥补了旧法在规制此类行为时民事和刑事措施上的不足。尽管新法还存在很多问题、新法的效果还有待司法实践进一步检验，但明确的立法是后续一系列规制互联网盗版措施的开端，就这一点来说，新《著作权法》具有很大意义[66]。

值得一提的是，日本最近几年对《著作权法》的修改非常频繁，主要修法内容均为应对信息网络技术和数字化的快速发展而做

---

〔63〕 原成慧「海賊版対策のための著作権改正及び関連する取組の意義と課題」法時 92 巻 8 号（2020 年 7 月）96 頁。

〔64〕 前田健「著作権法における『海賊版』の概念」高倉成男ほか編『知的財産法制と憲法の価値』（有斐閣，2022 年）43 頁。

〔65〕 大日方信春「海賊版サイト・ブロッキングの憲法適合性」コピライト 721 号（2020 年）2 頁。

〔66〕 中澤佑一「インターネット海賊版対策の強化——リーチサイト規制及びダウンロード違法化の拡大」法律のひろば 2020 年 12 号 20 頁。

出的调整。2018 年到 2021 年间，除 2019 年外，日本每年都对《著作权法》进行了修订。在本文所述 2020 年修法之后，2021 年日本再次对《著作权法》做出了修改，其主要内容是限制图书馆场景下著作权人享有的自动公众传播权[67]，以及限制网络同步播放[68]的广播节目所涉及的著作权和邻接权。

　　在我国，网络著作权产业的用户数量和市场规模也在不断扩大，网络著作权产业也对经济高质量发展提供越来越强劲的动力，但与此同时，侵害作品信息网络传播权的形式不断变换、案件数量也在不断增加。对此，2010 年起，国家著作权局、工业和信息化部、公安部、国家互联网信息办公室四部门联合启动了"剑网行动"，针对互联网盗版侵权的重点难点问题集中进行专项整治，持续规范互联网著作权秩序。其中，"剑网 2021"行动期间，共删除侵权盗版链接 119.7 万条，关闭侵权盗版网站、App1066 个[69]。对于提供侵权作品链接是否侵犯著作权的问题，我国著作权法中并未直接有明确规定，司法实践中处理相关问题的法律依据主要是

────────────

　　[67]　日文为「自動公衆送信」，其概念类似于我国著作权法下的"信息网络传播权"。日本 2021 年《著作权法》修改中，为改善公众对信息的获取、促进持续的研究活动，对图书馆场景下著作权人享有的自动公众传播权进行的限制主要是：（1）国立国会图书馆可以应请求不经过著作权人许可而复制"特定绝版等资料"并通过信息网络传输给会员使用（日文为：国立国会図書館による絶版等資料の個人向けのインターネット送信）；（2）各图书馆在向著作权人支付相应补偿金的前提下，可以应公众请求通过信息网络出借作品的部分电子版，包括为传输而进行必要的复制（日文为：図書館等による図書館資料の公衆送信）。

　　[68]　日文为「放送番組のインターネット同時配信」。日本 2021 年《著作权法》修改中，为方便观众观赏、促进内容产业的发展，对网络同步播放的广播节目所涉及的著作权和邻接权所进行的限制主要有：（1）扩大权利限制条款，原来适用于广播的权利限制规定将同样适用于网络同步播放；（2）设立授权推定条款，广播组织得到广播许可之时，权利人若无相反意思表示的，推定其同时也许可了广播节目的同步发布。（3）对录音录像制品的网络同步播放进行了规定，对于未被纳入集体管理的录音制品，规定其同步发布无需取得许可，但需向权利人支付报酬。对于录像制品，若首次同步发布已取得权利人许可，且该录像所载表演未被纳入集体管理的情况下，节目重播时的同步发布不需再次取得事前许可，只需支付报酬；若首次广播时并未取得同步发布许可，则在无法联系到表演者时，广播组织可以在向文化厅长指定的著作权集体管理组织支付报酬后直接使用。

　　[69]　《中国发布 ｜ "剑网 2022"行动下半年启动，去年共关闭盗版网站、APP 1066 个》，载中国新闻网，http://news.china.com.cn/2022-04/26/content_78188470.html，访问日期：2023 年 1 月 31 日。

《最高人民法院关于审理侵害信息网络传播权民事纠纷案件适用法律若干问题的规定》及《信息网络传播权保护条例》。现有的判例中，未经许可通过提供链接、种子文件的方式使公众可以在选定的时间和地点获得作品的行为，被认定为构成信息网络传播行为[70]，侵权链接发布的平台若主观上存在明显过错，对侵权行为起到了教唆、帮助作用，也被认为应当承担侵权责任[71]。另外，我国并未规定下载侵权内容违法，个人使用属于我国著作权法中合理使用的范畴，但我国著作权法并未对使用他人作品的方式和数量进行具体规定，个人使用属于笼统性条款，在法律适用上存在诸多不便[72]。我国学界一般认为，并非"为个人学习、研究或欣赏"而进行的复制都构成合理使用，应考虑被复制作品的来源、复制的方式和数量[73]。

由此可见，此次日本《著作权法》修改中针对打击互联网盗版的两个核心议题，在我国著作权法中尚未有明确规定。著作权保护、立法先行，不断发展的网络技术和不断变换的作品利用方式也对我国著作权法的完善和著作权保护的国际合作提出了更高的要求，我国是否需要修改著作权法以规制互联网盗版，值得进一步探讨。

限于篇幅原因，本文主要考察了本次日本《著作权法》修改中打击互联网盗版的有关内容，未能对本次修法的全部内容及修法前后涉及的全部争议观点进行具体分析，这些内容将作为今后的课题继续研究。另外，日本新《著作权法》的施行和实践情况也值得持续关注。

---

[70]　参见（2022）京 0491 民初 9983 号、（2022）京 0491 民初 9984 号、（2022）京 0491 民初 9985 号民事判决书。

[71]　参见（2020）京 73 民终 113 号、（2012）闽民终字第 885 号民事判决书。

[72]　吴汉东：《知识产权法》，法律出版社 2021 年版，第 241—242 页。

[73]　王迁：《知识产权法教程》，中国人民大学出版社 2021 年版，第 286 页。

学界回顾

RESEARCH OVERVIEW

2022 年日本宪法学研究综述

程　洁[*]

本文整理并介绍 2022 年间（部分涉及 2021 年）日本国内发表的宪法学著作和论文。选取的文献参照 2022 年《法律时报》中《特集：2022 年学界回顾》的"宪法篇"[1] 和 2022 年《公法研究》中《学界展望》的"宪法"[2] 所列内容。

一、宪法总论
（一）总论

蚁川恒正、木庭显和樋口阳一主编的《培养宪法的土壤》[3] 一书刊登了 2018 年《法律时报》中三人会谈的内容，讨论个人、国家、市民社会及学术集体在扮演立宪主义的土壤这一角色时的历史变迁、现代样态及今后方向。围绕这一会谈该书还刊载了多位学者论文，例如毛利透的

* 程洁，早稻田大学法学研究科宪法专业硕士生。

〔1〕 木下昌彦・片桐直人・高田倫子・堀口悟郎・吉川智志「特集 2022 年学界回顾：宪法学」法律時报 94 卷 13 号（2022 年）。

〔2〕 愛敬浩二・木下和朗・西村枝美「学界展望：宪法」公法研究 83 号（2022 年）。

〔3〕 蟻川恒正・木庭顕・樋口陽一編『憲法の土壌を培養する』（日本評論社，2022 年）。

《近代国家的构造与法律“隐秘处”的应对》〔4〕以批判性视角讨论私权力向公领域介入的问题，对此，林知更的《宪法·国制·土壤》〔5〕则提出较积极的看法，认为多元主义或将有力补足宪法与国家等公权力的缺位。

（二）宪法学说史思想史

2021 年出版的《“战后宪法学”的群像》〔6〕一书推进了日本战后宪法学思想史的研究。本年度斋藤晓的书评《宪法学向“战后宪法学”提问的意义》〔7〕以该书为素材进行讨论，特别是针对书中江藤祥平《“理论宪法学”的再兴——樋口阳一与立宪主义的复权》〔8〕一文提出商榷性观点。此外，森英树的《马克思主义法学的历史性研究》〔9〕讨论了战前日本马克思主义法学的形成、受挫与兴盛。

（三）天皇制

新井谦士朗的《“上皇”的法律地位》〔10〕讨论了《皇室典范特例法》中有关上皇法律地位的规定在民事、刑事裁判中具体适用的问题。藤川直树的《君主留下孕妃死亡时》〔11〕以日德比较研究的视角讨论了没有直系后嗣的君主死亡但遗孀怀孕时的王位继承问题。蚁川恒正的《天皇的根本规范》〔12〕指出，天皇制的正当性根据从“皇祖皇宗的神灵”转变为“国民的总意”，成为宪法统治构造的基本原理，并通过整理历代天皇的言辞分析政府和天皇对宪法

---

〔4〕 毛利透「近代国家の構造と法による『闇』への対処」蟻川恒正・木庭顕・樋口陽一編『憲法の土壌を培養する』（日本評論社，2022 年）。

〔5〕 林知更「憲法・国制・土壌」蟻川恒正・木庭顕・樋口陽一編『憲法の土壌を培養する』（日本評論社，2022 年）。

〔6〕 鈴木敦・出口雄一編『「戦後憲法学」の群像』（弘文堂，2021 年）。

〔7〕 齋藤暁「書評：憲法学が『戦後憲法学』を問うことの意味」憲法研究 10 号 319—325 頁（2022 年）。

〔8〕 江藤祥平「『理論憲法学』の再興——樋口陽一と立憲主義の復権」鈴木敦・出口雄一編『「戦後憲法学」の群像』（弘文堂，2021 年）。

〔9〕 森英樹『マルクス主義法学の史的研究』（日本評論社，2022 年）。

〔10〕 新井謙士朗「『上皇』の法的地位——皇室と裁判権に関する研究序説」東京大学法科大学院ローレビュー 16 巻（2021 年）。

〔11〕 藤川直樹「君主が懐妊の妃を遺して死亡するとき：『胎中天皇』・『胎中皇子』の比較近代法史」神戸学院法学 49 巻 2 号 273—314 頁（2021 年）。

〔12〕 蟻川恒正「天皇の根本規範」論究ジュリスト 36 号 33—44 頁（2021 年）。

第一条的理解。

（四）和平主义

铃木敦的《关于日本宪法英译文本的考察》[13] 通过分析宪法第 9 条第 2 项 "战力" 一词对应的英译 "war potential"，对当下 "保持一定自卫力量" 这一解释提出疑义。斎藤正彰的《多层的立宪主义与日本宪法》[14] 声称，虽然自卫队违宪论已经失去了过去的稳固地位，但支持自卫队违宪论的同时也承认政府解释的 "消极并立论" 逐渐得到认可。

（五）宪法修改

赤坂正浩的《国家紧急权论的现状与课题》[15] 区分了国家机关陷入瘫痪状态时的 "真正国家紧急权" 与尚未达到这种状态时的 "非真正国家紧急权"，并指出前者需要现行宪法在事后做出评价，而针对后者，国会立法足以应对。山崎友也的《立宪主义的 "危机"》[16] 分析了关于宪法典与不成文规范问题中的两种对立观点，提出修改宪法的必要前提是通过解释对宪法是什么达成一致认识。清水真人的《宪法政治：超越 "护宪还是修宪?"》[17] 分析了诸如修改内容没有重心、国民投票被限制等可能导致相关讨论难以进展的因素。

（六）全球化与比较宪法

新井诚等编的《世界的宪法·日本的宪法》[18] 选取了欧美等发达国家以外的外国动向进行介绍。横大道聪和吉田俊弘所著的《宪法的技能》[19] 采用了教育研究者和宪法研究者之间问答书信体

---

〔13〕　鈴木敦「日本国憲法の英訳文に関する一考察——九条二項の『war potential』について」曽我部真裕・赤坂幸一・櫻井智章・井上武史編『憲法秩序の新構想：大石眞先生古稀記念論文集』（三省堂，2021 年）。

〔14〕　齊藤正彰『多層的立憲主義と日本国憲法』（信山社，2022 年）。

〔15〕　赤坂正浩「国家緊急権論の現状と課題」憲法問題 33 号 9—19 頁（2022 年）。

〔16〕　山崎友也「立憲主義の『危機』：憲法典の過少?」憲法問題 33 号 69—80 頁（2022 年）。

〔17〕　清水真人『憲法政治：「護憲か改憲か」を超えて』（筑摩書房，2022 年）。

〔18〕　新井誠ほか編『世界の憲法・日本の憲法：比較憲法入門』（有斐閣，2022 年）。

〔19〕　横大道聡・吉田俊弘著『憲法のリテラシー：問いから始める15のレッスン』（有斐閣，2022 年）。

的形式，也涉及比较宪法上的最新成果。横大道聪等编著的《在全球化中思考宪法》[20] 一书从多个角度讨论全球化对宪法的影响。

此外，具体引介各国宪法的有山本健人的《加拿大宪法的世界性"影响力"》[21]、安部圭介的《人权的复层式保障》[22]、齐藤美笑子的《性刑法与宪法》[23]、小竹聪的《美国终止妊娠问题的法与政治》[24]、石塚迅的《中国紧急事态与宪法·宪法学》[25]、佐藤史人的《俄罗斯·匈牙利"危机"的常态化与立宪主义》[26] 等。

二、人权

（一）人权总论

1. 人权的基础理论与射程

森口千弘的《社会分裂导致的人权"武器化"》[27] 指出，在美国由于表达自由与信教自由等涉及宪法第一修正案的权利受到强有力的保护，在仇恨言论规制的合宪性问题上，相关立法往往被判决违宪。于是，本应化解社会分裂的"人权"时常成为多数人压制少数人权利的"武器"，反而加快了社会分裂。日本宪法学也在很大程度上受到影响。

---

〔20〕　横大道聡ほか編『グローバル化のなかで考える憲法』（弘文堂，2021 年）。

〔21〕　山本健人「カナダ憲法の世界的な『影響力』」憲法研究 10 号 303—318 頁（2022 年）。

〔22〕　安部圭介『人権の重層的保障：アメリカ型連邦制における州憲法の現代的意義』（弘文堂，2022 年）。

〔23〕　齊藤笑美子「性刑法と憲法：2016 年買売春廃止法からの性的自由再考」日仏法学 31 号 1—20 頁（2021 年）。

〔24〕　小竹聡『アメリカ合衆国における妊娠中絶の法と政治』（日本評論社，2021 年）。

〔25〕　石塚迅「中国における緊急事態と憲法・憲法学」憲法問題 33 号 34—45 頁（2022 年）。

〔26〕　佐藤史人「ロシア・ハンガリーにおける『危機』の常態化と立憲主義」憲法問題 33 号 92—101 頁（2022 年）。

〔27〕　森口千弘「社会の分断がもたらす人権の『武器化』——マイノリティの権利の観点から」新井誠・友次晋介・横大道聡編『<分断>と憲法』（弘文堂，2022 年）。

在人权射程问题上，渊圭吾的《平台与基础设施的法律一般原则》[28] 在介绍美国法近期相关研究的基础上讨论了平台运营主体的法律义务，同时还涉及人权的私人间效力等重要问题。关于这一问题还可参考齐藤正彰的《国际人权条约的私人间效力》[29]。

2. 幸福追求权

在自我决定权方面，松井茂记的《尊严死及安乐死的权利》[30] 介绍了加拿大法的相关研究，并主张日本刑法中禁止帮助自杀等规定难以被正当化因而部分违宪。另一方面，西元加那的《关于生命及自我支配的宪法权利》[31] 则基于对德国判例的分析，提出选择死亡或者请求他人帮助死亡的权利难以被认定为宪法权利。

在如何理解个人信息隐私权的问题上，音无知展的《作为正确处理个人信息权的隐私权与法律保障》[32] 如其标题所列，提出了新的观点。小川亮的《提供信息时的同意为何重要》[33] 分析了这一问题上新旧学说的分歧。他将音无等提出的"确保信息主体的利益"总结为道具说，将传统的"自我信息控制权"总结为自我支配说，正是在这种分歧中产生了对宪法上隐私权的不同理解，并且提出从功利主义角度出发，道具说比自治说更有实务价值。

3. 平等

本年度涉及宪法平等原则的重要文献有斋藤宙治的《儿童与法》[34]。该书在对儿童受到的歧视进行实证研究的基础上，分析了

〔28〕　渊圭吾「プラットフォームとインフラストラクチャーをめぐる法の一般原則（上）（中）（下-1）（下-2）」法律時報 94 巻 5 号 80—83 頁、6 号 74—78 頁、7 号 102—106 頁、8 号 112—120 頁（2022 年）。

〔29〕　齊藤正彰「国際人権条約の私人間効力」法律時報 94 巻 4 号 28—33 頁（2022 年）。

〔30〕　松井茂記『尊厳死および安楽死を求める権利』（日本評論社、2021 年）。

〔31〕　西元加耶「生命及び自律性に関する憲法上の権利—ドイツ連邦憲法裁判所 2020 年 2 月 26 日判決を契機に—」現代社会研究 19 巻 99—107 頁（2021 年）。

〔32〕　音無知展「適正な自己情報の取扱いを受ける権利としてのプライバシー権と法定による保障（1）（2）完」法学論叢 189 巻 4 号 1—32 頁、5 号 1—32 頁（2021 年）。

〔33〕　小川亮「情報提供に対する同意はなぜ必要なのか」情報法制研究 11 巻 51—67 頁（2022 年）。

〔34〕　齋藤宙治『子どもと法：子どもと大人の境界線をめぐる法社会学』（東京大学出版会、2022 年）。

区别对待儿童和成人的合宪性审查标准，并以美国法为参照主张应当提高审查严格度。

在婚姻家庭制度方面，夫妇同姓制度及同性婚合法化仍是本年度的讨论热点。关于夫妇同姓问题的文章主要有佐佐木久美的《夫妇同姓制的宪法第 24 条合宪性审查笔记》[35] 和小川亮的《夫妇同姓制合宪决定中草野反对意见》[36]。关于同性婚合法化问题的文章则有千叶胜美的《同性婚判决与司法部的立场》[37]。

(二) 人权各论

1. 思想自由、信教自由与政教分离

在思想自由领域，小久保智淳的《再访 Washington v. Harper 事件判决》[38] 一文重新考察了 Harper 判决中法庭意见与反对意见的分歧点，即抗精神病药物影响人的身体还是心理，并分析了强制服用抗精神病药物对人认知过程整体造成的影响，提出 "认知过程的自由" 这一概念。

在信教自由与政教分离领域，本年度发表的诸多论文中，蚁川恒正的《裁判中事实的分辨率》[39] 一文受到较高关注。本文以政教分离领域著名的自卫官合祀诉讼最高法院判决为素材，探讨现行审级制度下，法院审理事实问题与法律问题的界限何在。此外，本年度这一领域的文章还可参考赤坂正浩的《孔子庙违宪判决》[40]、竹村和朗的《埃及宪法中的国家与宗教》[41]、牧野令的《宗教型

---

〔35〕 佐々木くみ「夫婦同氏制の憲法 24 条適合性審査に関する覚書」憲法研究 10 号 (2022 年)。

〔36〕 小川亮「夫婦同氏制合憲決定における草野反対意見を読む」憲法研究 10 号 (2022 年)。

〔37〕 千葉勝美「同性婚認容判決と司法部の立ち位置」判例時報 2506 号・2507 号合併号 (2022 年)。

〔38〕 小久保智淳「Washington v. Harper 事件判決再訪：抗精神病薬の強制投与の合憲性」法学政治学論究 132 号 51—94 頁 (2022 年)。

〔39〕 蟻川恒正「裁判における事実の解像度——民事訴訟法 321 条 1 項と自衛官合祀拒否訴訟最高裁判決」蟻川恒正・木庭顕・樋口陽一編著『憲法の土壌を培養する』(日本評論社，2022 年)。

〔40〕 赤坂正浩「孔子廟違憲判決」憲法研究 10 号 129—147 頁 (2022 年)。

〔41〕 竹村和朗「エジプト憲法における国家と宗教：二〇一四年憲法の前文の検討を中心に」思想 1175 号 36—58 頁 (2022 年)。

大学的法学教育何以可能?》〔42〕。

2. 学问自由与大学自治

学问自由的问题自 2020 年日本学术会议会员任命问题以来受到广泛关注。松田浩的《日本学术会议与宪法秩序》〔43〕 一文便以此为素材,指出学问自由的根据在于"peer review 理论",也即只有同僚研究者才能判断一个人是否具备学术能力,并将同僚研究者的范围扩大到"具备能力者的共同体"。

此外,西村裕一的《日本宪政史中学问教育的自由与课题》〔44〕 一文则考察了日本战前教育体系中"显教密教论",也即许多学说都存在作为表面上共识的"显教"和只在封闭学术领域才被提及的"密教",并指出这种区别在保障学问自由的今天应当被消除。

3. 表达自由

(1) 表达自由·集会自由。

在表达自由领域,对知识产权法的关注是本年度一大特征。高仓成男等主编的《知识产权法制与宪法性价值》〔45〕 从如何实现宪法价值的角度讨论知识产权法制度。田村善之和山根崇邦主编的《知产的疆域第 1 卷》〔46〕 中第 2 编《知识产权与宪法》同样涉及宪法视角。

传统的表达自由相关研究中,仇恨言论规制问题仍是本年度的研究热点。桧垣伸次和奈须祐治主编的《仇恨言论规制的最前线与法理考察》〔47〕 深入挖掘日本在这一领域研究尚不充分的问题,并

---

〔42〕 牧野令「宗教系大学による法学教育は可能か——カナダ連邦最高裁判例の Law Society of British Columbia v. Trinity Western University 事件判決を題材として」大学院研究年報法学研究科篇 51 卷 (2022 年)。

〔43〕 松田浩「日本学術会議と憲法秩序: 会員任命拒否問題の基層」法律時報 94 卷 2 号 72—76 頁 (2022 年)。

〔44〕 西村裕一「日本憲政史における学問・教育の自由と課題」憲法研究 9 号 41—50 頁 (2021 年)。

〔45〕 高倉成男・木下昌彦・金子敏哉編『知的財産法制と憲法的価値』(有斐閣, 2022 年)。

〔46〕 田村善之・山根崇邦編『知財のフロンティア第 1 卷: 学際的研究の現在と未来』(勁草書房, 2021 年)。

〔47〕 桧垣伸次・奈須祐治編『ヘイトスピーチ規制の最前線と法理の考察』(法律文化社, 2021 年)。

引介外国最新理论。此外，还可参考曾我部真裕的《仇恨言论规制的现状与表达自由》[48]、佃克彦的《对仇恨言论的民事规制》[49]等。关于集会自由，可参考江原胜行的《集会的自由与公共设施的"公共性"》[50]、樱井智章的《作为"表达场所"的"公共设施"》[51]。

此外，近年的新冠疫情还引发了学界对"科学报道"的关注，森口千弘的《科学报道与媒体的自由》[52] 一文讨论了媒体在创造多元讨论空间与防止虚假信息泛滥中应当发挥的作用。

（2）信息法、广播法。

在网络信息环境不断变化更新的今天，社交媒体平台从业者属于私主体却掌握极大权力，其与用户之间的法律问题引发关注。兴津征雄的《社交媒体平台与公私的区分》[53] 一文从传统公私二分的角度讨论社交媒体平台从业者的自由，并指出宪法对其施加规制时将存在的各种难题。水谷瑛嗣郎的《以网络平台统治论为目标》[54] 则指出社交媒体平台从业者所拥有的权力源于其对信息环境的形成、管理与运营的能力。

另外，快速变化的信息环境也给广播法制带来极大影响，本年度有专题《特集/数字信息空间中的广播与广播法制》[55] 详细讨论

---

〔48〕 曽我部真裕「ヘイトスピーチ規制の現状と表現の自由」曽我部真裕・赤坂幸一・櫻井智章・井上武史編『憲法秩序の新構想：大石眞先生古稀記念論文集』（三省堂，2021 年）。

〔49〕 佃克彦「ヘイトスピーチに対する民事的規制について」法律時報 94 巻 1 号115—120 頁（2022 年）。

〔50〕 江原勝行「集会の自由と公共施設の『公共性』」憲法研究 10 号 193—205頁（2022 年）。

〔51〕 櫻井智章「『表現の場』としての『公の施設』」法学セミナー 67 巻 4 号81—87 頁（2022 年）。

〔52〕 森口千弘「科学報道とメディアの自由」法律時報 94 巻 5 号 75—79 頁（2022 年）。

〔53〕 興津征雄「ソーシャル・メディア・プラットフォームと公私の区分（上）（下）」法律時報 93 巻 11 号 85—90 頁、12 号 107—112 頁（2021 年）。

〔54〕 水谷瑛嗣郎「オンライン・プラットフォームの統治論を目指して：デジタル表現環境における『新たな統治者』の登場」判例時報 2487 号 110—117 頁（2021年）。

〔55〕 長谷部恭男等「特集：デジタル情報空間における放送と放送法制」ジュリスト 1574 号（2022 年）。

这一问题，具体可参考长谷部恭男的《数字信息空间的放送与放送法制》[56]。此外，还有齐藤爱的《NHK 与放送的自由》[57] 以及西土彰一郎的《放送概念的程序化》[58]。

4. 经济自由·居住移转自由

关于职业自由，诸如涉及市场与商业等较新颖的视角引发关注。大野悠介的《全球化市场中的人权保护》[59] 一文指出，市场的全球化导致了不同政府治理水平产生差距，并提出人权尽职调查的义务化或将成为一种解决对策。江岛晶子的《商务与人权》[60] 一文指出，在有关人权的商务原则及可持续发展等国际性软法的指导下，企业和民间团体等非国家主体参与人权保护具有重要意义。此外，还可以参考片桐直人的《应当规制宠物活体贩卖吗?》[61]。

关于财产权，门田美贵的《公共空间私人化与"财产权的社会性约束"》[62] 指出，在公共空间私人化的背景下，平等权及其他实质权利虽然很难通过公法救济，但可以从财产所有者的义务角度考察这一问题。

5. 社会权

在生存权领域，尾形健的《社会国家/福利国家的变容与宪法》[63] 指出，在国家与个人之间的社会层面上传统宪法学功能的

---

〔56〕 長谷部恭男「デジタル情報空間における放送と放送法制」ジュリスト1574号 14—19 頁（2022 年）。

〔57〕 齊藤愛「NHKと放送の自由」憲法研究 10 号 163—175 頁（2022 年）。

〔58〕 西土彰一郎「放送概念のプロセス化——ドイツ・メディア州際協定を参考にして」情報法制研究 11 巻 40—50 頁（2022 年）。

〔59〕 大野悠介「グローバル化市場における人権保護」横大道聡等編『グローバル化のなかで考える憲法』（弘文堂、2021 年）。

〔60〕 江島晶子「ビジネスと人権：国家・国際機関・非国家主体による循環型システム」ジュリスト1566 号（2022 年）。

〔61〕 片桐直人的「ペットの生体販売は規制すべきか?：職業選択の自由とその規制」法学セミナー 66 巻 12 号 62—71 頁（2021 年）。

〔62〕 門田美貴「公共空間の私化と『財産権の社会的拘束』」法学政治学論究 130 号 197—238 頁（2021 年）。

〔63〕 尾形健「社会国家/福祉国家の変容と憲法：日本の場合」比較憲法学研究 33 号 1—18 頁（2022 年）。

缺失。木下昌彦的《劳动权·生存权·福利国家》[64] 一文探讨了从保障劳动权到保障生存权再到实现福利国家这一目标的逻辑内在关联。远藤美奈的《社会国家的前景》[65] 一文着眼于社会权诉讼展开了国际性视角的讨论。

在受教育权领域，植木淳的《残障儿童的受教育权》[66] 一文从教育的场所、费用及内容三个方面讨论了近期残障儿童受教育权的相关判决。此外，本年度混血儿受教育权引发关注。佐佐木亮的《混血儿的受教育权与国际人权法上的非歧视平等原则》[67] 指出就学义务因国籍不同而存在差异的现象违反国际人权法的非歧视·平等原则。栗田佳泰的《关于外国人或外国出身者子女"受教育权"的绪论性考察》[68] 基于同一问题意识，提出要保障混血儿接受日语教育和母语教育的权利。此外，还可参考山野上麻衣《日本移民儿童受教育权的现状与课题》[69]。

6. 人身自由·刑事程序

河嶋春菜的《感染症患者的住院制度与人身自由的保障》[70] 一文参照法国法规定，从正当程序等角度讨论日本感染症法上的住院制度，提出住院措施的重复延长与间接强制是对人身自由的限制，住院是否继续应当交由法官判断。

刑事程序问题可参考君塚正臣的《刑事裁判中正当程序的宪法

---

〔64〕 木下昌彦「勤労権・生存権・福祉国家：戦後日本における憲法的福祉国家実現の系譜」法律時報 94 巻 5 号 44—50 頁（2022 年）。

〔65〕 遠藤美奈「社会国家のゆくえ——グローバル・サウスから考える」論究ジュリスト 38 号 86—92 頁（2022 年）。

〔66〕 植木淳「障害のある子どもの教育を受ける権利」憲法研究 9 号 145—157 頁（2021 年）。

〔67〕 佐々木亮「外国にルーツのある子どもたちの教育を受ける権利と国際人権法上の非差別・平等原則」日本教育法学会年報 51 号 34—43 頁（2022 年）。

〔68〕 栗田佳泰「外国人あるいは外国出身者の子どもの『教育を受ける権利』に関する序論的考察」法政理論 54 巻 3・4 号 1—35 頁（2022 年）。

〔69〕 山野上麻衣「日本における移民の子どもの教育権をめぐる現状と課題」日本教育法学会年報 51 号 44—52 頁（2022 年）。

〔70〕 河嶋春菜「感染症患者の入院制度と人身の自由の保障」憲法理論叢書 29 号 77—92 頁（2021 年）。

意义》〔71〕、实原隆志的《刑事程序·身体的自由》〔72〕。

三、统治机构
（一）统治机构总论
1. 民主主义·权力分立

松平德仁的《东亚立宪民主主义及其悖论——比较宪法独立的时代》〔73〕基于考察东亚诸国家地域的宪法经验，对起源并兴盛于西欧近代的立宪民主主义展开新的反思。毛利透的《国家与自由的法理论——从审议民主政治的观点出发》〔74〕一书分析了哈贝马斯、施米特、阿伦特、凯尔森等思想家的国家观、宪法观及对个人自由与民主政治之间关联性的见解。柴田龙太郎的《议会解散权的日英比较》〔75〕以英国 2011 年议会任期固定法为素材探讨议会解散权的问题。

2. 选举制度

吉川智志的《如何实现"选举法改革"？》〔76〕指出选举制度中存在的各种问题与困难，并提出应构建促进选举制度改革的环境，以建立能够商议选举法改革的机关。新井诚的《代表构成与选举制度宪法论的"过少"》〔77〕讨论代表制度的构造并强调民主制度的地域性。樱井智章的《参议院的宪法问题》〔78〕指出现行参议院选

〔71〕　君塚正臣「刑事裁判の適正手続の憲法的意味—そして，その司法審査基準について」横浜国際社会科学研究 26 巻 3 号 1—24 頁（2022 年）。

〔72〕　實原隆志「刑事手続・身体の自由：技術的手段を用いた捜査活動の法的問題」憲法研究 10 号 223—236 頁（2022 年）。

〔73〕　松平德仁『東アジア立憲民主主義とそのパラドックス：比較憲法の独立時代』（羽鳥書店，2021 年）。

〔74〕　毛利透『国家と自由の法理論：熟議の民主政の見地から』（岩波書店，2020 年）。

〔75〕　柴田竜太郎「議会解散権の日英比較：議会任期固定法は日本の範例たりうるか」一橋法学 20 巻 3 号 159—247 頁（2021 年）。

〔76〕　吉川智志「〈選挙法改革〉をいかにして実現するか：憲法学的一考察」論究ジュリスト38 号 47—54 頁（2022 年）。

〔77〕　新井誠「『代表構成と選挙制度をめぐる憲法論の「過少」：司法判断で改めて留意してほしい諸論点』」判例時報 2519 号 134—144 頁（2022 年）。

〔78〕　櫻井智章「参議院をめぐる憲法問題」判例時報 2508 号 139—143 頁（2022 年）。

举制度是对既存制度的微修正，也是规避违宪判断的一种弥补策略，但实际已经违宪。吉原裕树的《选举权的事实性妨害》[79] 指出在新冠疫情影响下，海外邮寄的停运和延迟实际上妨害了在外选举权的行使。

（二）统治机构各论

1. 国会与立法权

村西良太的《议会制民主主义的空洞化》[80] 讨论了高度专业性、技术性的政策决定及其超国家化导致了国会立法权空洞化以及国会行政统合机能的后退。加藤一彦的《内阁临时会召集权的宪法制约》[81] 通过分析宪法第 53 条后段规定的临时会召集权的成立史，运用史和学说史，将其解释为少数派的临时会召集权保障规定。

2. 内阁与行政权

奥村公辅的《政府宪法解释的诸面相》[82] 分析不同国家中法律制定咨询机关的不同职能模型，提出日本应当设立独立法制咨询机关或者赋予内阁法制局独立性。

3. 法院与司法权

关于违宪审查制，山本真敬的《立法裁量与过程的统制》[83] 讨论了藤田宙靖法官提出的"判断过程统制"的问题以及"违宪主观化"（法律合宪性判断中立法者的努力）的问题。此外，本年度依旧有较多比较法研究成果。例如原岛启之的《司法对法律及宪法的二重约束与合宪解释（1）（2）完》[84]，井关龙也的《政党对立中的意大利宪法法院》[85]，岩切大地的《英国最高法院的组织与

---

　〔79〕　吉原裕樹「選挙権の事実的障害：国際郵便の途絶・大幅遅滞による在外選挙権の行使不能」情報法制研究 11 巻 121—132 頁（2022 年）。

　〔80〕　村西良太「議会制民主主義の空洞化：国会の権限放棄を問う視角から」判例時報 2523 号 135—143 頁（2022 年）。

　〔81〕　加藤一彦「内閣による臨時会召集権限の憲法的制約：自律的集会権の確立に向けて」現代法学 42 巻 3—36 頁（2022 年）。

　〔82〕　奥村公輔『政府の憲法解釈の諸相』（日本評論社，2022 年）。

　〔83〕　山本真敬『立法裁量と過程の統制』（尚学社，2022 年）。

　〔84〕　原島啓之「司法の法律および憲法への二重拘束と憲法適合解釈：ドイツ連邦通常裁判所の民事裁判を手掛かりとして（1）（2）完」阪大法学 71 巻 1 号 99—153 頁（2021 年）、72 巻 1 号 125—176 頁（2022 年）。

　〔85〕　井関竜也「政党間対立の中のイタリア憲法裁判所：野党の争点化と司法部門の行動」年報政治学 2022 年 1 号 189—211 頁（2022 年）。

议会意志论》[86]。

御幸圣树的《宪法诉讼中的"事实"》[87] 通过判例分析批判性考察了法院处理疑难案件时如何操作"事实"。卷美矢纪的《"立法事实"再考察》[88] 提出了最高法院所列事实与支持立法合理性意义上立法事实之间存在差异的问题。

此外，近年判决中常使用的比较衡量法也受到学界批判。基于这一问题意识的相关文章可参考柴田宪司的《宪法判例与比例原则》[89]、小山刚的《比较衡量/综合性考量论与审查基准论》[90]、渡边康行的《宪法判例中的比较衡量论》[91]。

4. 财政

本年度法律时报特集《租税国家的变形》[92] 展现了日本财政情况的现实与租税国家的理想之间的鸿沟并分析应对中的挑战。此外，还可参考岩切大地的《从宪法看租税法》[93]，高桥秀至的《租税法律主义与违宪立法审查》[94]。

5. 地方自治

堀口悟朗的《超越国境的地方公共团体》[95] 讨论了地方公共

───────────

〔86〕　岩切大地「イギリス最高裁の組織と議会意思論：任命手続と憲法判断の処理方法から見る最高裁の憲法の配置に関する考察」立正法学論集 55 巻 1 号 82—133 頁（2021 年）。

〔87〕　御幸聖樹「憲法訴訟における『事実』」法律時報 94 巻 3 号 118—123 頁（2022 年）。

〔88〕　巻美矢紀「『立法事実』の再考について」上智法学論集 65 巻 4 号 175—201 頁（2022 年）。

〔89〕　柴田憲司「憲法判例と比例原則：判例法理の内在的発展の可能性」法律時報 94 巻 5 号 109—114 頁（2022 年）。

〔90〕　小山剛「比較衡量/総合的考慮論と審査基準論」判例時報 2506‐2507 号 210—217 頁（2022 年）。

〔91〕　渡辺康行「憲法判例における比較衡量論の諸相：法令の違憲審査から視点を移して」憲法研究 10 号 21—35 頁（2022 年）。

〔92〕　「特集・租税国家のメタモルフォーゼ」法律時報 94 巻 5 号（2022 年）。

〔93〕　岩切大地「憲法からみた租税法：租税法の立憲主義的機能について」税経新報 704 号 25—35 頁（2021 年）。

〔94〕　髙橋秀至「租税法律主義と違憲立法審査：行為・計算否認規定を中心として」税法学 586 号 289—307 頁（2021 年）。

〔95〕　堀口悟郎「国境を越える地方公共団体」横大道聡ほか編『グローバル化のなかで考える憲法』（弘文堂，2021 年）。

团体进行的国际活动的宪法学定位，通过丰富的实例介绍，指出即使国家独占外交权，地方自治体也有可能进行国际活动。大津浩的《特别自治市制度的宪法问题》[96] 涉及宪法上的地方公共团体定义这一根本问题，讨论了将某一大都市从传统都道府县的区划中独立出来设置为特别自治市的合宪性问题。此外，还可参考新井诚的《分裂的"中央"与"地方"》[97]，大林启吾等著的《新型冠状病毒感染中地方自治体的应对与法的支配》[98]。

〔96〕 大津浩「特別自治市制度の憲法問題」法律論叢 94 巻 2・3 号 121—161 頁（2021 年）。

〔97〕 新井誠「分断化する『中央』と『地方』——憲法の視点から改めて考えてみたいこと」新井誠・友次晋介・横大道聡編『<分断>と憲法』（弘文堂，2022 年）。

〔98〕 大林啓吾・青野篤・手塚崇聡「新型コロナ禍における地方自治体の対応と法の支配：独自発令モデルと非発令モデル」千葉大学法学論集 36 巻 3・4 号 85—139 頁（2022 年）。

2022 年日本行政法学研究综述

姜欣辰[*]

本文主要以日本《法学教室》第 504 号之《第 208 届国会主要通过的法律》、同杂志第 507 号之《行政法判例动向》、《公法研究》83 号之《学界展望》及《法律时报》第 1184 号之《学界回顾》为主要参考对象，以 2022 年度（2021 年 10 月以降）日本行政法立法状况及主要研究成果为内容，为读者了解日本行政法问题意识、研究方向提供参考。[1] 出于篇幅和服务于比较法研究的立足点，本文在介绍上述研究成果时主要以体现时代特点或与中国目前大环境相契合的日本法相关成果为主，对所收文献予以拣选。受限于本文作者水平，综述定有未尽之处，故仅供参考，望诸君海涵。

一、法律修订

第 208 届国会审议并通过了诸多法律，其中内阁提出的 61 部法律全数通过，在常会中乃 26 年未见，而议员提出的法律案也极大地充实了国会日程，但在本届国会上行政法主要基本法律并未被修改。本届国会通过的法律主要

---

* 姜欣辰，大阪大学法学研究科博士生。

[1] 梶山知唯「第 208 回国会主要成立法律」《法学教室》504 号 41 頁以下、德本広孝・野田崇・米田雅宏「行政法」《公法研究》83 号 277 頁以下、須藤陽子・児玉弘・髙橋正人・服部麻理子「行政法」《法律時報》1184 号 26 頁以下。

涉及以下方面：修改提高校长及教师资质水平的相关规定[2]，完善紧急情况下药品和医疗用品生产销售的许可制度（薬事承認)[3]，完善对儿童的法律保障[4]，扩充石棉造成的健康被害救济制度[5]，增进女性福祉[6]，确保战略物资和供应链的安全、保障电气等基础服务稳定供应、保护重要技术和重点知识产权[7]。

二、判例动向

2022 年以下判例较受关注。第一，税务机关统一依据国税厅下发的关于财产金额评定方法的通知计算财产继承的金额。因此若没有合理的理由，仅使特定人继承财产的认定金额高于依据上述通知算出的金额将违反税法上的平等原则。最高法院在 2022 年作出的判决中表示，若按照通知提供的统一标准计算财产继承的金额在个案中实质性有悖租税负担的公平，则属于有合理的理由，不违反平等原则。[8] 本案因讨论对象为税法及一般行政法的原则，具有极高的指导意义，故备受关注。

第二，故乡税（ふるさと納税）作为 2008 年开始的个人捐赠税制，因具有可以自己选择捐赠对象、可以从得到捐款的自治体得到具有地方特色的礼品、可以抵扣居民税和所得税等特点而备受关注。尽管纳税人可以选择捐赠税款给某一特定自治体，但为了确保各地经济发展的相对公平，收得更多故乡税的自治体往往得到的中央转移支付就会相应减少。基于上述背景，受到较大金额故乡税款的泉佐野市对总务大臣确定的中央转移支付金额不服，提起行政诉讼。一审法院认为，总务大臣作出的确定中央转移支付金额的决定是以地方交付税法为根据的、基于公法上的优越地位的、单方面的公权力的行使，具有决定地方团体取得转移支付这一公法上权利之内容的效

---

〔2〕 令和 4 年 5 月 18 日法律第 40 号。

〔3〕 令和 4 年 5 月 20 日法律第 47 号。

〔4〕 令和 4 年 6 月 15 日法律第 66 号、令和 4 年 6 月 22 日法律第 75 号、令和 4 年 6 月 22 日法律第 77 号。

〔5〕 令和 4 年 6 月 17 日法律第 72 号。

〔6〕 令和 4 年 5 月 25 日法律第 52 号。

〔7〕 令和 4 年 5 月 18 日法律第 43 号。

〔8〕 最三小判令和 4 年 4 月 17 日判例タイムズ1499 号 65 頁。

果，因此这一决定是行政行为，泉佐野市具有原告资格。[9]

第三，作为日本防疫政策的一环，都道府县知事可以根据新型流感等对策特别措施法（新型インフルエンザ等対策特別措置法）第 45 条第 3 款，在"特别必要"的情况下可以对特定餐饮店铺下达要求缩短营业时间的命令。该案中，被下达该命令的店主就其造成的经济损失 104 日元要求国家赔偿，东京地方法院认为该命令的发出并不符合条文中要求的"特别必要"这一条件，因此是违法的。但由于是法律修订后的第一例事件，故准确判断是否"特别必要"并不容易，因而东京都知事并不违反其在职务上的注意义务，最后判决驳回了原告赔偿请求。[10]

第四，福岛核电站事故的影响一直延续到今天，叠加迫于能源危机的重启核电站等讨论，核电依然是日本法上的热点问题。最高法院在近期的判例中表示，不行使规制权限违法并不必然意味着其同时具有国家赔偿法上的违法性，仅在该权限的行使能够确保受害方不受侵害的前提下，不行使规制权限的行为之违法性才可能上升为国家赔偿法意义上的违法性。最高法院以此为由得出以下结论，因为导致福岛核电站事故的地震规模超过预期，即便设置了符合法律规定的堤坝也不能阻止海啸侵入，因此国家没有赔偿责任。[11]

三、主题论坛

第 21 届行政法研究论坛以"数字化与公法"为主题，藤原静雄、山本龙彦、须田守、庄村勇人分别就数字化和行政法、宪法、行政程序以及地方自治的关系作了报告。[12] 第 86 届日本公法学会则以"社会危机与公法学"为主题，相关讨论则围绕防疫展开。下山宪治探讨了应对危机的手法，中原茂树则就防疫中的实定法解释和运用进行了报告，类似的还有松户浩讨论了政府对应手法的法律根据，大脇成昭研究了防疫中的补贴，矶部哲具体讨论了提供医疗服务的体制，饭岛淳子谈及央地关系，手塚洋辅就应对危机中的官

---

〔9〕 大阪地裁令和 4 年 3 月 10 日判例時報 2532 号 12 頁。

〔10〕 東京地裁令和 4 年 5 月 16 日判例時報 2530 号 5 頁。

〔11〕 最二小判令和 4 年 6 月 17 日法学教室 506 号 144 頁。

〔12〕 藤原静雄「デジタル化と行政法」、山本龍彦「デジタル化と憲法」、須田守「行政手続のデジタル化」、庄村勇人「自治体行政のデジタル化と地方自治」。

僚及专家学者定位及作用等方面展开讨论。[13]

四、判例书、教科书和论文集

《行政判例百选》来到了第 8 版，在第 7 版的基础上更新了 21 部判例，大桥洋一、木村琢磨的教科书改版，高桥滋和武田真一郎则出了新教科书。[14]

稻叶馨及亘理格教授古稀纪念论文集《行政法理论的基础和先端》收录了大量基础理论、行政救济和行政组织法以及个别行政法的相关论文。[15] 以下研究具有总论或基础理论性质：饭岛淳子研

---

〔13〕 下山憲治「危機に対応する手法の在り方」、中原茂樹「感染症対策と実定法制度の解釈・運用」、松戸浩「政府対応と法律の根拠」、大脇成昭「感染症対策としての経済的助成等」、磯部哲「医療提供体制」、飯島淳子「権限の集中と分散（国と自治体との関係）」、手塚洋輔「危機対応における政治家・行政官・専門家」。

〔14〕 斎藤誠・山本隆司編『行政判例百選Ⅰ・Ⅱ第 8 版』（有斐閣，2022 年）、大橋洋一『行政法Ⅱ現代行政救済論（第 4 版）』（有斐閣，2021 年）、木村琢麿『プラクティス行政法（第 3 版）』（信山社，2022 年）、髙橋滋『法曹実務のための行政法入門』（判例時報社，2021 年）、武田真一郎『異説・行政法』（東信堂，2022 年）。

〔15〕 大貫裕之・神橋一彦・松戸浩・米田雅宏編『行政法理論の基層と先端―稲葉馨先生・亘理格先生古稀記念』（信山社，2022 年）。本論文集収録の所有論文如下：飯島淳子「『公衆』と法――公衆衛生行政を素材に」、北島周作「オーストラリアの司法審査制度と行政上の主体の多様化」、仲野武志「国及び公共団体の概念」、山下竜一「京都学派の行政裁量論――織田萬・佐々木惣一・渡辺宗太郎の議論を中心に」、岸本太樹「当事者自治による都市狭域空間制御――擬似公共性による強制から参加・熟議を通じた共生へ」、人見剛「行政処分の『違法性の承継』論の再検討――序論的考察」、野口貴公美「行政の実効性確保法制における『公表・その他手法』について」、西田幸介「都市計画の特質と裁量統制」、高橋正人「規制権限不行使事例における裁量審査の構造」、内藤悟「地方自治体における申請手続をめぐる行政実務の課題――再生可能エネルギー発電設備の設置を中心として」、渡辺康行「憲法判例における比較衡量論――その歴史と現在」、村上裕章「情報公開訴訟における立証責任」、松戸浩「地方公共団体の出訴資格」、和泉田保一「処分性判定における『処分によって奪われる法的地位』についての一考察――新渡戸記念館廃止条例事件を題材として」、神橋一彦「地方議会議員に対する懲罰と司法審査――岩沼市議会事件大法廷判決と今後の展望」、中原茂樹「行政不服審査手続過程に関する一考察」、大貫裕之「国家賠償法における違法性に関する覚書」、米田雅宏「建築確認処分と『国家賠償法の解釈の構造』――最三小判平成 25 年 3 月 26 日集民 243 号 101 頁を素材として」、津田智成「国家補償法における無過失責任規範に関する序論的考察」、朝田とも子「教育活動と国家賠償訴訟」、正木宏長「アメリカの行政組織と法」、大畠菜穂子「教育委員会における意思決定の法構造と運用――政令市・中核市・県庁所在市の事務委任・専決規則と会議録の比較を通じて」、福島卓哉「独立規制機関の組織法的統制――ドイツ電気通信法制の一断面」、斉藤徹史「『重要な公の施設』に関する若干の考察」、德本広孝「ドイツの学術審議会」、及川敬貴「経路依存性と法に関する覚書――アメリカ環境保護庁はいかにして生まれたのか」、北見宏介「合衆国大統領と法律家」、千葉実「災害対策の核心」、久末弥生「フランスにおける文化遺産の美と都市計画法制」。

究了公众和法的关系，仲野武志重新梳理了国家和公共团体的概念，山下龙一整理了京都学派的行政裁量理论，岸本太树考察了城市狭窄区域内的居民自治，人见刚研究了行政行为的违法性继承问题，野口贵公美讨论了确保行政得以落实的通报等手法，西田幸介检讨了通过城市规划中的行政裁量问题，高桥正人研究了审查行政机关不行使法定规制权限的事件中的裁量问题，内藤悟以地方自治体中的申请程序为对象开展了实务研究。以行政救济为内容的研究有：村上裕章对政府信息公开诉讼中举证责任的研究、松户浩对地方公共团体的诉讼资格的研究、和泉田保一对判定行政活动是否是行政行为时基于行政行为的法地位变动要件的研究，神桥一彦基于近年新判例进行的对地方议会议员受到的惩戒的司法审查的研究，中原茂树对日本行政复议审理程序的考察，大贯裕之等人分别进行的国家赔偿方面的研究，其中多数均与前述第四个案例相关。行政组织法上的论文探讨了教育委员会、独立规制机关，个别行政法上的论文则讨论了法律上的路径依赖、城市农业、灾难对策等内容。

网中政机喜寿纪念论文集《立宪国家的制度与展开》中，庄村勇人以个人信息保护制度改革和地方议会为对象展开讨论，永松正则则具体探讨了诉讼相关文书的公开以及个人信息保护问题，春日修论及当事者诉讼的给付诉讼与确认诉讼的选择问题。[16]《上智法学论集》推出了《矢岛基美教授退休纪念号》，北村喜宣探讨了前文第二个案例及央地关系，越智敏裕研究了环境劣化和文化财产保护的诉讼问题。[17]

此外还存在各类主题的论文集和杂志专栏。冈田正则等编的《现代行政法讲座Ⅲ行政法的结构与权利救济》收录了从权利救济的角度审视税务、国籍、城市规划、环境、教育、社保、消费者以

---

〔16〕 小山剛・伊川正樹・渡邊亙編『立憲国家の制度と展開—網中政機先生喜寿記念』（尚学社，2022 年）。本论文集收录的行政法学部分论文如下：庄村勇人「個人情報保護法制の改革と地方議会」、永松正則「情報公開・個人情報保護制度における『訴訟に関する書類』」、春日修「当事者訴訟における給付訴訟と確認訴訟の選択について」。

〔17〕 上智法学論集 65 巻 4 号收录了北村喜宣「泉佐野市ふるさと納税事件と分権法治主義」、越智敏裕「環境劣化と文化財訴訟」，此外还有築紫圭一「規制の虜と行政法」。

及公务员等相关个别行政法领域问题的多篇论文。[18]

随着 2022 年中国人口数量步入负增长，日本法上人口老龄化、少子化以及福祉行政的内容应受关注，2022 年日本相关专题研究颇丰。角松生史等编著的《缩小社会中的法空间》直面人口规模、经济体量、生活空间的缩小等问题，收录了探讨空间利用的公私边界、儿童权益保障、育儿和学校教育以及可持续发展的相关内容。[19]《法律时报》第 94 卷第 1 号专题《特集/福祉行政的现代展开》收录了关于探讨地域共生型社会中的社会服务相关法学议题的座谈会发言内容、原田大树对生活咨询服务的研究以及太田匡彦对社会福祉的专门职能的讨论。[20]《土地综合研究》第 30 卷第 2 号专题《特集/人口减少下的城市发展方式》收录了讨论扩大征地范围、设立基于协商的新型土地房屋优先购买权的可能性等内容的论文。[21]

---

〔18〕　岡田正則・榊原秀訓・白藤博行・人見剛・本多滝夫・山下竜一・山田洋編『現代行政法講座Ⅲ 行政法の仕組みと権利救済』（日本評論社，2022 年）。本論文集收录论文如下：占部裕典「租税行政」、近藤博徳「国籍行政」、角松生史「都市計画争訟の特質と課題」、大久保規子「環境行政訴訟の現状と改革の方向性——国際的基準から見た日本の課題」、野村武司「教育行政」、稲森公嘉「社会保障行政」、人見剛「消費者行政法」、下井康史「公務員法——処分性に関する最高裁判例から見た争訟手続き法制の問題点」。

〔19〕　角松生史・山本顕治・小田中直樹・窪田亜矢編『縮小社会における法的空間』（日本評論社，2022 年）。本論文集收录部分论文如下：角松生史「空間利用の公-私境界：縮小社会における変容」、西村淳「社会保障の法理念と規範理論——ケアの倫理との関係を中心に」、横田光平「縮小社会における子ども・子育て支援と学校教育——選択の保障と子ども及び保護者の法的地位」、桑原勇進「持続可能な発展」。

〔20〕　法律時報 94 卷 1 号特集「福祉行政の現代的展開」收录了以下内容：飯島淳子・井手英策・菊池馨実・西村淳・山本龍彦・笠木映里「［座談会］地域共生社会におけるソーシャルワークと法」、原田大樹「行政法学から見た相談支援」、太田匡彦「社会福祉における専門職能」、嵩さやか「福祉行政における『アウトリーチ』への着目と社会保障法」、倉田賀世「児童福祉法制と相談支援」、福島豪「障害者の地域生活支援における相談支援」。

〔21〕　土地総合研究 30 卷 2 号特集「人口減少下での市街地整備手法」收录内容如下：一般財団法人土地総合研究所「人口減少下での市街地整備手法に関する提言」、亘理格「協議継続促進型先買権制度の提案」、北見宏介「市街地整備手法としての収用の対象拡大に関するノート」、吉岡郁美「ドイツにおける歴史的建造物保全を目的とした収用制度の調査」、佐々木晶二「市街地整備に関する提言をまとめるにあたって研究会で議論した論点」。

其他较有借鉴意义的专题，比如《法律时报》第 93 卷第 12 号专题《特集/统治与专家》收录了在防疫和核电站建设等特定背景下探讨专家如何参与行政及相关问题的论文，《现代消费者法》第 55 号专题《特集/以消费者视角考察个人信息》以消费中的个人信息为对象，收录了探讨规范使用个人信息行为的法制构造、介绍个人信息保护法修订、研究隐私权与个人信息保护关系、探讨公司使用个人信息与消费者权益保护的论文，《名古屋大学法政论集》第 292 号专题《Covid-19 相关法律修订后的市民生活与法》则收录了讨论法治主义下的政府防疫以及探讨法律修订对自治体实务的影响、今后可能会发生争议的事例类型的论文。[22]

五、行政法基础理论

佐藤岩夫和阿部昌树编著的《基础法社会学》收录了行政法的实施和执行、行政统制和行政参加、法的时效性等行政法基础的内容。[23] 斋藤健一郎的《关于行政法上的时间的效力》分析了与旧法下产生的各种状况相对应的新法的效力，并将其类型化。[24] 多贺谷一照的《意志理论与公权力观》以英法日德四国公权力观为内

---

〔22〕 法律時報 93 卷 12 号特集「統治と専門家——新型コロナ対策から見る日本の憲政」収録了以下内容：武藤香織・磯部哲・米村滋人・曽我部真裕・佐藤信・山本龍彦「［座談会］コロナ対策における専門家と/の政治」、椎名智彦「米国の統治における専門知と有識者会議」、小川有希子「専門知の法的位置づけ——フランスの政治的意思決定過程を中心に」、瀬畑源「公文書管理・情報公開からみる政治——新型コロナウイルス感染症関連会議の議事録問題」、佐藤信「現代日本における有識者会議の政治的機能」、田代滉貴「判例における『専門技術的判断』の意味」等。現代消費者法 55 号特集「個人情報を消費者視点で考える」収録了以下内容：寺田麻佑「個人情報の利活用の現在と法規制の展望」、村上裕章「個人情報保護法の改正——消費者の視点から——」、宮下紘「プライバシー権と個人情報保護の関係」、上机美穂「事業者による個人情報の利用と消費者の保護——利用の同意・撤回を中心に——」等。名古屋大学法政論集 292 号特集「Covid-19 関連法改正後の市民生活と行政（シンポジウム）」収録了：前田定孝「コロナ感染症対策行政と法治主義」、吉永公平「改正法の自治体実務への影響と今後予想される紛争事例」。
〔23〕 佐藤岩夫・阿部昌樹編著『スタンダード法社会学』（北大路書房，2022 年）。
〔24〕 斎藤健一郎「行政法の時に関する効力」行政法研究 43 号（2022 年）。

容，探讨了德国源流的公权力观的局限和日本的公权力概念的变化。[25] 见崎史拓的《政策论、立法过程中的行政法学特质》将行政法学与以教义学为中心的民法学相比较，从法解释、政策导向、权利主体等多方面分析行政法学的不同于民法学的存在形态。[26] 兴津征雄的《社交媒体平台与公私分别》尝试对比了对平台内容是否加以拣选的两种平台类型，分析私营社交媒体平台的公共属性。[27] 福士明的《〈废弃物〉概念的解释论》通过分析实务和判例梳理了当下作为废弃物这一概念解释论的"综合判断说"的现状与问题，并对该解释论的发展方向提供了建议。[28] 山本隆司将强制或任意的行政调查、政府信息公开以及个人信息保护统称为行政上的信息秩序，其《作为信息秩序的行政过程之法律问题》以近年通信技术的爆炸式发展为背景，探讨了在上述行政过程中由通信技术的进步所导致的新问题。[29]

六、行政裁量

审视作出行政行为之判断过程的手法被分为两类，即分析判断过程是否具有缺陷的"判断过程合理性审查"以及判断是否考虑了应该考虑的事项的所谓"考虑要素审查"。运用"判断过程合理性审查"这一手法的案件存在共性，即裁量的内容普遍具有专业性、第三方专门机关参与作出行政行为的决定过程。一般认为，边古野基地案最高法院判决[30]采纳的手法是"判断过程合理性审查"，但近藤卓也的《对所谓判断过程合理性审查的考察》却观察到该案与既往判例不同之处在于并没有第三方专门机关参与作出决定的行政

---

〔25〕　多賀谷一照「意思理論と公権力観」千葉大学法学論集 36 巻 2 号（2021年）。

〔26〕　見崎史拓「政策論・立法過程における行政法学の特質」法律時報 94 巻 8 号（2022 年）。

〔27〕　興津征雄「ソーシャル・メディア・プラットフォームと公私の区分（上）（下）」法律時報 93 巻 11、12 号（2021 年）。

〔28〕　福士明「『廃棄物』概念の解釈論（1）〜（4）完」北海学園大学法学研究 53 巻 4 号（2018 年）、55 巻 3 号（2019 年）、56 巻 2 号（2020 年）、57 巻 2 号（2021 年）。

〔29〕　山本隆司「情報秩序としての行政過程の法問題（上）（下）」法律時報 93 巻 8 号、93 巻 9 号（2021 年）。

〔30〕　最二小判平成 28 年 12 月 20 日民集 70 巻 9 号 2281 頁。

程序，并以此为切入点重新分析了上述两类手法的适用范围。[31]

七、行政作用

1. 行政行为

行政行为并不一定具有特定的相对人，土井翼的《没有相对人的行政行为的法构造》尝试解释为何有些找不到行政相对人的行政活动依然被界定为行政行为，并在此基础上试图将行政行为概念的定义视角从具体的行政相对人的有无转向法地位的形成。[32]

2. 行政强制等

随着少子化和人口老龄化程度的加深，空置房以及房屋内外废弃物得不到良好处置的情形日益增多。宇那木正宽的《实证 自治体行政代执行的手法及其效果》收录了地方自治体中行政代执行相关工作人员的多篇相关论文，从理论和实务两方面分析了废弃物清扫法、土地征收法、空置房对策法、废弃物堆积房屋对策条例等个别法上的代执行的课题，并予以回应。[33] 北村喜宣的《侵害行政行为的相对人》指出，现有研究中关于意思能力不充分乃至欠缺的相对人的情形下的行政效力的研究并不充分，同时以具有倒塌等安全风险的空置房、废弃物堆积房屋的撤除、迟缴固定资产税等情形为素材具体检讨了上述问题。[34]

3. 行政程序

原田大树的《告知理由的现代意义与课题》探讨了在作出行政行为时告知理由所具有的双重意义，即"确保程序正义"和"解决行政争议"，特别是后者，我国对其重要性的认知不断上升，近年的法律修订也不断凸显其价值，该文对深化公权力机关说理必要

---

[31] 近藤卓也「いわゆる判断過程合理性審査に関する一考察」同志社法学 74 巻 3 号（2022 年）。

[32] 土井翼『名宛人なき行政行為の法的構造』（有斐閣，2021 年）。

[33] 宇那木正寛『実証 自治体行政代執行の手法とその効果』（第一法規，2022 年）。

[34] 北村喜宣「不利益処分の相手方」小賀野晶一編『地域生活の支援と公私協働の社会システム』（勁草書房，2022 年）。

性的认知很有帮助。[35]

4. 政府信息公开与个人信息保护

小早川光郎、宇贺克也、藤原静雄编著的《信息公开法立法资料（5）（平成 11 年）议事录篇 V》得以公刊，本系列 14 卷完结，该系列丛书作为第一手的立法资料是深入研究日本信息公开法的必备文献。[36]

2020 年日本个人信息保护法修订后，对新法的讨论甚是热烈。宇贺克也教授（现日本最高法院法官）作为多项国家重大立法项目的直接深度参与者，其《新·个人信息保护法逐条解说》对新法内容的把握极为精确，是解读条文时必不可少的参考书。[37] 日本律协信息问题对策委员会编的《自治体如何应对个人信息保护法修订》收录了《座谈/应如何看待与个人信息保护法修订相伴的个人信息保护条例的修订》、人见刚的《规定个人信息保护法制的法律之一元化及自治体条例》、冈田博史的《从自治体看个人信息保护法的修订》、山口宣恭的《解说日本律协〈基于地方自治与个人信息保护的观点反对个人信息保护条例的统一化之意见书〉》。[38]《特集/2021 年个人信息保护法修订》收录了高桥滋主持的《座谈会/个人信息保护法修订》、实原隆志的《个人信息定义等的统一》、汤浅垦道的《个人信息保护法修订与对学术研究、医疗的影响》、石井夏生利的《个人信息保护委员会对公共部门的监督》、板垣胜彦的《地方公共团体个人信息保护制度的样态与央地关系》、

---

〔35〕 原田大樹「理由提示の現代的意義と課題（1）~（3）完」自治研究 98 巻 3 号、98 巻 4 号、98 巻 6 号（2022 年）。

〔36〕 小早川光郎·宇賀克也·藤原静雄編著『情報公開法制定資料（5）（平成 11 年）議事録編 V』（信山社，2022 年）。

〔37〕 宇賀克也『新·個人情報保護法の逐条解説』（有斐閣，2021 年）。

〔38〕 日本弁護士連合会情報問題対策委員会編『個人情報保護法改正に自治体はどう向き合うべきか』（信山社，2022 年）。其中收录了：人見剛「個人情報保護法制の法律による一元化と自治体条例」、岡田博史「自治体から見た個人情報保護法の改正について」、山口宣恭「日弁連『地方自治と個人情報保護の観点から個人情報保護条例の画一化に反対する意見書』の解説」、「パネルディスカッション/個人情報保護法改正に伴う個人情報保護条例の改正はどうあるべきか~自治立法権の活用による自主的アプローチについて~」。

村上裕章的《个人信息保护法的修订与信息公开制度》。[39]

日本政府近年来推广身份证编号（マイナンバー）是政策热点，然而因为人民群众担心个人信息遭到泄露，推广进度甚至缓慢到需要依靠返还购物点数等优惠措施吸引群众办理。实原隆志的《德国个人识别编号·新制度与日本的身份证编号（マイナンバー）法》在委任立法、信息提供的场合、监督机关的形态等方面比较了日德两国的制度内容，指出日本身份证制度中保护个人信息的内容并不充分。[40]

八、行政救济

1. 行政不服审查（行政复议）

2016 年 4 月修订后的《行政不服审查法》（日本行政复议法）得以实施，同法附则第 6 条规定："在本法生效五年后，政府应审查本法的执行情况，若认为有必要，则应根据审查结果采取必要措施。"依该规定召开的"完善《行政不服审查法》研讨会"（行政不服審査法の改善に向けた検討会）则在 2022 年 1 月发布了一份150 页以上的报告，细数了上述法律修订后出现的问题并提出了改善策略，这份报告，特别是其中关于第三方咨询机构的设置和运行的内容，于刚刚完成行政复议法修订工作的我国而言颇具参考价值。[41]

《特集/重新审视行政不服审查制度》以上述研讨会为背景，收录了高桥滋的《在特集中》、铃木真衣的《完善〈行政不服审查法〉研讨会最终报告的概要》、大桥洋一的《关于研讨会最终报

〔39〕 ジュリスト 1561 号特集「2021 年個人情報保護法改正」収录了高橋滋（司会）・小川康則・佐脇紀代志・冨安泰一郎・水野靖久「［座談会］個人情報保護法の改正——官民データ流通の促進と公的部門の規律の統合」、實原隆志「個人情報の定義等の統一」、湯淺墾道「個人情報保護法改正と学術研究・医療への影響」、石井夏生利「個人情報保護委員会による公的部門の監督」、板垣勝彦「地方公共団体における個人情報保護の仕組みのあり方と国の関係」、村上裕章「個人情報保護法改正と情報公開制度」。

〔40〕 實原隆志「ドイツの個人識別番号・新制度と日本の個人番号（マイナンバー）法」福岡大学法学論叢 67 巻 1 号（2022 年）。

〔41〕 総務省，https：//www.soumu.go.jp/main_sosiki/kenkyu/gyoseifufuku/index.html，2023 年 1 月 25 日アクセス。

告》、折桥洋介的《行政不服审查会等的实绩与今后》、田中良弘的《行政不服审查的实务与课题》。[42]

2. 司法权、裁判系统论

2022 年度不乏以广泛的问题意识和研究跨度审视行政诉讼制度的著作。原田大树的《解决公共纠纷的基础理论》研究了行政诉讼与民事诉讼、行政程序与刑事程序的相互关系以及解决公共纠纷时所运用的民事诉讼、刑事诉讼中的问题，同时在传统的行政救济法理论中加入了与政策实现过程的全球化、投资协定仲裁相关的国家赔偿与损失补偿等问题视角。[43] 福井秀夫的《以行政诉讼确保宪法性价值》把"法与经济学"的视角融入行政法解释论中，围绕"行政法应如何确保宪法性价值及社会经济福祉的实现"以及"应该委托给司法何种事项"两个论点展开研究。[44]

小野博司的《近代日本的行政争讼制度》检视了明治时期以来的行政争讼制度，明确了战败后废止行政法院对实现法治行政的影响。[45] 亘理格的《行政诉讼与共同利益论》是一部围绕着"行政诉讼中应受保护的对象为何""应如何被保障"这一根源性问题展开的论文集，其中收录了《行政诉讼的基础概念》《景观保护与地域住民的共同利益》《民间化与公共服务利用者的保护》《共同利益与环境团体诉讼》等四个主题。[46] 宫尾亮甫的《私主体执法》从行政法与民事法协同的观点出发，聚焦于私人的起诉权与权利行使能否成为客观法规范的实现手段这一点，参照以个人的权利保护为本的德国行政诉讼、民事诉讼在追求环境利益、消费者利益的实现时的理论根据，得出了以下结论：赋予私主体以起诉权、请求权与这些权利是否有利于其个别利益的实现并无关联。[47]

---

〔42〕 論究ジュリスト38号特集「行政不服審査制度の見直し」収録論文如下：高橋滋「特集に当たって」、鈴木真衣「検討会最終報告の概要」、大橋洋一「検討会最終報告について——研究者の立場から」、折橋洋介「行政不服審査会等の実績と今後」、田中良弘「行政不服審査の実務と課題——ヒアリング結果を踏まえて」。

〔43〕 原田大樹『公共紛争解決の基礎理論』（弘文堂，2021 年）。

〔44〕 福井秀夫「行政訴訟による憲法的価値の確保」（日本評論社，2022 年）。

〔45〕 小野博司『近代日本の行政争訟制度』（大阪大学出版会，2022 年）。

〔46〕 亘理格『行政訴訟と共同利益論』（信山社，2022 年）

〔47〕 宮尾亮甫「私的主体による規範執行（1）～（4）完」早稲田大学大学院法研論集 175～178 号（2022 年）。

3. 诉讼要件

日本行政诉讼最为核心的要件为广义的诉之利益，其包含了处分性、原告资格和狭义的诉之利益。所谓狭义的诉之利益是审查原告主张的受侵害的利益能否通过行政诉讼予以恢复，若即便胜诉其利益也不能恢复，则判定原告不具有狭义的诉之利益。日语中的处分即行政行为，处分性指行政活动中那些属于行政行为的东西，根据"垃圾焚烧炉设置案"最高法院判决，那些效果是在法律上直接形成与国民之间的权利义务关系或确定权利义务范围的行政活动具有处分性。[48] 兴津征雄的《有关处分性定义式的疑问》以该判决为研究对象，观察发现其后在多数意见中援引该案的法院判决几乎没有，而且也没有将该案判决对处分性下的定义作为一般论，该论文据此认为不应将本案及本案对处分性下的定义作为研究处分性的权威案例。[49] 处分性的扩大意味着行政活动中被承认为行政行为的活动之范围的扩大，这种扩大是一种超国别的普遍倾向，比如我国最高人民法院将行政协议视为一种"特殊的行政行为"。[50] 高木英行的《处分性的扩大与其源流》系统地考察了这一扩大倾向，有助于加深我们对这一过程的认知，并间接服务于理解适格原告范围的扩张。[51] 中川丈久等人在《行政诉讼的诉之利益》中，广泛探讨了处分性、原告资格等问题，重新检视各类行政诉讼制度，与民事诉讼进行比较研究。[52]

4. 住民诉讼

作为居民监督当地政府履行职责的重要制度，居民在依据地方自治法第 241 条第 1 款之规定提起住民监察请求后，若对监察结果或基于监察所采取的措施不服，则可以基于同法第 242 条之 2 提起诉讼，诉请法院对涉及监察请求的违法行为或懈怠履职的事实予以制止、撤销、确认无效、确认违法等等，其中围绕着损害赔偿及不

---

〔48〕 最高法院第一小法庭判决 1964 年 10 月 29 日民集 18 卷 8 号 1809 页。

〔49〕 興津征雄「処分性の定式に関する疑問」自治研究 98 巻 2 号（2022 年）。

〔50〕 （2020）最高法行再 509 号濮阳市华龙区华隆天然气有限公司因濮阳华润燃气有限公司诉河南省濮阳市城市管理局、河南省濮阳市人民政府确认行政协议无效再审案。

〔51〕 高木英行「処分性の拡大とその源流」東洋法学 65 巻 1 号（2021 年）。

〔52〕 中川丈久・笠井正俊・下井康史・山本隆司「行政訴訟における訴えの利益（1）～（3）完」自治研究 97 巻 11 号（2021 年）～98 巻 1 号（2022 年）。

当得利返还的 4 号诉讼最受争议。试举一例，地方公共团体的首长向本地企业支付超额补助，居民诉请要求地方公共团体首长向该地方公共团体赔偿与超额支付的补助相当的损失。由于地方公共团体的首长一般和该地方公共团体的议会有着党派或利益上的紧密关系，行政一侧采取的对策是发挥自身在议会的影响力，促使议会作出放弃对该首长的损害赔偿债权。

日本最高法院为处理住民诉讼与议会放弃债权的决定之间的关系提出了所谓"综合判断"的基准。[53] 曾和俊文的《住民诉讼与议会放弃债权的决定：再论》考察了 2012 年之后的判例发展状况、总务省召开的研讨会以及从第 31 次地方制度调查会到 2017 年地方自治法修订之间的立法过程，认为最高法院确定的上述基准并不能很好地调整住民诉讼与议会放弃债权的决定之间的关系。[54] 同时，高木光的《再考住民诉讼四号请求中的违法性》通过分步处理规范，让审理有步骤可循而不至于迷失。[55]

5. 国家赔偿和损失补偿

接种疫苗后存在着个别因苗致病、因苗致残乃至因苗致死的情况，金井惠里可的《再考接种疫苗后的损害救济理论》以保护社会卫生健康和个人自由意志之间存在着风险分配责任为前提理解损害救济制度，承认在个别情形下超额/额外填补受到伤害的个人利益，并对何种个别情形下这种超额填补是正当的加以考察。[56] 比如，作者指出，在疫情危机的情形下医生出于利他的动机积极接种疫苗，即便这种接种是自愿的，也应以高于损失的价值填补因注射疫苗造成的健康损害。

行政机关有对危险进行管控的义务，比如为了保护市民（特别是儿童）的安全对市政公园的建筑规格和形制予以规范。判断危险管理责任的有无时，中心论点在于裁量论和反射性利益论，若原告主张的侵害已然不是法定行政裁量范围内的措施能够保护的，或受

---

[53] 最高法院第二小法庭判决 2012 年 4 月 23 日裁判所时报 1554 号 9 页。

[54] 曽和俊文「住民訴訟と債権放棄議決：再論」同志社法学 74 巻 3 号 (2022 年)。

[55] 高木光「住民訴訟四号請求における違法性再考 (1)~(3) 完」自治研究 98 巻 3 号、8 巻 4 号、8 巻 6 号 (2022 年)。

[56] 金井恵里可「予防接種禍救済理論再考」行政法研究 44 号 (2022 年)。

侵害利益并不被规定危险管理责任的条款所意图性地保护，比如前文第四个案例的情形，则行政机关在此种情形下不负危险管理责任。米田雅宏的《危险管理责任的再定位》论证了以判断安全性考虑义务为中心的上述论点是否妥当，并就国家赔偿法上的违法性要件的独立地位加以论述。[57]

九、个别行政法

1. 行政组织

木藤茂的《行政组织的机能与课题》论证了如何评价法律上存在的行政组织与现实情况错位的问题，验证了"分担管理原则"的意义与界限，指出了今后组织法研究的课题。[58] 日本的省与中国的部相对应，沼本祐太的《各省大臣辅佐机构的日德法比较研究》以日本、德国和法国为素材，研究了如何把副大臣、大臣政务官、大臣辅佐官等辅佐机构加以制度化的问题。[59] 岛村健的《对地方行政组织构成原理的考察》以采用公开选举的方式构成的地方行政委员会（教育委员会、农业委员会、海区渔业协调委员会）的消失为契机，考察了部分行政委员会采取或废止委员公开选举制度以及行政机关采取合议制的意义。[60]

2. 公务员

早津裕贵的《关于公务员之法律地位的日德比较法研究》研究了近年突出的"非正规"公务员的雇佣保障问题，通过参照德国法上雇佣期限限制等做法，析出了解释日本法时也有效的视点。该文在确认日本法上不存在公务员法体系独自的雇佣保障法理的同时，论证了排除适用一般劳动法上保护法理的现状以及工资保障并未被充分保障的情形下对劳动基本权的限制并不能在法律上被正

---

〔57〕 米田雅宏「危険管理責任の再定位（上）（下）」法律時報 93 巻 12 号（2021年）、94 巻 1 号（2022 年）。

〔58〕 木藤茂「行政組織の機能と課題」獨協法学 117 号（2022 年）。

〔59〕 沼本祐太「各省における大臣補佐機構の日独仏比較研究（1）～（3）完」法学論叢 190 巻 3 号（2021 年）、190 巻 4 号（2022 年）、190 巻 6 号（2022 年）。

〔60〕 島村健「地方行政組織の構成原理に関する一考察（上）（下）」法律時報94 巻 4 号、94 巻 5 号（2022 年）。

当化。[61]

3. 地方自治

北村喜宣等人编著的《法令解释权与条例制定权》由多名作者分担章节完成，其内容多为积极推动地方自治体行使自治立法权和法令解释权。具体章节担当作者及章节名称如下：北村喜宣《分权时代的法律·条例与自治体》《立足于宪法 92 条的央地职能分担构造》《现行法律实施条例的分类与意义》、饭岛淳子《条例与地方自治综合行政》、矶崎初仁《以扩充条例制定权为目的的立法论》、小泉祐一郎《地方公共团体的事务划分与自治立法权》《法令与条例·规则的机能分担及相互关系》、冈田博史《关于大规模灾害预案条例》、钏持麻衣《围绕条例制定的论点与先进的条例》。[62]

日本律协公害对策·环境保全委员会编的《从自治的视点考虑信息系统的标准化·共同化》收录了基于 2021 年 9 月 9 日研讨会的议论考究的内容，以及《关于地方公共团体情报系统的标准化·共同化的意见书》（日本律协）的解说。[63]

清水晶纪的《地域共生社会的住民论》研究了核事故灾害地域的社会形态，认为构建该区域的地域共生社会需要在灾区和接受受灾群众的地区两处均承认灾民的"住民"身份，为此需要为住民概念导入生活形态的要素。[64]

越文明的《通过事例明确的村镇总会制度的角色》用详尽的资料研究了村镇制（町村制）从公布至今存在过的村镇总会，用分类、比较的方法从政策、法律运用的角度研究了该制度扮演的角色。[65]

---

〔61〕 早津裕貴『公務員の法的地位に関する日独比較法研究』（日本評論社，2022 年）。

〔62〕 北村喜宣ほか編著『法令解釈権と条例制定権の可能性と限界』（第一法規，2022 年）。

〔63〕 日本弁護士連合会公害対策・環境保全委員会『情報システムの標準化・共同化を自治の視点から考える』（信山社，2022 年）。

〔64〕 清水晶紀「地域共生社会の住民論」菊池馨実編著『相談支援の法的構造』（信山社，2022 年）。

〔65〕 越文明「事例が明かす町村総会制度の役割（1）（2）完」自治研究 97 巻 8 号、97 巻 11 号（2021 年）。

4. 警察行政与防灾减灾

与具体违法事件无关的对通行车辆一律进行检查、对车主一律问讯的做法容易被认为是对人权的过度限制，尽管其法律根据并不明确，但实际生活中却大规模发生。今村哲也的《车辆检查的行政警察法》认为这种一律检查做法在法律上的定位并非基于静态的法律上的根据，而是基于警察法、道路交通法、警察官职务执行法的一连的执法过程而形成的。该作从检查的目的、根据、实施情势与合理性、手段、法律上的根据、任意性、被检查者七个要素具体把握一律检查的本质内涵，在这之上再通过分析具有代表性的判例的思考框架，明确了警察内部规定的历史沿革与上述对一律检查认识的变化相呼应。[66]

高桥滋的《科技与行政法学》收录了其在福岛核电站事故前后的论文，分析了监管组织改革、以文殊核反应堆诉讼为中心的司法统制论、专门机关为管理风险进行安全审查的做法、原子能损害赔偿法的问题等内容。[67]《原子能损害赔偿制度的现状与课题》整理了 2018 年修订后的原子能损害赔偿法及其相关法律的特征，指出了原子能从业者法律义务负担的构造以及日本政府的责任。[68]《小特集/从行政法学探讨核电问题的现在》收录了下山宪治的《核电事故国家赔偿诉讼的现状与论点》、荻野彻的《原子能规制的现状与课题》、田中良弘的《有关去除污染和放射性物质污染废弃物处理的法律制度的验证》、织朱实的《高级别放射性危险物处分与风险沟通》。[69]

在有关防疫的论文中，阿部泰隆的《新冠对策的法政策处方》提出了改善防疫政策的意见。[70] 藤原淳一郎的《我国新冠大流行

〔66〕 今村哲也『自動車検問の行政警察法』（信山社，2022 年）。

〔67〕 高橋滋『科学技術と行政法学』（有斐閣，2021 年）。

〔68〕 高橋滋「原子力損害賠償制度の現状と課題」栗田誠・武生昌士編著『公的規制の法と政策』（法政大学ボアソナード記念現代法研究所，2022 年）。

〔69〕 法律時報 94 巻 1 号小特集「行政法学から考える原発問題の現在」収録了下山憲治「原発事故国賠訴訟の現状と論点」、荻野徹「原子力規制の現状と課題——バックフィットによる継続的安全性向上など」、田中良弘「除染及び放射性物質汚染廃棄物処理に関する法制度の検証」、織朱實「高レベル放射性廃棄物処分とリスクコミュニケーション」等。

〔70〕 阿部泰隆『新型コロナ対策の法政策の処方せん』（信山社，2022 年）。

危机管理前史》分析了传染病法的制定过程、至今为之新型传染病相关的应对措施、新型流感等对策特别措施法的制定过程，言及了传染病法和新型流感等对策特别措施法在构造和运用上的问题。[71] 土井翼的《日本 COVID-19 对策与传染病法制》细数了日本防疫实务上对行政指导的频繁使用、未必有效的自主行为限制措施、对法令的轻视等问题。[72]

5. 城市法制

池田直树的《自治体环境纠纷解决的设计》通过研究二噁英和石棉问题的事例，尝试构建居民、企业、行政三方关系的牵制与协同关系。[73] 洞泽秀雄的《城建中商主体的地域贡献与法》探讨了大规模零售店铺和大规模揽客设施为地域发展做贡献的计划制度，认为该制度在公司协同的制度当中也可以是居民公开参与企划的制度。[74]

〔71〕 藤原淳一郎「わが国コロナ・パンデミック危機管理前史（1）〜（4）完」法学研究 94 卷 12 号（2021 年）、95 卷 3 号（2022 年）。

〔72〕 土井翼「日本における COVID-19 対策と感染症法制」行政法研究 43 号（2022 年）。

〔73〕 池田直樹『自治体環境紛争解決のデザイン』（日本評論社，2022 年）。

〔74〕 洞澤秀雄「まちづくりにおける事業者の地域貢献と法」（南山法学，2021 年）。

2022 年日本刑法学研究综述

　　本文是基于 2021 年 10 月至 2022 年 9 月在日本境内发表或出版的刑法学相关论文、著作进行的整理、归纳，对 2021 年度日本刑法学的发展状况和研究动向做一个综合性的回顾。在内容上，本文主要参考《法律时报》第 94 卷第 13 号刊载的《特集、学界回顾 2022》中刑法部分[1]所列文献。

　　近年来，学界对于网络空间与刑法、诽谤中伤对策，实行的着手和责任能力判断相关的课题关注比较多，本年度的研究热点也与这些课题相关。发表的相关论文和著作，都是紧贴判例和立法相关动向，呈现出更加面对现实问题的姿态。在第 100 回日本刑法学大会上也有相关课题的报告。比如个人研究报告里佐野文彦的《刑事责任能力判断的原理、基准、适用》，竹川俊也的《关于责任能力的判断基准》，共同研究课题里的《网络犯罪、组织犯罪和共犯》等，都在一定程度上反映了日本刑法学界的最新关注动态。

　　本文将按照以往综述的构造，分别从总论、分论以及特别刑法三个方向对日本 2022 年的研究进行概括性总结。

---

* 王艺霖，一桥大学法学研究科博士生。
　〔1〕 亀井源太郎・遠藤聡太・佐藤拓磨・仲道祐樹「刑法（特集・学界回顧 2022）」法律時報 93 巻 13 号（2022 年）42—58 頁。

一、总论

（一）刑法的基础理论

龟井源太郎在《刑事立法学的构想》[2] 一文中回顾了围绕刑事立法学至今为止的探讨经过并提出了今后需要研究的课题。支持立法评价结构的二段论构造，并列举刑事立法中理论的深化与演进和局部战后验证的必要性。

龟田悠斗在《对情感侵权行为处罚约束的探索（1）（2）完》[3] 系列论文中对以乔尔·范伯格等人为中心讨论的冒犯原则进行了分析，对于冒犯行为的处罚提出了三个制约条件。一是作为限制冒犯行为处罚的标准，对象行为必须具备能够引起他人冒犯的危险性的因果性（冒犯的因果危险性）。二是作为处罚依据的冒犯必须符合道理，刑事限制不能以基于歧视的观念和特殊感受等的冒犯为根据（冒犯的道理性）。三是冒犯的严重性和对法律介入其起否定作用的道德批判的理由相比较的话（比较衡量），冒犯的严重性更加重要。

星周一郎在《目的犯的目的要件要以什么为目的》[4] 一文中提到，近年来，以目的犯的形式规定的罪名有不少，所谓"目的"探讨的是有无"正当的理由"和"正当的目的"。但是，作者认为这种方向未必是正确的，并指出应以"无正当理由""不合法"等"阻却型"的形式进行探讨。

（二）行为论、构成要件论

古岛靖也在《结果过早发生中的实行行为、符合构成要件的行为和故意》[5] 一文中，在对"一系列的实行行为"的采用与否要求围绕结果过早发生的罪责的讨论的分水岭的基础上，认为"认识

〔2〕 亀井源太郎「刑事立法学の構想」東京都立大学法学会雑誌 62 巻 1 号（2021年）157—183 頁。

〔3〕 亀田悠斗「感情侵害行為の処罰に対する制約の探求(1)(2)完」阪大法学 71 巻 6 号（2022 年）151—181 頁、72 巻 1 号（2022 年）45—70 頁。

〔4〕 星周一郎「目的犯の目的要件は何を目的とするのか」東京都立大学法学会雑誌 62 巻 2 号（2022 年）95—118 頁。

〔5〕 古島靖也「早すぎた結果発生における実行行為・構成要件該当行為と故意」法学研究論集 55 号（2021 年）77—96 頁。

到在进行一系列的实行行为"不足以以故意既遂责任为基础需要
"对结果实现的行为内在危险的认识"。

奥田菜津在《不真正不作为犯中结果回避可能性的位置》[6]
一文中，对结果回避可能性是关于实行行为的问题还是因果关系的
问题进行了探讨。作者认为，由于不得不根据与具体结果的关联性
来把握实行行为的不作为的特性，无论是实行行为还是因果关系，
结果回避的可能性都成为问题。从重视普通人的畏惧感来区分未遂
犯和不能犯的角度，大体可分为两个部分：①在实行行为阶段，要
求以普通人的立场看需具有高度的结果回避的可能性；②在因果关
系阶段，根据分析事后发生的情节等，结果回避可能性存在有被否
定的情形。

（三）因果关系论、客观归属论

照沼亮介在《因果关系论的课题（2）（3）完》[7] 一文中对
于因果关系，除了讨论有行为人的特殊情节的情况以及第三人行为
的偶然介入的情况外，还以大阪南港事件等为例，讨论结果与行为
人的行为和介入行为之间的因果关系是否能够确立。作者认为，只
有当介入行为大大加速了结果的发生或大大改变了结果的发生方式
时，才能认为介入行为存在因果关系。基于这一前提，作者对是否
适用同时伤害的最高裁判例刑集第 70 卷第 3 号第 1 页中的各种暴
行和形成死因的伤害之间的因果关系进行详细分析。另外，对伤害
罪中的继承的共同正犯问题的最高裁判例刑集第 66 卷第 11 号第
1281 页中的后行行为者（被告人）的暴行和因该暴行而严重化的
伤害之间的因果关系问题进行了研究，主张归属于后行行为者的不
是该伤害整体，而是根据后行行为者的行为而严重化的部分。

里见聪瞭在《关于英美法的因果关系论和危险适用于现实化的
可能性的一考察（2）（3）完》[8] 一文中认为，危险的现实化的

---

〔6〕 奥田菜津「不真正不作為犯における結果回避可能性の位置付けについて：
実行行為性か、因果関係か」同志社法学 74 巻 1 号（2022 年）381—417 頁。

〔7〕 照沼亮介「因果関係論の課題（2）（3）完」上智法學論集 65 巻（1・2）号
（2021 年）25—52 頁、65 巻 3 号（2022 年）57—85 頁。

〔8〕 里見聡瞭「英米法の因果関係論と危険の現実化への適用可能性に関する一
考察（2）（3）完」東京都立大学法学会雑誌 62 巻 1 号（2021 年）483—515 頁、62 巻
2 号（2021 年）307—330 頁。

这样的观点不是在学说上研究理论，而是在判例中生成、发展起来的，所以也应该关注在判例法主义的国家的一些争论点。继去年发表的（1）之后，将英美刑法中的理论和审判案例的介绍相结合，在文中对日本的审判案例进行了分析和探讨。

（四）违法论

关于正当防卫，铃木左斗志发表了论文《正当防卫论和最高裁平成 29 年 4 月 26 日决定：最高裁平成 20 年 5 月 20 日决定应该如何理解》[9]。文中指出，平成 20 年决定的基础是对"对对方施加单方面的暴行来解决纷争"的否定，为了避免与这样的评价不相容的行为被正当化，才否定了正当防卫的成立。以这样的理解为前提考虑的话，平成 20 年决定中的正当防卫不成立的结论，与其说是从"刑法 36 条的宗旨"（平成 29 年决定）导出的，不如说是从一般的违法性（阻碍）判断导出的更恰当。得出结论两个决定所表示的两个判断框架可以并存。

关于过度防卫，德永元发表了论文《过度防卫中的责任减少》[10]。该文以作者关于日德法的过度防卫、正当防卫及其周边领域的已发表论文的成果为前提将过剩防卫固有责任减少的依据分为"行为人为了避免急迫不正的侵害而被迫做出的行为的事实"和"受到急迫不正侵害之后产生了一些精神例外的状态，并在其影响下做出的行为的事实"两个方面。在前者中，行为人的情绪基本上不会成为问题，作为后者的精神状态的内容的排除侵害有：①从直接面向排除急迫不正侵害的意义上来说，关联性很强的情绪，和②关联性弱的情绪两种区分，特别是①的精神状态可以作为刑罚大幅减少或免除等的一般解释。在此基础上，对过度防卫中的刑罚减免的法律性质、事后时间的过度的定位、行为人的内在情况和过度防卫要件的关系等个别问题也进行了探讨。此论文将会成为今后关于过度防卫论的重要文献。

关于紧急避险，深町晋也在 2018 年出版了专著《紧急避难的

---

〔9〕 鈴木左斗志「正当防衛論と最高裁平成 29 年 4 月 26 日決定：最高裁平成 20年 5 月 20 日決定はどのように理解されるべきか」慶応法学 47 号（2022 年）221—280頁。

〔10〕 德永元「過剰防衛における責任減少」法学雑誌第 68 巻 4 号（2022 年）421—451 頁。

理论与真实性》[11]。在 2021 年远藤聪太发表了对此书的书评《关于紧急避险论的应有状态》一文[12]，对此深町晋也发表了以回答在前书评里提到的问题的方式的《被问到紧急避难论的应有状态》一文[13]。前者再次指出了"优先根据既存法律制度解决"这样的紧急避险的理论构造的重要性。对于该理论构造可能出现的问题，作为回答，后者以"对关于监护人带走孩子"这类案件为例进行了判例分析。在该类案件成为问题的违法阻却事由中，得出两个结论：①正当监护权的行使可作为不需要补充性的紧急避难的"特别法"；②家庭内的放任行为与"法律不进入家庭"的紧急避险是基于不同的依据的独立的违法性阻止事由。

（五）责任论

青沼洁在《围绕解离性同一性障碍（DID）的各种问题》[14]中以两个判例[15]为素材，研究了判断 DID 患者的责任能力时的指标、基准等。

清野宪一在《责任能力判断框架的重构》[16] 中认为规范责任论在责任能力判断中不能得出恰当的结论，因此重新探讨规范责任论的理论依据，希望可以找到兼顾结论的妥当性和法律稳定性的责任能力判断的应有状态。

中元总一郎在《对盗窃症的医学研究和现行刑事司法、司法精神医学上的问题点》[17] 一文中指出，重复的盗窃具有"犯罪性和疾病性两方面"的性质，对现在的刑事司法只是将盗窃者"草率的领取到矫正设施"的做法做出了批判。并认为虽然现在的司法精神

〔11〕 深町晋也『緊急避難の理論とアクチュアリティ』（弘文堂，2018 年）

〔12〕 遠藤聡太「緊急避難論のあり方」刑事法の理論と実務 3 号（2021 年）151—181 頁。

〔13〕 深町晋也「緊急避難論 のあり方を問われて」刑事法の理論と実務 3 号（2021 年）183—205 頁。

〔14〕 青沼潔「解離性同一性障害（DID）をめぐる諸問題」刑事法の理論と実務 3 号（2021 年）27—60 頁。

〔15〕 2つの下級審裁判例（東京高判平成 30・2・27 判時 2409 号 118 頁）

〔16〕 清野憲一「責任能力判断枠組の再構築」刑事法の理論と実務 3 号（2021 年）61—92 頁。

〔17〕 中元總一郎「窃盗症への医学的なアプローチと現行の刑事司法・司法精神医学の問題点」刑事法の理論と実務 3 号（2021 年）93—120 頁。

医学也与此形成了一个伴生关系，但还是希望停止这种互相拖后腿的行为，法律界三者可以建立以"对象者的治疗"为共同目的体制。箭野章五郎的《盗窃症（kleptomania）、摄食障碍与责任能力、刑事责任》[18] 以对责任能力概念的传统理解为前提，探讨盗窃症和摄食障碍对刑事责任的影响。

　　判例时报的系列文章《责任能力判断的实践性研究（上）[19]（下）[20]》中发表了千叶县地方法院、地方检察院、律师协会组织的学习会的关于责任能力的研究成果。从围绕责任能力判断的问题是陪审员制度中的困难课题之一的问题意识出发，参照冈田幸之教授的八步论[21]，论述精神科医生相关的步骤四和司法领域的先相关的步骤五的区分方法等。

（六）故意、错误论

　　一般关于打击错误，判例是站在法定符合说上的，其中又分为实质符合论和形式符合论两种。清水晴生的《打击错误中法定符合的故意》[22] 一文，是站在实质符合论的立场，对打击错误以前和最近的判例进行分析，并对法定符合说的"故意"进行了研究。其他相关参考论文有：菅沼真也子的《对故意来说必要的"结果发生可能性的认识"的程度》[23]《自我危险化和杀意的认定》[24]，长

---

　　〔18〕　箭野章五郎「窃盗症（クレプトマニア）・摂食障害と責任能力・刑事責任」刑事法の理論と実務 3 号（2021 年）121—150 頁。

　　〔19〕　大野洋・酒井孝之・清水拓二・長谷川英「責任能力判断の実践的検討（上）」判例タイムズ1494 号 5 月号（2022 年）。

　　〔20〕　大野洋・酒井孝之・清水拓二・長谷川英・五十嵐禎人・樋口亮介「責任能力判断の実践的検討（下）」判例タイムズ1496 号 7 月号（2022 年）。

　　〔21〕　八步论出自冈田幸之「責任能力判断の構造と着眼点」精神神経学雑誌第 115 卷 10 号（2013 年）1064—1070 頁。八个步骤分别是：①精神机能和精神症状相关情报的收集。②精神机能和精神症状的认定。③疾病的诊断。④精神的机能、症状、病态、病理和事件的关联性。⑤对上一步中关于善恶的判断和行为的控制的相关部分重点整理。⑥在法律上规定关于辨别、控制能力的具体要素。⑦评价辨别、控制能力的程度。⑧得出法律上的结论。

　　〔22〕　清水晴生「打撃の錯誤における法定的符合の故意」白鴎法学第 28 卷 2 号（2021 年）1—25 頁。

　　〔23〕　菅沼真也子「故意にとって必要な『結果発生の可能性の認識』の程度」商学討究第 72 卷 1 号（2021 年）49—82 頁。

　　〔24〕　菅沼真也子「自己危殆化と殺意の認定」商学討究第 72 卷 4 号（2022 年）79—103 頁。

井长信的《关于特殊欺诈中接受方故意的认定》[25]。

（七）过失犯论

关于过失犯论，杨秋野发表了专著《过失不作为犯的归属原理》[26]。内容针对以药害艾滋病事件等为代表的过失不作为犯的问题，从过失责任的本质论和不作为犯论中支配犯和义务犯的区别这两个方向进行了研究。得出，应该将过失犯视为违反危险控制义务的义务犯；应该从危险回避能力保持义务、信息收集义务、具体结果回避义务这些规范论的观点出发，判断作为过失不作为犯的保证人的地位和注意义务；以及在过失犯中扩张性正犯概念应该是妥当的结论。

（八）未遂论

松泽伸在《关于道德运气（Moral Luck）与未遂犯的觉书》[27]中论述了"道德运气"论与未遂犯论的关系，即，在相同形态的行为中产生不同的结果是运气的问题，在刑事责任的判断中是否应该排除这种运气的要素。松泽认为，在英美刑法中，虽然从"道德运气"论可以导出以犯罪意思为未遂犯的处罚根据的理论，但这是将伦理学不谨慎的带入刑法学的理论。因此，既然刑事责任的成立需要客观的要件，并且偶然的介入是不可避免的，那刑事责任的范围就应该从刑法抑制犯罪的观点出发，从"控制原则[28]"来进行规范。

（九）正犯论、共犯论

尾棹司的《关于共同正犯性的一些考察》[29] 一文，认为共同正犯的正犯性的要求是：①自身的行为与结果发生之间有重要关系；②对其他参与者的心理影响有"叠加的心理因果性"（共同性）。反之，作为承认共同正犯关系解除的必要条件是表明脱离意

---

〔25〕 長井長信「特殊詐欺における受け子の故意の認定について」明治学院大学法学研究第 112 巻（2022 年）59—95 頁。

〔26〕 楊秋野『過失不作為犯の帰属原理』（成文堂，2022 年）。

〔27〕 松澤伸「モラル・ラックと未遂犯についての覚書」早稲田法學第 97 巻 2 号（2022 年）119—142 頁。

〔28〕 对行为者不能控制的事情不能进行处罚原则。

〔29〕 尾棹司「共同正犯性に関する一考察」明治大学大学院法学研究論集第 56 巻（2022 年）19—35 頁。

思和剩余者的承诺。在此之上，即使不能明确地说参与者之间有这样的意思沟通，关于某个参与者脱离的事，剩余者知道了这个情况也可以视为共同正犯关系的解除。

谷冈拓树的《因果共犯论与共同正犯》[30] 指出在共同正犯中成为重点的"共同"中，存在以将全体人员作为共同正犯处理为基础的第一类型的"共同"（共谋共同正犯）和以构成要件的实现为基础的第二类型的"共同"（实行共同正犯）两种情况。前者是以并不一定必须进行意思联络的"支援"的存在和"心理约束"为基础的。与此相对，后者中如果有结合犯的问题，共同性的基础是意思的联络和实行行为的相互分担。除此之外的情况下，如果第一类型的"共同"被参与者相互认可，则第二类型的"共同"也被认可。

酒井智之发表《既遂犯的帮助犯中"引发结果"的必要性（2）完》[31] 一文。在涉猎了日德关于帮助犯的因果性的争论，对"需要引发结果"这一观点阐述了自己的见解。如果需要引发结果作为"对既遂犯的帮助犯"的加重处罚的有力依据，就必须要有引起法律利益的不利变更的事实。但这样理解的话不单处罚范围会限定不当，也很难通过修正理论来回避这种不正当性。因此他认为，对于既遂犯的帮助犯的成立，不需要援助行为能引起既遂结果。以此为前提，他在《物理的帮助犯的因果关系的判断范围（1）》[32] 中研究了物理的帮助犯的具体因果关系判断范围，认为正犯所为危险的增加是通过在正犯行为时存在的事实引起的。

（十）罪数论、量刑论、刑罚论

关于罪数论，青木阳介发表专著《包括一罪的研究》[33]。该书以对包括的一罪的处理有共识的反复型为讨论的出发点，对反复型包括一罪的违法评价的一体性和责任评价的一体性进行了评价。对

---

〔30〕 谷冈拓樹「因果的共犯論と共同正犯」早稲田法學第 96 卷 3 号（2021 年）144—147 頁。

〔31〕 酒井智之「既遂犯に対する帮助犯における『結惹果起』の必要性（2）完」一橋法学 20 卷 2 号（2021 年）207—257 頁。

〔32〕 酒井智之「物理的帮助犯における因果関係の判断枠組み（1）」一橋法学 20 卷 3 号（2021 年）113—157 頁。

〔33〕 青木陽介『包括一罪の研究』（成文堂，2021 年）。

于违法评价的一体性，即使（像募捐欺诈这种）每个法益侵害都很轻微，而且是像财产这种一身专属性稀薄的法益的情况下，就算法益主体不同，也要承认是包括一罪。对于责任评价的一体性，单次的非难是否足够是很重要的，所以不仅是犯意的一体性，目的和动机有同一性也要承认是包括一罪。盗窃后器物损坏的一罪性，是从先行的盗窃的特殊性来说明的，不必拘泥于反复型的要件。此外，书中还分析了混合的包括一罪的成否和牵连犯的相关问题。

量刑论方面，小池信太郎在《性犯罪的量刑（1）-（4）完》[34]中，对平成 28 年到令和 2 年 366 件判例进行了详细探讨。在分别对性犯罪的罪名、类型的量刑倾向和个别的量刑情节进行整理的基础上，提出了一些研究课题。并且，对性犯罪的侵害内容和对量刑强有影响的赔偿、和解、谅解的地位进行了理论上的分析。并在《关于对年少者的性犯罪的量刑》[35] 一文中，针对性犯罪的被害者是年少者会在量刑评价上产生的特有问题，结合最近的判例倾向，对侵害内容、应该保护被害儿童立场的恶用、被害儿童的同意甚至积极态度的处理，谅解的限制等内容作了明确的探讨。

柴田守的《关于再犯可能性的量刑判断上的评价的序论性考察》[36] 以截止到 2020 年 7 月 7 日的平成年间性犯罪相关的有罪事件 335 件为素材，在判断刑期及全部缓期执行的选择中的再犯可能性的影响力的大小的同时，以上述提到"再犯可能性"或"更生可能性"的判例的文本数据为对象，分析再犯可能性、更生可能性的心证形成机制。在明确其考虑因素的基础上，根据犯罪心理学对犯罪风险评估的见解，整理出以应对对象再犯风险的待遇为目标的 RNR 模型（Risk Need Responsivity model）核心的八个风险需求因素与上述考虑因素的对应关系。

广濑健二在《关于量刑、待遇选择中的"犯情的轻量"的意

---

〔34〕 小池信太郎「性犯罪の量刑（1）-（4）完」法学セミナー 799-802 号（2021年）。

〔35〕 小池信太郎「年少者に対する性犯罪の量刑について」研修 882 号（2021年）3—20 頁。

〔36〕 柴田守「再犯可能性の量刑判断上の評価に関する序論的考察」東京都立大学法学会雑誌第 62 巻 1 号（2021 年）241—289 頁。

义、功能》[37] 一文中，对令和 3 年通过的修正少年法的特定少年的特则（64 条）中，根据以前的刑事、少年事件的实际情况及实务运用，关于作为保护处分征收的标准加入的「犯情的轻重」的意义及功能进行了理论的整合性研究。

关于死刑制度，井田良出版《死刑制度和死刑理论》[38] 一书。该书围绕死刑争论，从与日本刑法是什么样的刑罚观相整合的视角出发，以个别预防和规范保护型的报应刑为立场对死刑的争论进行整理。

关于没收，川崎友巳发表的《关于美国没收制度的考察》[39]《美国没收制度的历史性展开》[40] 详细介绍了美国没收制度的现状和沿革。久保英二郎的《德国法中犯罪收益的扩大没收及扩大独立没收（2）完》[41] 是继（1）之后，在介绍德国的扩大没收及扩大独立没收的基础上，讨论如果将这些导入日本，应该如何理解其法律性质，并论述具体的制度设计应该如何进行。在此之上，在《不基于犯罪收益的扩大没收及有罪判决的没收的法律性质（1）》[42] 中，介绍了德国的没收的法律性质的争论。

二、分论

（一）针对个人法益的犯罪——除财产罪以外

石居圭的《自杀的法律性质与"死亡权利"的检讨》[43] 参照德国、奥地利的争论内容，在个人有自我决定死亡权利的基础上，

〔37〕 廣瀬健二「量刑・処遇選択における『犯情の軽量』の意義・機能について」法曹時報第 73 巻 8 号（2021 年）1421—1449 頁。

〔38〕 井田良『死刑制度と刑罰理論』（岩波書店，2022 年）。

〔39〕 川崎友巳「アメリカ合衆国の没収制度に関する一考察」同志社法学第 73 巻 3 号（2021 年）508—539 頁。

〔40〕 川崎友巳「アメリカ合衆国における没収制度の史的展開」同志社法学第 74 巻 1 号（2022 年）167—254 頁。

〔41〕 久保英二郎「ドイツ法における犯罪収益の拡大没収及び拡大独立没収（2）完」阪大法学第 71 巻 2 号（2021 年）245—279 頁。

〔42〕 久保英二郎「犯罪収益の拡大没収及び有罪判決に基づかない没収の法的性質（1）」新潟大学法政理論第 55 巻 1 号 1—37 頁。

〔43〕 石居圭「自殺の法的性質と『死ぬ権利』の検討」明治大学大学院法学研究論集第 55 巻（2021 年）119—139 頁。

将自杀分为性急的自杀与非性急的自杀。前者基于软父权主义被认为是违法的，但后者如果没有替代方案，死亡的决定基于充分的深思熟虑的话，则被视为权利行为。其《关于基于要求的杀人和协助自杀的处罚依据》[44] 也是根据前稿的分析结果，批判地讨论了德国、奥地利关于基于要求的杀人和协助自杀的相关争论。

关于性犯罪，蔡芸琦发表了《刑法 178 条"不能抗拒"的解释及性犯罪的故意的认定》[45] 一文，认为应通过以下三点分析"暴行"和"不能抗拒"的判断范围：①如果不在行为人引发的状态下，被害人就不会对性行为作出回应；②要有一般人可以理解共鸣的根据行为人的态度导致的受害者形成的物理和心理状态；③正因为陷入了这样的物理和心理状态，被害者才做出了实际应对的行为。并据此做了性犯罪的"故意"的判例分析。

藤井智也的《关于监禁罪的构成要件中的"一定场所"》[46] 主张：以理解监禁罪的规制对象被限定为侵害在"一定场所"的移动自由为前提，对与"一定场所"要件相关的以前的判例等进行了讨论，认为该要件必须要有物理性的壁垒或与之同视的客观壁垒。该壁垒性应以侵害"移动辅助获得的利益"为基础，或者以移动自由的侵害长期化的类型性危险为基础，承担与逮捕罪相同的当罚性的功能。

深町晋也的《父母争夺孩子与绑架罪的成否》[47] 以自己相关论文为前提，以父母带走孩子的行为中滥用会面交流的案件为主要研究对象，对绑架罪保护法益论中父母的监护权和孩子的自由、安全的内容以及相互关系；对绑架概念中与保护环境的隔离和支配设定的定位；不伴随实力行使的带走行为的"诱拐"符合性判断与违反会面交流条件的关系；违法性阻碍事由的理论性质和判断框架、

---

〔44〕 石居圭「要求に基づく殺人と自殺幇助の処罰根拠について」明治大学大学院法学研究論集第 56 巻（2022 年）85—104 頁。

〔45〕 蔡芸琦「刑法 178 条の『抗拒不能』の解釈および性犯罪の故意の認定」ジェンダーと法 18 号（2021 年）186 頁以下。

〔46〕 藤井智也「監禁罪の構成要件における『一定の場所』について」早稲田大学大学院法研論集 178 号（2021 年）189—208 頁。

〔47〕 深町晋也「親による子の奪い合いと拐取罪の成否」研修 886 号（2022 年）3—27 頁。

会面交流中改变主意案件的处理方法等，重新进行整理和探讨。

樱庭总的《仇恨言论（hatespeech）规制的保护法益与人的尊严》[48] 认为，在仇恨言论规制的语境中学说所提及的"人的尊严"概念不存在统一的理解，在此基础上，对国内外学者主张的将侵害对象的实体作为法益是否有合格性进行研究，得出应将"社会地位的承认状态"作为保护法益。

（二）针对个人法益的犯罪——财产罪

1. 领得罪

穴泽大辅的《财产犯罪中领得犯罪的意义》[49] 认为，由于计算机和互联网的发展，数据和信息的转移常态化等，以财物中心构成的领得罪的传统意义发生了动摇，在此之上，关于财产罪中领得罪的意义参考瑞士法等进行论述。作者认为，虽然保护个人经济交易活动的自由是包括特别法在内的整个财产犯的基础，但仅凭这一点处罚范围就变得无限制，因此，限定财物和财产上利益转移的日本领得罪规定在处罚的明确化这一点上是有意义的。另外，主张今后财产上的利益应该限定为"具体的、可以转移的东西"。

2. 诈骗罪

杨秋野的《关于"沉默欺诈"》[50] 认为，作为欺罔和不作为欺罔的界限并不明确，即使在作为欺罔的情况下，也有认定违反信义规则的判例，并批判了严格区分两者的通说见解。作者参考德国的学说，认为"欺罔行为"是"违反真实义务"，主张应将诈骗罪构成义务犯。关于真实义务的内容，虽然是"尊重他人所拥有的信息，不损害与真实相关的权利的义务"，但在"要求真实的权利的范围不是无限定的，需要该交易的性质、目的是正当的"的基础上，关于该义务的界限有：①不提供违反真实信息的义务；②不操作事实本身的义务；③承担信息风险的告知义务；④本来应该成为交易前提的事项的告知义务；⑤基于特殊地位、根据的告知义务分

---

〔48〕 櫻庭総「ヘイトスピーチ規制の保護法益と人間の尊厳」山口経済学雑誌第 69 巻 6 号（2021 年）129—155 頁。

〔49〕 穴沢大輔「財産犯罪における領得犯罪の意義」明治大学大学院法学研究第 112 巻（2022 年）179—213 頁。

〔50〕 楊秋野「『沈黙による詐欺』について」京都大学法学論叢第 189 巻 2 号（2021 年）76—106 頁。

为五种类型进行具体讨论。

3. 侵占罪、渎职罪

林弘正出版了《侵占罪和渎职罪的关联性》[51] 一书。书中对明治时期到战后刑罚修改工作的立法审议材料中与侵占罪和渎职罪有关的部分进行了整理，认为侵占罪和渎职罪从其关联性上看应规定在同一章中。

4. 毁弃隐匿罪

大冢雄佑出版了《毁弃罪中效用侵害的内实》一书。主要内容为以下：从毁弃罪的立法经过出发，明确了立法者的理解是"毁弃"、"损害"和"隐匿"是不同的行为形态。在判断效用侵害时，被保护的效用应该是除了客体本质的用法和交换价值之外，通常仅限于普通人将自己置于所有者立场时能够承认该效用、价值的重要性的情况，不包含"狂热的效用"。侵害的有无是以普通人为基准，根据其效用恢复原状困难的程度来判断的。违反所有者意愿的"修缮"在一定情况下不属于"侵害"。

（三）针对社会法益、国家法益的犯罪

松尾诚纪的《尸体遗弃罪中保护法益的实质及其成败判断》[52]以再次迁移已经遗弃的尸体等案例为出发点，尝试将作为尸体遗弃罪的保护法益的对死者的虔诚感情概念具体化、实质化。松尾认为，虔诚感情的实质是"死者至少作为其肉体，应该和活着的人一样被郑重对待的习惯"以及"应该以死者不被讨厌的方式对待死者的习惯"，侵害其中任一要素，则本罪成立。

萩野贵史的《不作为的遗弃尸体》[53] 从送葬义务的发生根据和尸体的监护义务的发生根据的视点出发，对不作为遗弃尸体罪成立的界限进行了研究。萩野表示，不论怎样的义务都得到肯定的判例中，大多情况下依据的都是习惯，根据习惯特别规定谁承担该义务是很重要的。

关于针对国家法益的犯罪，松宫孝明在《围绕司法作用于犯人

〔51〕 林弘正『横領罪と背任罪の連関性』（成文堂，2022 年）。

〔52〕 松尾誠紀「死体遺棄罪における保護法益の実質とその成否判断」北大法学論集第 72 卷 5 号（2022 年）49—68 頁。

〔53〕 萩野貴史「不作為による死体遺棄」名城法学 71 卷 3・4 号（2022 年）1—38 頁。

日本法研究　第 9 卷（2023）

庇护的罪的问题状况》[54] 中提到，对于司法作用的罪并不一定具有犯人庇护的性质。丰田兼彦的《围绕犯人藏匿等罪、毁灭证据等罪的近期动向》[55] 列举了关于藏匿犯人等罪、毁灭证据等罪的平成末期的两个最高裁判例[56]，并探究了两判例的含意和射程。松本圭史在《关于对司法的罪的共犯问题》[57] 中指出，从惹起说的观点来看，犯人自己教唆藏匿犯人和毁灭证据的情况下，应该否定教唆犯的成立。荒木泰贵在《围绕逃跑罪的讨论状况》[58] 中介绍了，关于有关逃跑罪的法律修改的运动和在法制审议会刑事法部会的相关讨论。

三、特别刑法

关于交通犯罪，稻垣悠一的《危险驾驶致死伤罪的罪质与过失犯的界限》[59] 一文将危险驾驶致死伤罪分为承担驾驶避止义务的类型[60] 和只禁止危险驾驶不承担驾驶避止义务的类型[61]。这里的驾驶避止义务也是过失犯注意义务的组成部分，所以对危险驾驶致死伤罪和过失犯的关系也做了研究。其他相关文献还有：陶山二郎、稻田朗子的《关于危险驾驶致死伤罪的考察（2）完》[62]、永

---

[54] 松宮孝明「司法作用ないし犯人庇護の罪をめぐる問題状況」刑事法ジャーナル第 70 巻（2021 年）4—10 頁。

[55] 豊田兼彦「犯人蔵匿等罪・証拠隠滅等罪をめぐる近時の動向」刑事法ジャーナル第 70 巻（2021 年）11—16 頁。

[56] 最決平成 28・3・31 刑集 70 巻 3 号 38 頁，最決平成 29・3・27 刑集 71 巻 3 号 183 頁

[57] 松本圭史「司法に対する罪をめぐる共犯問題」刑事法ジャーナル第 70 巻（2021 年）17—24 頁。

[58] 荒木泰貴「逃走罪をめぐる議論状況」刑事法ジャーナル第 70 巻（2021 年）25—32 頁。

[59] 稲垣悠一「危険運転致死傷罪の罪質と過失犯との限界」専修ロージャーナル第 17 巻（2021 年）47—79 頁。

[60] 該当此类型的罪名有「アルコール・薬物運転類型」(処罰法 2 条 1 号，3 条 1 項)，「制御技能無保有類型」(同法 2 条 3 号)，「病気運転類型」(3 条 2 項)

[61] 該当此类型的罪名有「高速度運転類型」(処罰法 2 条 2 号)，「妨害運転類型」(同条 4-6 号)，「赤色信号殊更無視運転類型」(同条 7 号)，「通行禁止道路運転類型」(同法 8 号)

[62] 陶山二郎・稲田朗子「危険運転致死傷罪に関する一考察（2）完」高知論叢 122 号（2022 年）111—138 頁。

井善之的《关于危险驾驶致死伤罪的行进控制困难高速度（行驶）性的判断》[63] 等。

关于 AI、自动驾驶等，樋笠尧士在《自动驾驶 level4 中的相关人员的义务和责任以及数据记录》[64] 中，设想了在限定领域进行 L4 汽车的社会实际运行，并介绍 2021 年修改实施的新的德国道路交通法的相关规定等。其《自动驾驶 L4 的刑事实务》[65] 一文同样涉及 L4 的自动驾驶，将 2022 年 3 月在日本通过的修改道路交通法的内容与上述德国道路交通法进行比较。此外，相关参考文献有：川口浩一的《围绕关于机器人、AI 刑罚的最近讨论》[66]、中川由贺的《通过公路实证实验的事例分析，探讨今后的刑事实务课题》[67]、中川由贺、岩月泰赖、森田岳人、樋笠尧士的《关于自动驾驶汽车的法律问题（2）》[68] 等。

关于经济刑法，穴泽大辅、长井长信共著的《入门经济刑法》[69] 是以案例为出发点，使经济刑法的各种法令的知识和刑法学的知识能有机地学习的入门书。佐久间修的《经济刑法体系》[70] 一书是系统地列举了企业活动中可能成为问题的相关处罚规则，紧凑地介绍必要事项，对实务非常有参考意义。此外还有，本江威熹监修/吉开多一的《经济犯罪与民商事法的交错 2》[71] 涉及诈骗罪相关的犯罪，本江威熹监修/石井隆、须藤纯正的《经济犯罪与民

〔63〕 永井善之「危険運転致死傷罪における進行制御困難高速度（走行）性の判断について」金沢法学第 64 巻 2 号（2022 年）173—207 頁。
〔64〕 樋笠尧士「自動運転レベル4における関与者の義務と責任およびデータ記録」多摩大学研究紀要「経営情報研究」第 26 巻 49—68 頁。
〔65〕 樋笠尧士「自動運転レベル4における刑事実務」捜査研究 858 号（2022 年）25—40 頁。
〔66〕 川口浩一「ロボット・Aに対する刑罰をめぐる最近の議論」法律論叢第 94 巻 4・5 号（2021 年）99—117 頁。
〔67〕 中川由賀「公道実証実験の事故事例分析を通じた今後の刑事実務的課題の検討」中京 LAWYER 第 36 巻（2022 年）23—40 頁。
〔68〕 中川由賀・岩月泰頼・森田岳人・樋笠尧士「自動運転車に関する法的問題（2）」研修 882 号（2021 年）21—31 頁。
〔69〕 穴沢大輔・長井長信『入門経済刑法』（信山社，2021 年）。
〔70〕 佐久間修『体系経済刑法』（中央経済社，2022 年）。
〔71〕 本江威熹監修/吉開多一『経済犯罪と民商事法の交錯 2』（民事法研究会，2022 年）。

商事法的交错 3》[72] 涉及广泛的民商事法的各种犯罪。

山田雄大的《关于犯罪收益等收取罪和正当行为》[73] 一文，研究了犯罪收益等收取罪的概要和基于接收存款案件的正当行为的正当化的范围及其根据进行了研究。北川佳世子的《欺诈破产罪等的"损害债权人的目的"》[74] 认为，该要件需要是客观上在可能损害总债权人利益的状况下进行，并且要求其主观面有确定性认识，还要具有排除正当目的情况的功能。更多参考资料有：今井猛嘉的《关于提高洗钱罪的法定刑》[75]、高山佳奈子的《无资格活动罪中的制度性法益》[76]、芳贺良的《算法与证券欺诈》[77] 等。

关于医事刑法，山中敬一的《医事刑法概论 2》[78] 一书，以比较法知识为背景，对脏器、人源组织的处理、生殖医疗、基因治疗、移植医疗、终末期医疗的问题进行了全面研究。神马幸一的《医业概念的再定位》[79] 一文，以纹身被以医师法上"无证医业罪"起诉为素材，对"医业"的概念进行了重新定位。其他参考论文还有：荒川雅行的《临床研究法中的知情同意》[80]、大野正博的《医行为概念（1）》[81] 等。

关于跟踪行为的规制，伴随着令和 3 年跟踪狂规制法的修改，大批学者发表了相关论文。如，星周一郎的《跟踪狂的法律限制的

---

〔72〕 本江威憙監修/石井隆・須藤純正『経済犯罪と民事法の交錯 3』（民事法研究会，2022 年）。

〔73〕 山田雄大「犯罪収益等収受罪と正当行為について」高岡法学第 40 巻（2021 年）149—167 頁。

〔74〕 北川佳世子「詐欺破産罪等の『債権者を害する目的』」研修 879 号（2021 年）3—12 頁。

〔75〕 今井猛嘉「マネー・ローンダリング罪の法定刑引上げについて」金融・商事判例 1642 号（2022 年）。

〔76〕 高山佳奈子「無資格活動罪における制度的法益」法学論叢第 190 巻 6 号（2022 年）1—23 頁。

〔77〕 芳賀良「アルゴリズムと証券詐欺」横浜法学第 30 巻 3 号（2022 年）201—229 頁。

〔78〕 山中敬一『医事刑法概論 2』（成文堂，2021 年）。

〔79〕 神馬幸一「医業概念の再定位」獨協法学 117 号（2022 年）161—198 頁。

〔80〕 荒川雅行「臨床研究法におけるインフォームド・コンセント」関西学院大学法と政治第 72 巻 4 号（2022 年）1—22 頁。

〔81〕 大野正博「医行為概念（1）」朝日法学論集 53 号（2021 年）193—232 頁。

方法》[82]、一原亚贵子的《关于跟踪狂限制法的修改》[83]、佐野文彦的《关于跟踪狂限制法判例的分析》[84]，这些论文在对改正法的内容进行介绍的同时，对其中的问题点进行了分析，并结合判例对今后的实务应用进行了展望。

四、结语

以上是对日本刑法学界 2022 年的研究的一个简单整理。从总体研究的动向来看，日本刑法学界的研究呈现出理论研究结合判例，并反之推动理论发展的螺旋上升的姿态。在纵向上总结本土法律的历史变迁，对不同问题点进行深度探索；在横向上则借鉴外国进行比较法研究。随着科学技术的发展和社会观念的转变，一些概念的内涵随之发生变化，研究者们也能对此结合学说和判例进行研究更新。但在外国理论的落地上采取小心谨慎贴合日本国情的态度，这种兼顾对外国法的比较研究和本土理论实务经验总结的方法也是值得我们学习的地方。

---

〔82〕 星周一郎「ストーカーの法規制のあり方」刑事法ジャーナル第 71 巻（2022年）4—9 頁。

〔83〕 一原亜貴子「ストーカー規制法の改正について」刑事法ジャーナル第 71 巻（2022 年）10—16 頁。

〔84〕 佐野文彦「ストーカー規制法に関する判例・裁判例の分析」刑事法ジャーナル第 71 巻（2022 年）17—38 頁。

2022 年日本民法学研究综述

梁　超[*]

本文主要参考《法律时报》第 94 卷第 13 号的 2022 年学界回顾民法（财产法）[1] 及日本私法学会第 85 回（2022 年度）大会的资料[2]等学术成果，以期较为清晰地呈献本年度日本民法学的研究动向。但由于笔者能力不足及篇幅所限，恐难以将规模宏大且内容深邃的民法学研究成果全部逐一介绍。所以只能忍痛割爱，遴选出部分优秀而有代表性的学术论著，为读者概观日本民法最新研究现状提供一扇窗。

一、民法改正的最新动向

近年，受被继承土地未实施继承登记等诸多因素影响，所有者不明的土地激增，严重阻碍土地的利用和相邻关系的稳定。以所有者不明土地的预防发生和圆满利用为目的，民法改正法案的探讨开始如火如荼进行。2021 年 4

---

[*]　梁超，北海道大学法学研究科民法专业博士生。本文写作得到日本政府（文部科学省）博士生奖学金项目的资助。

[1]　山野目章夫・白石大・石綿はる美・都筑満雄・根本尚徳・黄詩淳「2022 年学界回顾・民法（财産法）」法律時報 94 巻 13 号（2022 年）65—90 頁。

[2]　日本私法学会「第 85 回大会会報」、「第 85 回大会資料」（http：//japl.jp/activity/2022/index.html，2022 年 11 月 2 日アクセス）。此外，关于私法学会中座谈会的内容介绍，也一并参考了杂志 NBL1224 号和旬刊商事法务 2303 号所刊载的论文。

月 28 日，民法物权编、继承编部分条文改正的法案[3]被正式公布，自 2023 年 4 月 1 日起实施。本次民法改正涉及物权编中的"相邻关系""共有""财产管理制度"，和继承编中的"遗产分割"等内容。[4] 其中，"相邻关系"的改正包括邻地使用权的改正、生命线[5]设置权的创设等。"共有"的改正则围绕共有物的使用、变更、管理、分割诉讼，以及所在等不明共有者份额的取得和让与等内容。在"财产管理制度"的改正中，专门创设了所有者不明土地管理制度和管理不全土地管理制度。[6] 而"继承编"的改正，不仅创设了新的继承财产管理制度，而且解决了经过长时间后的遗产分割问题等内容。[7]

　　另外，时隔二十年的《区分所有法》将迎来第三次改正。自 2022 年 10 月开始，法制审议会和区分所有法制部会围绕"缓和重建决议要件的必要性"等问题的改正意见进行审议。对具体改正争论进行详细探讨的文献如，伊藤荣寿的《区分所有法的改正与财产权的保障》一文指出区分所有法与公法之间具有密切联系，欲分析区分所有法的改正内容与重建决议的应有状态，不仅需要从民法上厘清违宪审查基准、内在制约、既得权侵害等问题，而且需要从宪法上回应重建决议的合宪性判断和对财产权保障的必要性。[8] 同时，鎌野邦树的《土地基本法、民法等的改正与区分所有法制的未

----

　　[3]　民法物权编、继承编部分条文改正的法案是指「民法等の一部を改正する法律案」(令和 3 年法律第 24 号)，以及「相続等により取得した土地所有権の国庫への帰属に関する法律」(令和 3 年法律第 25 号)。

　　[4]　村松秀樹・大谷太『Q&A 令和 3 年改正民法・改正不登法・相続土地国庫帰属法』(きんざい，2022 年)。

　　[5]　此处的生命线是指维持生活、生命所必需的自来水、电力、燃气、通信等设施。

　　[6]　伊藤栄寿「改正共有法の意義と課題」上智法學論集 65 巻 3 号 (2022 年) 87—140 頁。

　　[7]　齋藤哲郎「令和 3 年民法改正の概要、論点と不動産実務への影響」土地総合研究 30 巻 1 号 (2022 年) 60—137 頁；荒井達也「令和 3 年民法・不動産登記法改正の要点と実務への影響」(日本加除出版株式会社，2021 年)；生熊長幸「令和 3 年改正民法—解説+全条文」(三省堂，2021 年)。

　　[8]　伊藤栄寿「区分所有法の改正と財産権の保障—建替え決議制度の違憲審査について」秋山靖浩編著『新しい土地法—人口減少・高齢化社会の土地法を描く』(日本評論社，2022 年)。

来动向》在探讨 2021 年民法改正对区分所有法制影响的基础上，又借鉴了德法英美等区分所有法制的经验，为区分所有法制的未来建构指明方向。[9]

尔后，《日本民法》第 4 条中的成年年龄由 20 岁下调至 18 岁，并自 2022 年 4 月 1 日起开始实施。这是自 1896 年制定民法以来，首次改正成年年龄。同时也意味着，《民法》第 731 条女性婚姻开始年龄由 16 岁提高到 18 岁，实现了男女结婚法定年龄的统一。

二、私法学会的会议情况

2022 年 10 月 8 日和 9 日，日本私法学会第 85 回大会在甲南大学法学部顺利召开。因会议的全部内容尚未公开，管中窥豹或以偏概全的缺陷恐在所难免。因此，本文主要通过"大会会报"、"大会资料"以及"NBL1224 号和旬刊商事法务 2303 号所刊载的内容"等尽可能客观地展现会议实况。本次会议由"个别报告"和"座谈会"两部分构成。

"个别报告"分为"民法"和"商法"两个部会。"民法部会"包括：①中村瑞穗以《合同解除与恢复原状不能》为题的报告，其旨在解决合同已经解除且处于无法恢复原状的状态，价值偿还义务的要件和内容尚不明确的问题。[10] ②永岩慧子以《承揽合同瑕疵担保责任规定的定位》为题的报告，其通过对德国承揽合同法中瑕疵担保责任的相关判例和学说进行整理，在明确日德相关规定存在差异的基础上，进一步探讨日本法上承揽合同瑕疵担保责任规定的法律定位问题。[11] ③高冈大辅以《营业的间接侵害责任》为题的报告，其强调营业遭受间接侵害时，虽然可归责于加害人，但判断基准的实质内容及理论根据却不明晰。高冈通过研究德国法

---

〔9〕 鎌野邦樹「土地基本法・民法等の改正と区分所有法制の今後のあり方」市民と法 133 号（2022 年）64—70 頁。

〔10〕 具体内容详见：中村瑞穗「契約の解除と原状回復の不能（一）～（六・完）」法学論叢 185 巻 5 号（2019 年）111—131 頁、186 巻 1 号（2019 年）63—82 頁、186 巻 2 号（2019 年）94—119 頁、187 巻 1 号（2020 年）43—75 頁、187 巻 3 号（2020 年）46—76 頁、187 巻 6 号（2020 年）63—89 頁。

〔11〕 永岩对于该课题研究的详细介绍，参见后文"七、合同法的研究进展"的评述。

析出了两个视点来解决这一问题，即"以因果关系、营业关联性等形式，将加害行为与营业相结合的特性作为问题的视点"和"营业主体的利益只不过是通过与其他法益的依存关系而存在脆弱性利益，并且该脆弱性所产生地风险因输电线路毁损案中电力公司免责等而最终由营业主体自担，以营业主体被侵害利益的特性作为问题的视点"。[12] 而"商法部会"包括：①王学士以《因保险金的欺诈请求而导致权利丧失的法的秩序》为题的报告，针对保险事故虽真实发生，但常出现扩大损害等欺诈请求的窘况，主张借鉴英美澳三国的相关法律制度来论证因欺诈请求而导致权利丧失的法理基础和要件构造。[13] ②津野田一马以《公司董事、监事等选举和更换程序的法律规定》为题的报告，其首先指出经营者选任解任程序可分为经营监督者的候补者的指名、经营监督者的选任解任、经营者的选任和经营者的解任这四个要素。然后，在与美国法和德国法相对比的基础上，进一步探究日本法中涉及公司董事、监事等选任解任程序的相关规定。[14] ③山中利晃以《上市公司经营监督的法律课题及其探讨》为题的报告，其讨论焦点集中在董事会监督的法律制度和法院的裁判中，公司内部权限分配及其权限分配下董事、监事等应承担的义务和责任，并从责任中寻求救济的应有状态。[15]

"座谈会"也同样分为"私法"和"商法"两部分。前者的会议主题为"高龄者与私法"，主要发表了如下五篇文章：吉田克己的《高龄者类型的多样化和高龄者法的应有状态》、平野裕之的《高龄者住所》、石尾智久的《高龄者和不法行为》、西希代子的

---

〔12〕　高冈对于该课题研究的详细介绍，参见后文"九、侵权行为的研究进展"的评述。

〔13〕　具体内容详见：王学士『モラル・リスクと保険：詐欺請求をめぐる失権法理の展開』（名古屋大学出版会，2022 年）。

〔14〕　具体内容详见：津野田一馬『役員人事の法制度—経営者選解任と報酬を通じた企業統治の理論と機能』（商事法務，2020 年），本报告主要围绕该书第五章内容展开介绍。

〔15〕　具体内容详见：山中利晃『上場会社の経営監督における法的課題とその検討—経営者と監督者の責任を中心に』（商事法務，2018 年）。

《高龄者与财产》、松本恒雄的《高龄者与消费者保护》。[16] 而后者的会议主题为"股份有限公司的区分和规律"，主要发表了如下六篇文章：尾崎安央的《总论》、福岛洋尚的《非公开公司、未设置董事会公司、特例有限公司》、川岛いづみ的《公开公司·有报提出公司、上市公司》、山下徹哉的《股票的发行》、笠原武朗的《资金的流出》、久保田安彦的《作为组织体的股东大会》。[17]

三、民法总论的研究进展

（一）人、法人和物

随着老龄化进程地加快，围绕成年监护制度这一时代课题也涌现出诸多成果。例如，赤沼康弘的《现代法定监护三种类型的界限和解除方案》，根据缺乏辨识事理能力的程度，可将法定监护分为监护、保佐和辅助三种类型，但实际运行却异常僵化。特别是监护和保佐，一方面难以考虑个案的必要性，并且限制本人的自己决定权，而另一方面也与残疾人权利条约不符，应当被废止。同时为应对本人多样的能力和状况，在必要范围内实施赋予代理权和取消权的一元化制度。[18] 另外，针对该问题，上山泰在《成年监护制度的中长期课题纪要》一文中提出，不论是采取一元化制度抑或类型化制度，改善满足本人具体需求的"量身定做型"的运用环境才最为关键。同时，认为应建构以继续坚持与本人意思无关的"家长制"类型这一原则，再加上基于本人意思参与并针对特定事项赋予

---

〔16〕　以上文章均出自 NBL1224 号（2022 年）4—41 页。具体作者和题目如下：吉田克己「多様な高齢者像と高齢者法のあり方—民法学からの接近」、平野裕之「高齢者の住まい—高齢者向け福祉サービス付き民間住宅について」、石尾智久「高齢者と不法行為—自律的主体としての高齢者と保護を要請する主体としての高齢者」、西希代子「高齢者と財産—財産の承継と管理」、松本恒雄「高齢者と消費者保護—消費者法のユニバーサルデザイン」。

〔17〕　以上文章均出自旬刊商事法務 2303 号（2022 年）4—67 页。具体作者和题目如下：尾崎安央「総論」、福島洋尚「非公開会社·非取締役会設置会社·特例有限会社」、川島いづみ「公開会社·有報提出会社·上場会社」、山下徹哉「株式の発行」、笠原武朗「キャッシュ·アウト」、久保田安彦「組織体としての株主総会」。

〔18〕　赤沼康弘「現行法定後見における3 類型の限界と解消策」岡伸浩ほか編新井誠先生古稀記念論文集『高齢社会における民法·信託法の展開』（日本評論社，2021）。

法定代理权、同意权及取消权作为补充的新制度。[19]

　　近年，在法人研究领域取得较大突破的成果，莫过于后藤元伸的《无民事权利能力的社团和民法上的合伙》一书。该书在参照德国法判例和学说基础上，针对日本社团和合伙的类型、法人法定主义、团体构成成员的个人责任等问题展开系统论述。后藤的诸多见解虽然对以往判例和通说产生较大冲击，但其清晰的内容和严谨的论证将对今后日本法人制度的发展提供有益启示。[20]

　　另外，纵然应否承认人工智能的法人格地位仍争论不断，但村田健介的《人工智能在私法上的权利主体性》一文又提出新的思考视角。该文以参考法国法的学术争鸣为背景，对“与自然人类似作为依据来承认人工智能法人格的路径”和“与法人类似作为依据来承认人工智能法人格的路径”进行分析。在法国，即使是采取类似于法人这种迂回路径，也会被认定为违反人类中心主义。此外，以人工智能是否具有与自然人同等能力作为判断能否赋予其权利主体性的话，那么也就意味着不具有此能力的自然人的主体地位将有被否定的风险。所有自然人均享有权利能力的理论虽然是不言自明的，但随着人工智能时代的到来，围绕这一理论的发生根据有必要再次思考。[21] 当然，随着信息化和数字化的发展，对“物”的概念的探究也呈现诸多现实素材。

　　（二）法律行为

　　1. 法律行为论和意思表示论

　　围绕法律行为的三分法一直以来存在较多疑问，近期山城一真的《共同型的法律行为》一文提供了一个崭新的分析角度。该文意在突破基于意思表示的个数和意义作为目标的法律行为分类（单独行为、契约、合同行为）中，多数人参与的法律行为难以识别的困境。为此，在法律行为的参与人与当事人相区别的前提下，引入法

　　〔19〕　上山泰「成年後見制度の中長期的課題に関する覚書―成年後見法再改正に向けて」岡伸浩ほか編新井誠先生古稀記念論文集『高齢社会における民法・信託法の展開』（日本評論社，2021）。

　　〔20〕　後藤元伸『権利能力なき社団と民法上の組合』（関西大学出版部，2021年）。

　　〔21〕　村田健介「AIの私法上の権利主体性」法律時報 94 巻 9 号（2022 年）8—14頁。

国共同行为的概念为合同行为的法律定位提供再考察的契机。[22]
另外，根据债权法改正，意思表示的生效时间统一采用到达主义。
角田美穗子的《意思表示生效时间规定的现代化》中强调，随着通
信技术的革新，继续区分非对话方式和对话方式恐缺乏合理性。因
为，一方面，书面形式的意思表示与口头形式的意思表示对于到达
风险存在实质差异；另一方面，存在意思表示未被传达或相对人对
意思表示的存在、内容未能理解的双重风险的口头形式，就有无到
达的判断，与书面形式也存在解释层面的差异。[23] 当然，也有学
者就人工智能介入合同缔结过程中，意思表示如何解释的问题进行
前瞻性探讨。[24]

2. 错误

在意思表示论领域，围绕《日本民法》第 95 条过错的讨论出
现诸多成果。首先，古谷英惠的《错误和危险负担》通过参照美国
法，来对《民法》第 95 条 2 项的解释论提供启示。其不仅将信息
对称性和非对称性相区分进行风险分配，而且在对动机错误的要件
进行整理的基础上，提出独到见解。[25] 其次，山本敬三的《事实
错误（基础事情错误）和《民法》第 95 条第 2 项的"表示"》对
债权法改正前的动机错误相关案例进行分析，并明确了改正后的发
展动向。[26] 再次，大木满的《合同瑕疵担保责任与错误》指出在
合同瑕疵担保责任与基础事情错误竞合的情况下，应当限定后者的
成立范围。就成立范围而言，该文与山本文相比虽然更为限缩，但
在合同瑕疵担保责任中却更为重视卖主的追完利益。[27] 最后，聚

---

〔22〕　山城一真「共同型の法律行為について」岡本裕樹ほか編中田裕康先生古稀
記念論文集『民法学の継承と展開』（有斐閣，2021 年）。

〔23〕　角田美穂子「意思表示の効力発生時期規定の現代化—リーガルイノベーシ
ョン序説」岡本裕樹ほか編中田裕康先生古稀記念論文集『民法学の継承と展開』（有
斐閣，2021 年）。

〔24〕　岡本裕樹「AIによる契約の締結」法律時報 94 巻 9 号（2022 年）15–22 頁。

〔25〕　古谷英恵『錯誤とリスク負担』（成文堂，2022 年）。

〔26〕　山本敬三「事実錯誤（基礎事情錯誤）と民法 95 条 2 項の「表示」」磯村
保ほか編『法律行為法・契約法の課題と展望』（成文堂，2022 年）。

〔27〕　大木満「契約不適合責任と錯誤について—特定物売買の場合を中心に」高
須順一ほか編宮本健蔵先生古稀記念論文集『民法学の伝統と新たな構想』（信山社，
2022 年）。

焦于意思欠缺错误的重要研究是山城一真的《法国法上的障害错误论》，将法国法的障害错误引入日本的错误论之中，建构意思欠缺错误与基础事情错误两者相统一的错误体系。[28]

3. 代理、无效和撤销

关于代理制度的发展，主要围绕法定代理和表见代理展开。就法定代理而言，清水惠介的《成年监护制度中法定代理与本人归责》在深入剖析法定代理正当性机理的同时，对于接受支援而做出意思表示之后，仍以无意思能力作为理由主张无效的行为，因需要考虑相对人的利益保护，不能认为行为无效。[29] 而对表见代理来说，大泽慎太郎的《表见代理中的全权委托书的机能和解释》则以全权委托书被滥用情况下的表见代理成立与否的判例作为分析对象，探索归责于本人的法理依据。[30]

以往对于无效和撤销研究的成果相对较少，但今年野中贵弘在《法定追认与撤销权的认识》一文中又将该问题引入学界的关注视野。该文的探讨对象是作为法定追认（《民法》第 125 条）的要件，撤销权人对存在撤销权的认识是必要的，其也是债权法改正时需要被解释的重要论点。野中认为，应当否定"不管行为人有无归责性，都应当保护相对人的信赖"这一价值判断，作为撤销权人的具体归责性，应当通过认识撤销权来谋求当事人之间的风险分配。[31]

（三）期间的计算和时效

常年深耕于时效法研究的先驱学者松久三四彦的古稀论文集收录了诸多时效方面的佳作，如下将列举与总则相关联的三篇文章。松本克美的《消灭时效的二重期间与权利行使的可能性》一文，强

〔28〕 山城一真「フランス法における障害錯誤論——錯誤における意思欠缺をめぐって」磯村保ほか編『法律行為法・契約法の課題と展望』（成文堂，2022 年）。

〔29〕 清水惠介「成年後見制度における法定代理と本人への帰責——障害者権利条約時代下の基礎的考察」岡伸浩ほか編新井誠先生古稀記念論文集『高齢社会における民法・信託法の展開』（日本評論社，2021）。

〔30〕 大澤慎太郎「表見代理における白紙委任状の機能と解釈——意思表示理論をその基礎として」磯村保ほか編『法律行為法・契約法の課題と展望』（成文堂，2022 年）。

〔31〕 野中貴弘「法定追認と取消権の認識——各種の矛盾挙動禁止原則適用場面との比較を通じて」日本法學 88 巻 1 号（2022 年）1—54 頁。

调对于《民法》第 166 条和第 724 条所规定的二重期间起算点，各种判例法理相互参照，不论哪个规定均是从重视现实权利行使可能性的解释论出发而推导出，因此应当做一致解释。[32] 同时，平野裕之的《因"生命或身体"遭受侵害的损害赔偿请求权和消灭时效》对于像生命和身体这样重要法益的损害赔偿请求权的短期消灭时效期间与一般债权一同适用 5 年的短期时效的改正选择存在疑问，并主张应当将时效期间再改正为短期 10 年和长期 20 年。[33] 另外，尾岛茂树《时效与期间的计算》则围绕"时效期间届满之日恰巧系休息日的情况下，是否适用《民法》第 142 条之规定而延期届满？"和"在决定追溯时效效力的日期时，是否适用规定期间初日不计入原则的《民法》第 140 条？"这两个问题，重新回归制度趣旨进行展开探究。[34]

四、物权法的研究进展
（一）物权返还请求权

租赁他人之物，且该物被所有人以外的人代理占有的情况下，所有人应当向代理占有人（出租人等）还是占有代理人（承租人等）主张所有物返还请求权呢？围绕这一物权返还请求权问题，阿部裕介通过比较法分析产出诸多佳作。特别是《法国古代法撤回诉权和本权诉权》《19 世纪法国法所有人的本权诉权和撤回诉权》指出，在法国法上，仅仅所有人作为占有人时，才能被认为具有撤回诉权和本权诉讼的主体资格，并进一步解构了限定理由。另外，在《代理占有和物权返还请求权》中，首先回顾了自明治时期以来的法典编纂轨迹以及之后的判例和学说展开，然后进一步分析日本肯定对占有代理人行使物权请求权的理由以及法国否定对占有代理人

［32］　松本克美「消滅時効の二重期間と権利行使可能性——民法 166 条と民法 724 条の起算点論」藤原正則ほか編松久三四彦先生古稀記念論文集『時効・民事法制度の新展開』（信山社，2022 年）。

［33］　平野裕之「「生命又は身体」侵害による損害賠償請求権と消滅時効」藤原正則ほか編松久三四彦先生古稀記念論文集『時効・民事法制度の新展開』（信山社，2022 年）。

［34］　尾島茂樹「時効と期間の計算」藤原正則ほか編松久三四彦先生古稀記念論文集『時効・民事法制度の新展開』（信山社，2022 年）。

行使撤回诉讼的现状，最后对日本应该如何考虑提出探讨预告。[35]

（二）用益物权

柴田彬史的《作为物权的地役权的特性》一文尚在连载过程中。文章以《法国民法典》第 701 条第 3 项为素材，首先明确容许该项存在的理论，即物权具有来自目的物的利益享受权能，为了防止其行使不受妨碍，仅在必要的范围和场合中，才能制约目的物所有权的行使；其次确认地役权固有特征的理论，阐明地役权行使的特征和该项的基础理论，以期为现在的日本物权和地役权理论贡献启示。[36]

（三）多样的财产与物权法

首先，原田弘隆的《德国的"数据所有权"论争的序论考察》主张在学说层面，数据所有权概念应置于民法之中，并对"数据权利仅通过不法行为法保护"和"通过契约法规制数据访问权"这一分类的优缺点进行考察。然后，数据所有权概念将对以有体物的所有权为前提建构的民法体系产生极大影响，当前在一定程度上现行法仍能应对该问题。[37]

其次，与日德不同，法国法针对所有权的规制对象并不限于有体物。原谦一在《日法比较中"虚拟货币"法律定位的未来走向》中指出，数字资产作为物体动产已达成基本共识，其性质也可由民法典既存概念所决定，此外，数字资产担保化等问题也能够通过既

---

〔35〕　阿部裕介「フランス古法における所有者の取戻訴権と本権訴権」日仏法学 31 号（2021 年）41—59 頁。阿部裕介「一九世紀フランス法学における所有者の本権訴権と取戻訴権——帰属保障と手続保障（一）~（四・完）」法学協会雑誌 137 巻 1 号（2020 年）1—28 頁、137 巻 11 号（2020 年）1949—2009 頁、138 巻 4 号（2021 年）807—842 頁、138 巻 6 号（2021 年）1231—1262 頁；阿部裕介「代理占有と物権の返還請求権——帰属保障と手続保障（1）~（2）」法学協会雑誌 139 巻 1 号（2022 年）1—32 頁、139 巻 6 号（2022 年）555—574 頁。

〔36〕　柴田彬史「物権としての地役権の特性——一九世紀フランス物権法理論とその継受の視点から（1）」法学協会雑誌 139 巻 8 号（2022 年）727—786 頁。

〔37〕　原田弘隆「ドイツの「データ所有権」論争に関する序論的考察（一）~（三・完）—データの法的帰属・保護に関する現代的規律の必要性を検討する手掛かりとして」立命館法学 395 号（2021 年）240—284 頁、396 号（2021 年）236—283 頁、397 号（2021 年）132—184 頁。

存的民法制度有效应对。[38]

最后，与前述"新兴财产"的探讨不同，桥本伸的《文物让渡可能性的理论考察》则另辟蹊径选择探究"陈旧财产"。该文在参考美国法争论的基础上，主张应对让渡性进行部分限制，尽管所有权已经移转至买受人，但出卖人仍可保留一定的权利（取消权）。[39]

五、担保物权的研究进展

（一）典型担保

佐久间毅的《动产质权人对质押物占有的恢复》一文立足于考察动产质权人在对质押物丧失占有时的法律关系，认为虽然基于《民法》第532条和第553条的学说解读存在不协调的部分，但通过对第三人解释的变化，动产质权可以在民法的规定下得到妥当保护。[40]岛山泰志的《不动产的商人间留置权（商事留置权）的成败》一文在深入剖析商人间留置权与抵押权相竞合的案例的基础上，强调不动产能否成为《商法》第521条所指的商人间留置权的目的物这一问题，在司法实践中存在争议。根据现行法解释，承认针对不动产成立商人间的留置权，当为实现抵押权而被拍卖时，买受人必须向留置权人清偿被担保的债权，否则不动产无法被交付。为了得到更妥当的结论，有必要修正法律。[41]

（二）非典型担保

松田佳久的《物权的期待权的让与担保化》一书指出，在所有权保留中，为了保障买受人物权期待权让与的实现，在借鉴法国和德国法研究成果的基础上，也应兼顾部分中小企业并无满足设置抵

---

〔38〕　原謙一「日仏の比較における暗号資産の法的位置づけに関する今後の方向性」横浜法学 30 巻 1 号（2021 年）153—238 頁。

〔39〕　橋本伸「文化財の譲渡可能性をめぐる理論的考察——近時のアメリカ法学の議論を端緒に」藤原正則ほか編『時効・民事法制度の新展開』（信山社，2022 年）。

〔40〕　佐久間毅「動産質権者による質物の占有の回復」岡本裕樹ほか編中田裕康先生古稀記念論文集『民法学の継承と展開』（有斐閣，2021 年）。

〔41〕　鳥山泰志「不動産に対する商人間留置権（商事留置権）の成否について」岡本裕樹ほか編中田裕康先生古稀記念論文集『民法学の継承と展開』（有斐閣，2021 年）。

押权等的财产的实际情况。[42] 另外，田村耕一的《奥地利的所有权保留》围绕奥地利所有权保留展开探索，在贯彻所有权归属于出卖人的原则的同时，也应解决买受人擅自将目的物转卖的问题，从价值分属的观点出发为日本法提供有益参考。[43] 而下村信江的《所有权保留与即时取得》则首先列举了所有权保留界限和定位的案例，针对附带所有权保留的建筑机械是否成立所有权保留的问题，下村认为应当采取否定态度，因为即使保留的出卖人未公示，其权利也应当被保护。[44]

六、债权总论的研究进展

（一）数字化提出的法律课题

随着数字化时代的到来，也逐渐催生出诸多亟待应对的法律课题。为此千叶惠美子团队以"欧美数字平台商业法规的动向"为题发表数篇论文。其中，千叶的《日本和欧盟围绕数字战略的法政策比较》一文对数字服务法（DSA）和数字市场法（DMA）等规范进行详细介绍；大泽彩的《法国法对数字平台的"摸索"和"挑战"》指出法国法主要通过消费法典的改正来扩充信息提供义务，并形成以利用者保护为中心的法律规范；然而，川地宏行的《德国数字平台的法律地位》则强调德国通过妨害者责任法理等联邦最高法院（BGH）的裁判法理来逐步形成。[45]

近年，人工智能对民法研究的转向也产生重大影响。西内康人的《AI 和格式条款规定》强调随着 AI 的导入，格式条款规定适用的三个前提将发生变化，与之相对的个别合同条款被适用的可能性

〔42〕 松田佳久『物権的期待権の譲渡担保化——中小企業の資金融資を中心として』（日本評論社，2021 年）。

〔43〕 田村耕一「オーストリアにおける所有権留保——目的物の共有構成の可能性」廣島法學 45 巻 2 号（2021 年）1—18 頁。

〔44〕 下村信江「所有権留保と即時取得——所有権留保付建設機械の即時取得を中心として」近畿大学法学 69 巻 4 号（2022 年）1—25 頁。

〔45〕 千葉惠美子「デジタル戦略をめぐる日本・EUの法政策の比較」法律時報 94 巻 8 号（2022 年）58—63 頁；大澤彩「デジタル・プラットフォームへのフランス法の「模索」と「挑戦」」法律時報 94 巻 8 号（2022 年）64—69 頁；川地宏行「ドイツにおけるデジタルプラットフォーマーの法的地位」法律時報 94 巻 8 号（2022 年）70—74 頁。

将会扩大，应基于个别合同条款的优缺点来对 AI 时代的格式条款规定展开研究。无独有偶，丸山绘美子的《重新审视格式条款论》也认为当前格式条款论迈向将格式条款规定的存在和技术革新导致交易状态变化纳入研究视野的新阶段。[46]

（二）履行障碍的诸问题

1. 应归责于债权人的事由

传统研究较多关注债务人的免责事由，而忽视了债权人的归责事由。但北居功的《因债权人归责事由而导致催告解除的限制》和潮见佳男的《债权人的归责事由》则试图澄清债权法改正前后的债权人归责事由与债务人归责事由存在差异。对于无法归责于债务人的事由，需要结合债权人的过失等来进一步调整。[47]

2. 基于债务不履行的损害赔偿要件

今年，关于交易上的一般社会观念研究最引人注目的文章非木户茜的《合同责任决定规范的多元性》莫属。该文指出，被认为是严格责任发源地的美国，最近对于作为合同责任归责依据的合意以外，也出现考虑外在规范要素过失的各种学说。当出现合同缔结时的全部内容无法决定的情形，一方当事人实施机会主义地行为继续履行合同，此时过失的顾虑便出现了。该顾虑也出现在日本经销商合同的相关判例中，认为在交易上可通过一般社会观念来进行规范性判断。从严格责任主义的确立到过失论的展开进行精心探讨，同时，借助合同的类型化分析进行规范性判断，并指明需要考虑社会一般观念的事项。[48]

---

[46] 西内康人「AIと約款規制」法律時報 94 巻 9 号（2022 年）32—38 頁；丸山絵美子「約款論を問い直す——平成 29 年改正民法施行後の課題」現代消費者法（2021 年）53 号 33—41 頁。

[47] 北居功「債権者の責めに帰すべき事由による催告解除の制限——受領遅滞にある債権者の履行請求権の帰趨」岡伸浩ほか編新井誠先生古稀記念論文集『高齢社会における民法・信託法の展開』（日本評論社，2021）；潮見佳男「債権者の責に帰すべき事由——債権法改正後の民法の文脈において」岡本裕樹ほか編中田裕康先生古稀記念論文集『民法学の継承と展開』（有斐閣，2021 年）。

[48] 木戸茜「契約責任決定規範の多元性（一）～（四・完）——アメリカ契約法におけるfaultの発見を端緒として」北大法学論集 68 巻 6 号（2018 年）1—62 頁、71 巻 5 号（2021 年）436—366 頁、72 巻 1 号（2021 年）270—199 頁、72 巻 3 号（2021 年）414—347 頁。

3. 损害赔偿的效果

河野航平的《损害赔偿额预先确定的位置及其类型化》一文围绕《民法》第 420 条损害赔偿额的预先确定条款展开，原该条第 1 项中赔偿额不能增减的规定已在债权改正过程中被剔除。同时，对比分析惩罚性赔偿与损害赔偿相区分的德国法和惩罚性赔偿与损害赔偿不区分的奥地利法，指出日本损害赔偿的预先确定制度与奥地利违约惩罚性赔偿类似。通过与两个外国法的对比，可以鲜明展现日本法的特点，对处理预先确定过大损害赔偿额的案例积累经验。[49]

（三）债权人代位权的目的

作为突破债权相对性法锁的债权人代为权制度，传统通说认为，其目的在于将债务人的特定债权的保全定位为转用型。但大足知广的《债权人代位权制度主旨的学说变迁和判例展开》一文则通过梳理债权改正后第 423 条的学说和判例发展，意图取代通说解释，确立新的目的。另外，包含本来型的金钱债权人索取债务人的金钱债权的用法定位并不准确，建议将该用法限定在第 423 条第 2 项和第 3 项的适用上。[50]

（四）债权让与

对于债权让与中改正变化最大的禁止让与特约规范，立法者对其效力规定进行了精密地调整。杨瑞贺的《禁止债权让与特约效力的比较法研究》对上述制度设计进行了全面性解读和研究。作者从与抵消为中心的其他制度相关关系的视角切入，对禁止让与特约的效力进行考察。首先，围绕改正过程进行详细梳理；其次，不仅呈现中国合同法、美国统一商事法典、欧洲合同法原则等多国规定进行立法层面的比较，而且列举诸多裁判例进行司法层面探究；最后，经过严密地论证提出，对于缺乏原因合同的变更规定的日本法，禁止让与特约保护了债务人合同变更的机会利益，以及在存款

---

〔49〕 河野航平「損害賠償額の予定の位置づけとその類型化——オーストリア法における違約罰の検討を通じて」法學政治學論究：法律・政治・社会 130 号（2021 年）1—35 頁。

〔50〕 大足知広「債権者代位権の制度趣旨に関する学説の変遷と判例の展開（一）～（二・完）——現行規定に関する新たな解釈論の提示」早稲田法学会誌 71 巻 2 号（2021 年）53—113 頁、72 巻 1 号（2021 年）1—56 頁。

债权中，禁止让与特约的主张者应限定为债务人等灼见。[51]

另外，在债权让与领域，不保留异议的承诺制度的废止[52]也是重要的改正内容。森田宏树的《债权让与中放弃抗辩的法律意义》指出，放弃抗辩的法律意义的考察需要回溯到旧《民法》第468 条第 1 项的母法（法国法）的探讨中，作为因债务人的合意产生的新的债务负担，既基于此产生的新的债务构成债权让与的保证，也阐明了放弃抗辩的相关规范意义。[53]

七、合同法的研究进展

（一）格式条款的变更

武田直大作为日本研究格式条款的领军人物之一，近年来一直致力于格式条款的研究。其新著《格式条款使用人单方面变革条款内容》围绕德国格式条款使用人保留单方面变更条款权限的规定，从实体、形式和手续有效要件切入展开深入探究。其中，德国格式条款变更规定是赋予变更权限的唯一依据。而从合同核心部分划分出相对人难以认识的付随部分，并且明确具体规定确保相对人的检查可能性。这也就意味着德国格式条款的相对人不仅有解除权，而且还有检查权。尽管此种法律状况与日本存在差异，但对于《日本民法》第 548 条第 4 项的解释和单方变更条款规定的考察仍有可资借鉴的价值。[54]

（二）不安抗辩权

尽管不安抗辩权在日本学界已经达成共识，但仍未通过民法改

---

〔51〕　楊瑞賀「債権譲渡制限特約の効力に関する比較法的研究（一）~（八・完）」北大法学論集 71 巻 6 号（2021 年）91—142 頁、72 巻 1 号（2021 年）85—154 頁、72 巻 2 号（2021 年）201—265 頁、72 巻 3 号（2021 年）153—188 頁、72 巻 4 号（2021 年）105—172 頁、72 巻 5 号（2022 年）169—240 頁、72 巻 6 号（2022 年）181—234 頁、73 巻 1 号（2022 年）109—174 頁。

〔52〕　不保留异议的承诺是日本民法的独特规定。其表示债务人不仅知晓债权让与的事实，而且还表示对该事实没有争议。做出不保留异议承诺的债务人原本可以对抗让与人的一切抗辩被切断，不能再以之对抗债权的受让人。参见刘士国、牟宪魁、杨瑞贺译：《日本民法典——2017 年大修改》，中国法制出版社 2018 年版，序言第 12—13 页。

〔53〕　森田宏樹「債権譲渡における抗弁の放棄の法的意義について」岡本裕樹ほか編中田裕康先生古稀記念論文集『民法学の継承と展開』（有斐閣，2021 年）。

〔54〕　武田直大「約款使用者による一方的な約款の変更（一）~（二・完）」阪大法学 71 巻 5 号（2022 年）63—113 頁、71 巻 6 号（2022 年）19—67 頁。

正的形式得到实体法的承认。以往对不安抗辩权的研究，主要以德国法为中心，而对法国法的关注不足。深谷格等的《法国不安抗辩权的展开》一文从立法论和解释论的层面提供宝贵经验。法国的不安抗辩权是由判例路径生成，而日本曾尝试通过 2016 年合同法改正实现立法化。针对不安抗辩权应否被明文化，与日本一样，法国也同样担心明文化恐导致不安抗辩权被滥用，但最终法国通过严格限制构成要件等方式，实现了立法化。[55]

（三）复合性合同的解除

在三个当事人之间的复合性合同中，出现一方合同被解除而导致核心合同当事人的合同目的难以实现的情况，那么能否认可另一方合同的消亡是一个经典问题。围绕这一问题，渡边贵的《复合性合同解除中合同消亡的风险负担与"交易"概念的"类型"》认为，应根据核心合同当事人与交易主导者是否一致来对交易进行类型化区分。若不一致，交易主导者应负担合同目的难以实现的风险，并尝试将另一方合同的消亡作为基础。此观点也为预见如何消亡提供崭新的判断框架。[56]

（四）继续性合同

《继续性合同的规范》系属中田裕康深耕于继续性合同领域的又一扛鼎之作。作者认为，虽然债权法改正对属于继续性合同的各种典型性合同的终止等相关规定进行完善，但并未采纳一般性规定。究其原因，与导入一般性规定的法国法相比，目前不仅相关判例经验不足，而且学说研究也尚不充分。本书与前两本书共同构成日本继续性合同研究的"三部曲"。[57]

（五）出卖人的瑕疵担保责任

长坂纯的《合同法规范的改观和责任法理》以合同责任法为中心，并以传统理论为基础，进一步探讨改正后合同规范的基本法

---

〔55〕　深谷格·Itaru Fukaya「フランス法における不安の抗弁権の展開」同志社法學 74 卷 4 号（2022 年）1629—1699 頁。

〔56〕　渡邊貴「複合契約の解除における契約消滅のリスク負担と「取引」概念の「類型」——フランス契約集合論における「取引（opération）」概念の類型的検討を通じた序論的考察」法學政治學論究：法律·政治·社会 126 号（2021 年）305—340 頁。

〔57〕　中田裕康『継続的契約の規範』（有斐閣，2022 年）。

理。特别是，细致整理了新创设的瑕疵担保责任制度及其与一般债务不履行责任的关系等诸多论点。[58]

此外，荻原基裕的《关于追完请求权的射程和买受人救济的考察》一文从德国追完请求权的详细探讨中获得启示，认为追完请求权制度（即瑕疵补正请求权制度）是一项兼顾买卖双方利益的制度，卖方的利益也需要被考虑。不应要求其承担超越第 562 条文义的义务，而相关费用也应基于债务不履行来主张损害赔偿。但是根据这一规定，第 415 条第 1 项的免责事由可能会成为障碍。[59]

对于解除过程中标的物返还不能的风险在买卖双方之间如何分配，也是亟待解决的问题。近时的多数说认为，主张解除的买受人原则上应承担同等价值的赔偿义务来代替返还原物，即倾向于由买受人承担返还不能的风险。而主张将解除后的恢复原状作为主战场的野中贵弘却提出迥异观点。野中的《提前认识合同瑕疵的加工、改造和解除》和《提前认识合同瑕疵的受领标的物的转让和解除》两文均围绕德国学说进行讨论，倡导应由出卖人承担返还不能的风险。[60]

（六）赠与的效果

随着出卖人的合同瑕疵担保责任的改正，第 551 条第 1 项中赠与人的责任和赠与的效果也发生重大变化。潮见佳男的《赠与他人财物中赠与人的义务和责任》系统地梳理和分析了改正前的学说论争，并对改正过程进行介绍。本文采取合同责任说的视角，尽管赠与具有无偿性，但赠与人也应承担权利取得的义务。当然，无偿性应当作为损害赔偿的免责事由来进一步衡量。[61]

（七）劳务提供型合同

首先，森田修的《罗马法的租赁合同及其现代意义》一方面分

---

[58]　長坂純『契約法規範の変容と責任法理』（成文堂，2022 年）。

[59]　荻原基裕「追完請求権の射程と買主の救済に関する一考察——契約不適合のある物の取付事例を素材として」大東法学 31 巻 1 号（2021 年）71—131 頁。

[60]　野中貴弘「契約不適合認識前の加工・改造と解除——買主の故意行為による原物返還不能が売主負担となる余地」日本法學 87 巻 1 号（2021 年）1—67 頁；野中貴弘「契約不適合認識前の受領物の譲渡と解除——リスク負担範囲の主観的拡張と二当事者問題への収斂」日本法學 87 巻 4 号（2022 年）447—497 頁。

[61]　潮見佳男「他人物贈与における贈与者の義務と責任」磯村保ほか編『法律行為法・契約法の課題と展望』（成文堂，2022 年）。

析日法学者对劳务提供型合同这一基础概念探析的成果，另一方面深入考察罗马法中的租赁合同，并向学界展示该合同的现代意义。[62]

其次，永岩慧子的《德国承揽合同法的瑕疵责任》指出，在德国，原则上，以定作人的意思参与作为要素进行交易，而例外是，在此之前主要讨论是否适用瑕疵责任的规定。但鉴于两国适用差异较大，今后日本法应采取审慎态度开展比较研究。[63]

最后，柳胜司的《受托人的忠实义务》认为，相较于善良管理人注意义务，忠实义务本身具有独立性。就忠实义务而言，在实体法上并无明确规定，而在判例中通常选择与善良管理人注意义务等同对待，但实际上其内核并不明晰。本书所指的忠诚义务为受托人对于委托人所委托的财产或者信息，不得实施以谋求自身或第三人利益的不作为行为，即以不作为义务形态存在。同时其在意义、要件和效果等方面与被赋予善良管理人注意义务的履行义务也有较大区别。[64]

八、不当得利和无因管理的研究进展

大久保邦彦的《基于不正当竞争的不当得利责任》旨在解决基于不正当竞争行为所产生的利益，行为人有无不当得利返还义务的问题。本文首先聚焦于日德两国对该问题探究的代表性学说，然后明确产生分歧的原因在于侵害型不当得利返还义务的本质、权利赋予和行为规范设定、知识产权分配内容的实际情况等存在差异。最后呼吁为了解决这一课题，日本的判例和学说都应进一步研究。[65]

然而，幡新大实的《日本民法的无因管理与英国信托法的比较研究》是以英国意思决定能力法与日本无因管理法相似是偶然还是

---

[62]　森田修「ローマ法における「賃約」(locatio conductio) とその現代的意義——「役務提供契約」の基礎理論のために」岡本裕樹ほか編中田裕康先生古稀記念論文集『民法学の継承と展開』(有斐閣，2021 年)。

[63]　永岩慧子「ドイツ請負契約法における瑕疵責任——引取りの意義を中心に(一)～(三・完)」廣島法學 42 巻 4 号 (2019 年) 188—156 頁、43 巻 3 号 (2020 年) 380—352 頁、45 巻 4 号 (2022 年) 94—47 頁。

[64]　柳勝司『受任者の忠実義務』(嵯峨野書院，2021 年)。

[65]　大久保邦彦「不正競争に基づく不当利得責任」阪大法学 71 巻 5 号 (2022 年) 19—62 頁。

必然这一疑问展开探索。文章不仅回顾了日本无因管理条文和最佳利益的起源，而且还以医患关系的法律构成为视点，深入研究准委托合同说、无因管理说、信托说及侵权行为说等相互关系。最后在补充论证部分还围绕恶意不当得利、不法原因给付等问题来进一步分析准合同和衡平法。[66]

九、侵权行为的研究进展

（一）权利和利益侵害

日本传统判例和学说大多忽视对营业权益遭受间接侵害时，应否以及如何救济这一问题的研究。而高冈大辅的《营业的间接侵害责任》一文，首先整理了德国营业间接侵害责任的判例和学说状况；其次列举了企业损害事例和设备毁损事例（输电线路毁损案等）；接着又评析了日本违法性说、义务射程说和间接被害人排除说等学说论争；最后提倡将其作为一般加害类型来考察和建构。[67]此外，高冈还对信用毁损产生的不法行为责任，及其与名誉毁损法理之间的关系等问题进行深入剖析。[68]

随着刑法典改正提高侮辱罪的法定刑，部分侵权法学者也开始关注民法中侮辱的内涵和损害赔偿责任等课题。建部雅的《对以侮辱作为理由主张加重侵权行为责任的批判》认为对于侮辱的侵权行为责任成立与否和赔偿额度高低难以预判，是诱发"针对公众参与的策略诉讼（简称 SLAPP 诉讼）"的原因之一。[69]同时，仮屋笃子的《网络上的侮辱》主张侮辱并非一般所言的名誉感情上的法

---

〔66〕 幡新大実「日本民法の事務管理とイギリス信託法の比較研究——最善の利益を題材に」末川民事法研究9号（2022年）1—36頁。

〔67〕 高岡大輔「営業の間接的な侵害による責任（一）~（五・完）」法学論叢87巻2号（2020年）71—98頁、187巻6号（2020年）90—117頁、188巻3号（2020年）66—97頁、189巻1号（2021年）14—44頁、189巻3号（2021年）50—72頁。

〔68〕 高岡大輔「信用毀損による不法行為責任に関する——考察一いわゆる侵害警告による損害を題材として」法政研究88巻2号（2021年）1—70頁；高岡大輔「信用毀損による不法行為と名誉毀損法理」法政研究89巻1号（2022年）31—79頁。

〔69〕 建部雅「侮辱を理由とする不法行為責任の加重に対する批判的考察——強者による言論封殺の正当化と虚偽の事実からの保護との不均衡」ジュリスト1573号（2022年）45—50頁。

益，而是对自己免受无端恶意或不当评价的平稳生活的人格权益。[70] 当然，根本尚德的《基于人格权的地图信息服务中的口碑投稿的删除请求》在研究网络名誉毁损相关裁判的基础上，对主张网络管理及运营商请求停止侵害的民事保全程序等问题作出独到分析。[71]

（二）过错责任和无过错责任

过错责任包含故意责任和过失责任已达成共识，但对于两者的关系仍存争议。西内康人的《相当性抗辩的再考》一方面以名誉毁损中的相当性抗辩的体系定位作为论点，而另一方面在刑法近期的研究成果中寻求启示来考察故意和过失的关系。[72]

本年度，在无过错责任领域可谓硕果累累。首先，浦川道太郎的《德国的危险责任》对德国危险责任的历史起源、发展脉络、当前现状及未来展望等都做出精湛分析。[73] 其次，山本周平的《"异常危险活动"的严格责任》是围绕美国第三次侵权法重述第 20 条所涉及的实施异常危险活动的行为人对该活动所产生的损害应当承担严格责任来展开研究。[74] 最后，桥本佳幸的《AI 与无过错责任》则探讨像自动驾驶这样的人工智能设施或机械在无过错的情况下造成他人损害，承担赔偿责任主体的确定及发生要件的构造问题。[75]

（三）损害赔偿费用的计算

对于损害赔偿费用的计算，主要围绕不合理的差别展开论述。

---

〔70〕 仮屋篤子「インターネット上の侮辱」ジュリスト1573 号（2022 年）51—56 頁。

〔71〕 根本尚徳「人格権に基づく地図情報サービスにおける口コミ投稿の削除請求（判例評釈：東京高決平成 30 年 6 月 18 日判例時報 2416 号 19 頁）」私法判例リマークス61 号（2020 年）14—17 頁。

〔72〕 西内康人「相当性の抗弁再考——故意理解と表現の自由保護」法律時報 93 巻 13 号（2021 年）244—253 頁。

〔73〕 浦川道太郎『ドイツにおける危険責任』（成文堂，2021 年）。

〔74〕 山本周平「「異常に危険な活動」についての厳格責任——第 3 次不法行為法リステイトメント20 条の検討」藤原正則ほか編松久三四彦先生古稀記念論文集『時効・民事法制度の新展開』（信山社，2022 年）。

〔75〕 橋本佳幸「AIと無過失責任——施設・機械の自動運転に伴う事故の危険責任・瑕疵責任による規律」法律時報 94 巻 9 号（2022 年）54—60 頁。

其反映出种族歧视、性别差异等不仅是社会问题，更是司法问题。其中，角松生史等翻译的《侵权行为和差别》与《黑人生命的金钱评价》两文分别指出美国司法裁判考虑人种和性别差异不仅有违公正，而且也产生恶性激励风险，同时，对黑人损害赔偿的计算方法还违反了美国宪法修正案第 14 条的规定。[76] 另外，在日本司法实务中，不仅男女格差在期待利益评估方面的区分对待并未消弭，[77] 而且对视觉、听觉等残障人士的人身损害，也存在差别救济的不当状况。[78]

（四）损益相抵和过失相抵

滨口弘太郎的《损害赔偿法中的"禁止获利"》一文从"损害和责任相分离"的视角出发，首先重申损害赔偿的机能在于将被害人的损害向加害人移转，而不包括将被害人的利益转移至加害人。并在此基础上主张对于被害人因侵权行为所产生的利益，加害人无法通过侵权法要求其返还，只能通过其他法律规范寻求解决。[79]

日本传统过失相抵理论受德国法影响较大，致力于建构抽象的法律概念体系，但对于是否能够妥当地应对现实案例关注不足。而张韵琪的《过失相抵的原理和社会》一书则从过失相抵产生的母国法（法国法）着手，以判例和学说为中心，进行日法比较研究。其不仅梳理了自十九世纪至今过失相抵制度的发展历史，而且还独具匠心地指出该制度并非为了实现加害人与被害人之间的"公平"，而是在各个时代新产生的风险中"为了保护受害者"而存在。同

---

〔76〕　アブラハム ローネン・ユラッコ キンバリー著/角松生史ほか訳「不法行為と差別」神戸法學雜誌 71 巻 2 号（2021 年）193—299 頁；ユラッコ A. キンバリー・アブラハム ローネン著/角松生史ほか訳「黒人の生命の金銭的評価——不法行為損害賠償算定における人種に基づく統計表の使用に対する憲法上の異議」神戸法學雜誌 71 巻 3 号（2021 年）99—174 頁。

〔77〕　根本尚德・林誠司・若林三奈『事務管理・不当利得・不法行為』（日本評論社，2021 年）；中原太郎・根本尚德・山本周平『民法 6 事務管理・不当利得・不法行為』（有斐閣，2022 年）。

〔78〕　城内明「視覚・聴覚障害者の損害賠償額の算定——若年・未就労の視覚・聴覚障害者の逸失利益算定に係る基礎収入額について」摂南法学 59 号（2021 年）99—138 頁。

〔79〕　濱口弘太郎「損害賠償法における「利得禁止」」藤原正則ほか編松久三四彦先生古稀記念論文集『時効・民事法制度の新展開』（信山社，2022 年）。

时，还就过失相抵的要件和效果进行类型化区分。[80] 另外，王冷然的《投资交易损害赔偿与过失相抵的考察》围绕投资交易损害赔偿中过失相抵的认定展开分析，澄清了裁判例的判断方法和被害人过失考量因素的认定存在问题的原因在于未区分事实行为的侵权行为和交易行为的侵权行为。[81]

---

〔80〕　張韻琪『過失相殺の原理と社会——日仏比較の視点から、理論の再構築に向けて』（信山社，2022 年）。

〔81〕　王冷然「投資取引損害賠償と過失相殺に関する一考察（4・完）」南山法学 45 巻 3・4 号（2022 年）423—460 頁。

图书在版编目（ＣＩＰ）数据

日本法研究. 第 9 卷 ／ 牟宪魁主编. －－ 北京 ：当代
世界出版社，2024.3
ISBN 978-7-5090-1809-5

Ⅰ. ①日… Ⅱ. ①牟… Ⅲ. ①法学–研究–日本
Ⅳ. ①D931.3

中国国家版本馆 CIP 数据核字（2024）第 024865 号

书　　名：日本法研究. 第 9 卷
作　　者：牟宪魁
出 品 人：吕　辉
责任编辑：张　阳　陈邓娇
出版发行：当代世界出版社
地　　址：北京市东城区地安门东大街 70-9 号
邮　　编：100009
邮　　箱：ddsjchubanshe@163.com
编务电话：(010) 83908377
发行电话：(010) 83908410 转 806
传　　真：(010) 83908410 转 812
经　　销：新华书店
印　　刷：北京新华印刷有限公司
开　　本：710 毫米×1000 毫米　1/16
印　　张：13.25
字　　数：197 千字
版　　次：2024 年 3 月第 1 版
印　　次：2024 年 3 月第 1 次
书　　号：ISBN 978-7-5090-1809-5
定　　价：69.00 元